# Accedi ai **servizi riservati**

COLLEGATI AL SITO **EDISES.IT**

ACCEDI AL **MATERIALE DIDATTICO**

SEGUI LE **ISTRUZIONI**

Utilizza il codice personale contenuto nel riquadro per registrarti al sito **edises.it** e accedere ai **servizi** e **contenuti riservati**.

Scopri il tuo **codice personale** grattando delicatamente la superficie

Il volume NON può essere venduto, né restituito, se il codice personale risulta visibile.
L'**accesso ai servizi riservati** ha la durata di **un anno** dall'attivazione del codice e viene garantito esclusivamente sulle edizioni in corso.

Per attivare i **servizi riservati**, collegati al sito **edises.it** e segui queste semplici istruzioni

## Se sei registrato al sito

- clicca su *Accedi al materiale didattico*
- inserisci email e password
- inserisci le ultime 4 cifre del codice ISBN, riportato in basso a destra sul retro di copertina
- inserisci il tuo **codice personale** per essere reindirizzato automaticamente all'area riservata

## Se non sei già registrato al sito

- clicca su *Accedi al materiale didattico*
- registrati al sito o autenticati tramite facebook
- attendi l'email di conferma per perfezionare la registrazione
- torna sul sito **edises.it** e segui la procedura già descritta per *utenti registrati*

EdiSES

il **nuovo** concorso
a cattedra

# La **Prova** di **Inglese** per la **Scuola Primaria**

**Manuale** per la **preparazione** al **concorso**
e per l'**esercizio** della **professione**

a cura di **Carola Z. Gavazzi**

EdiSES

Il nuovo Concorso a Cattedra - La prova di Inglese nella scuola primaria - II Edizione


9 8 7 6 5 4 3 2 1 0
2020 2019 2018 2017 2016

*Le cifre sulla destra indicano il numero e l'anno dell'ultima ristampa effettuata*



*Autori:*
Carola C. Gavazzi
Melanie Giménez Warren
Rosanna Pelegatta

*Progetto grafico e fotocomposizione*: ProMedia Studio di A. Leano - Napoli
*Grafica di copertina*: curvilinee
*Redazione*: EdiSES - Napoli
*Fotoincisione*: R.E.S. Centro Prestampa S.n.c. - Napoli
*Stampato presso* Pittogramma s.r.l. - Napoli
*Per conto della* EdiSES - Piazza Dante, 89 - Napoli

www.edises.it
info@edises.it

ISBN 978 88 6584 642 1

# Finalità e struttura dell'opera

La scuola italiana ha compiuto grandi progressi negli ultimi decenni e sta ancora facendo molti sforzi per adeguarsi alle indicazioni europee nel campo dell'insegnamento e dell'apprendimento delle lingue. L'internazionalizzazione e lo sviluppo della dimensione europea non sono, tuttavia, obiettivi facilmente raggiungibili, poiché mirano ad ottenere il più alto grado di uniformità partendo da sistemi scolastici molto diversi fra di loro e radicati in un tessuto culturale eterogeneo. Né sarebbe sufficiente, qualora fosse possibile, cancellare le prassi obsolete per adottare quelle degli altri Paesi europei, in quanto non si possono sradicare le tradizioni culturali specifiche del proprio Paese.

Rivolto ai candidati al **concorso a cattedra** nella **scuola primaria** che devono sostenere le prove di lingua inglese, questo manuale, ricco di spunti operativi per una didattica efficace e partecipata, vuole essere un mezzo per conoscere i bisogni del discente della società del terzo millennio, che deve assiduamente confrontarsi con parlanti di altre culture, e per una riflessione sulle attuali esigenze comunicative in un mondo globalizzato.

Il **primo capitolo** parte da una riflessione sui concetti di ***plurilinguismo*** e ***pluriculturalismo***, per poi soffermarsi sulle proposte europee nell'ultimo decennio e sulle strategie fortemente auspicate a livello europeo e recepite, almeno formalmente, da tutti gli Stati. Pur essendo consapevoli della diffusione del *Quadro Comune Europeo di Riferimento per le lingue*, si è scelto di dedicare molta attenzione a questo strumento, affinché tutti i docenti o aspiranti tali possano conoscere le variegate opportunità che esso offre sia all'insegnante sia all'allievo, in modo che ognuno lo recepisca secondo le proprie esigenze formative. Soprattutto si vuole evidenziare come la sua duttilità e flessibilità siano le caratteristiche che lo rendono un mezzo di lavoro estremamente utile per tutti, anche per quanti operano a livello base. La sua autorevolezza infatti non deriva dall'essere prescrittivo, ma al contrario dal presentarsi come un contenitore in cui nulla è stato dimenticato o lasciato al caso.
Il testo procede poi con la disamina del ***Portfolio*** e del ***Passaporto delle lingue***. Tali documenti tendono ad uniformare in tutta Europa gli aspetti relativi alla trasferibilità delle competenze e alla trasparenza della valutazione, andando ad incidere, nel contempo, sia sulla professionalità del docente sia sul monitoraggio della progressione dell'apprendimento dei discenti.
A seguire tale trattazione, che aiuta a capire in quale direzione si stia muovendo l'Europa, nel **secondo capitolo** si è indagata la realtà della scuola italiana del primo ciclo, in cui le recenti riforme stanno mettendo in pratica la dimensione europea. Dopo una panoramica sull'insegnamento delle lingue straniere nella scuola primaria, in un'ottica diacronica e verticale, si è proceduto con un'analisi sia della figura del docente sia degli obiettivi specifici di apprendimento relativi alle lingue straniere, anche in considerazione delle ***Indicazioni Nazionali*** del

2012. Inoltre si sono analizzati progetti innovativi afferenti l'**educazione linguistica** nonché i più diffusi programmi europei di scambio e formazione.
Nel **capitolo terzo** sono state prese in esame le **metodologie didattiche** più attuali e quelle che meglio rispondono alle necessità di formazione, a partire dal CLIL, mai sperimentato nel nostro Paese in passato. È stata chiarita l'importanza dei **sussidi multimediali** e dell'insegnamento a distanza, come modello di apprendimento collaborativo e fautore di scambi di esperienze fra docenti operanti in aree territoriali anche molto lontane. Infine si sono offerti interessanti spunti operativi tramite una sitografia ragionata.
Il **capitolo quarto**, di taglio pratico, propone esempi di **unità di apprendimento** che possono essere attivate in varie classi di scuola primaria, da singoli docenti o meglio ancora da più insegnanti, per un approccio innovativo alla didattica disciplinare nonché alla lingua e alla cultura del Paese di cui si studia la lingua.
Infine, per facilitare l'impiego dei modelli forniti in più contesti ed agevolare la predisposizione di attività d'aula, nel **capitolo quinto** viene presentata una vasta gamma di **schede lessicali**, riferite ai più comuni campi semantici trattati nella scuola primaria (*classroom language*), ma anche al principale linguaggio correlato al *class management* ed in generale allo sviluppo professionale del docente. Per consentire al candidato di sostenere agevolmente un **colloquio orale** in inglese sui principali temi della metodologia didattica, della psicopedagogia dell'età evolutiva e delle più attuali tematiche che riguardano l'insegnamento nella scuola primaria, l'ultima parte del testo raccoglie una serie di articoli e letture mirate in lingua inglese.

Lungi dall'essere un percorso concluso, questo manuale rappresenta il punto di partenza per una serie di riflessioni sul campo e per una condivisione continua di obiettivi disciplinari, educativi e pedagogici che possano condurre alla definizione di un curricolo flessibile, permeabile e sempre *in fieri*.

Questo lavoro, ricco, complesso, denso di rinvii normativi e spunti operativi per l'attività dei futuri insegnanti, tratta materie in continua evoluzione.

Ulteriori materiali didattici e approfondimenti sono disponibili nell'area riservata a cui si accede mediante la registrazione al sito *edises.it* secondo la procedura indicata nel frontespizio del volume.

Altri aggiornamenti sulle procedure concorsuali saranno disponibili sui nostri profili social

**Facebook.com/ilconcorsoacattedra**
Clicca su mi piace (**Facebook**) per ricevere gli aggiornamenti
www.concorsoacattedra.it

# Indice

# 1 Capitolo Primo
# Verso la scuola di domani

## 1.1 L'Europa per le lingue

Nel corso degli ultimi anni la composizione delle classi nelle scuole italiane si è rapidamente modificata divenendo sempre più *pluriculturale* e *plurilingue* e segnando, nel contempo, un passaggio da una "monocultura" e una lingua prevalente a una lenta apertura alle culture "altre", segno tangibile della trasformazione avvenuta nella nostra società. Le istituzioni scolastiche hanno saputo adattare il proprio sistema valoriale a tali profondi cambiamenti, rivisitando il concetto di "mission" e cercando di sviluppare nei bambini e nei giovani un senso della cittadinanza attiva che andasse oltre i meri confini geografici di appartenenza, nella prospettiva della costruzione di una società improntata al profondo rispetto del sé e "dell'altro da sé" per operare nell'ambito dell'educazione agita.

Nel sistema classe il contatto tra culture diverse ha quindi comportato lo sviluppo negli insegnanti di nuove competenze quali, ad esempio, la capacità di decodificare messaggi plurimi, con tempi e strategie che a volte potevano rivelarsi inefficaci in quanto poggiavano sui modelli culturali di appartenenza. Poiché i codici e le modalità di scambio sono altamente diversificati, nei docenti deve prevalere un atteggiamento "dialogico" ove i ruoli e i linguaggi siano orientati all'accettazione della singola espressività. Solo così il pluralismo si decanta e diviene forma di esperienza vissuta.

Inoltre, la sempre maggiore produzione di libri di testo e materiali plurilingui e una nuova sensibilità per l'*educazione linguistica* hanno indubbiamente contribuito alla diffusione di buone pratiche e di strumenti per affrontare le problematiche di svantaggio linguistico e di sviluppo delle competenze linguistiche dei discenti, pur rimanendo il docente il vero regista dell'articolato processo di insegnamento-apprendimento.

La definizione di competenza plurilingue e pluriculturale fornita dal Quadro Comune Europeo di Riferimento per le lingue: apprendimento insegnamento valutazione (d'ora innanzi: QCER)[1] ha inoltre obbligato gli insegnanti

[1] Nel QCER con competenza *plurilingue* e *pluriculturale* si intende "*la capacità che una persona, come soggetto sociale, ha di usare le lingue per comunicare e di prendere parte a interazioni interculturali, in quanto padroneggia, a livelli diversi, competenze in più lingue ed esperienze in più culture. Questa competenza non consiste nella sovrapposizione o nella giustapposizione di competenze distinte, ma è piuttosto una competenza complessa o addirittura composita su cui il parlante può basarsi*".

non solo a riflettere sulla diversificazione dei profili di padronanza linguistica, ma anche a ripensare l'offerta formativa in ambiti di apprendimento istituzionalizzato, valorizzando sia la lingua madre, sia le lingue veicolari attraverso la *didattica delle lingue successive* e tramite moduli CLIL.

L'orientamento attuale dell'insegnamento delle lingue sembra quindi privilegiare una didattica diretta allo sviluppo di un *plurilinguismo proattivo* tramite il quale l'apprendente affronta da "monolingue" l'apprendimento delle lingue straniere (LS), ma proprio grazie a questo processo egli costruisce il suo plurilinguismo individuale, eventualmente continuando a studiare la sua lingua madre (LM), qualora questa non fosse la lingua dell'insegnamento curricolare.

In sintesi, nella scuola italiana si sta rapidamente diffondendo un approccio plurilingue volto all'integrazione tra LM, lingua di scolarizzazione e LS, attraverso un profondo ripensamento e una revisione in chiave interculturale dei curricoli. All'antico e infondato timore che l'apprendimento contemporaneo di più sistemi linguistici possa causare *transfer* negativi si sta sostituendo una visione plurima che facilita l'interazione e la compenetrazione di lingue e culture.

Per molti versi le istituzioni scolastiche italiane hanno quindi saputo ritrovare, in un'ottica pluriculturale, il precipuo ruolo di ambiente autentico di apprendimento, aperto a tutti e a tutte le caleidoscopiche differenze.

## 1.2 La politica linguistica in Europa

L'impegno della Commissione europea nel promuovere l'apprendimento delle lingue e nel facilitare il dialogo interculturale affonda le sue radici nel 1989, anno in cui fu approvato *Lingua*, il primo programma di diffusione dell'insegnamento delle lingue e delle culture straniere. Nel 2001, Anno europeo delle lingue, furono adottate numerose risoluzioni per lo sviluppo di azioni comunitarie finalizzate a favorire una maggiore diffusione delle lingue in ambito europeo.

L'importanza dell'apprendimento linguistico fu tuttavia magistralmente sottolineato dalla cosiddetta *Strategia di Lisbona*, adottata dal Consiglio nel marzo 2000, in quanto condizione necessaria per migliorare e accrescere i livelli di competitività.

I Consigli europei di Stoccolma (23 e 24 marzo 2001) e di Barcellona (15 e 16 marzo 2002) posero obiettivi futuri concreti per i sistemi di istruzione e formazione europei nonché un programma di lavoro (*Istruzione e formazione 2010*) per poterli raggiungere entro il 2010. Gli obiettivi poc'anzi citati comprendevano lo sviluppo di abilità per la società della conoscenza ma anche obiettivi specifici per **promuovere l'apprendimento delle lingue**, sviluppare l'imprenditorialità e rispondere all'esigenza generalizzata di accrescere la dimensione europea nell'istruzione.

Ed è proprio all'indomani di tali Consigli che i capi di Stato dell'Unione Europea auspicarono il miglioramento delle competenze di base, in particolare "*tramite l'insegnamento di almeno due lingue straniere sin dall'infanzia*". Evidente è l'intento programmatico che si esplicò nella successiva comunicazione "*Pro-*

*muovere l'apprendimento delle lingue e la diversità linguistica: Piano d'azione 2004 – 2006*"[2]: secondo le previsioni di quest'ultimo documento gli studenti europei dovevano acquisire *"un'efficace capacità comunicativa, vale a dire competenze attive piuttosto che una conoscenza passiva"* che si associassero nel contempo a competenze interculturali e alla *"capacità di imparare delle lingue, autonomamente o con l'ausilio di un insegnante"*. Inoltre, venivano enucleati gli obiettivi principali da raggiungere, attraverso 47 proposte d'azioni concrete[3], in tre aree strategiche: 1. l'apprendimento delle lingue lungo tutto l'arco della vita; 2. il miglioramento dell'insegnamento delle lingue; 3. la creazione di un ambiente favorevole alle lingue.

In seguito, nel 2005, nel tentativo di rilanciare gli obiettivi enunciati a Lisbona, la Commissione europea presentò una nuova strategia per l'apprendimento delle lingue attraverso la Comunicazione "*Un nuovo quadro strategico per il multilinguismo*"[4] e nel 2006, tramite la "*Raccomandazione del Parlamento europeo e del Consiglio*" del 18 dicembre, furono fissate le otto **competenze chiave**[5] che un sistema educativo di qualità doveva garantire ai cittadini europei, al fine di metterli nella condizione di vivere in modo attivo e responsabile in una società globalizzata e multiculturale. Agli Stati membri veniva richiesto di sviluppare l'offerta di competenze chiave per tutti nell'ambito di specifiche strategie di apprendimento permanente, assicurando, tra l'altro, che l'istruzione e la *formazione iniziale* potessero offrire ai giovani gli strumenti per sviluppare tali competenze in modo da poter affrontare la vita adulta e per ulteriori occasioni di apprendimento, vita lavorativa inclusa.

Tra le otto competenze chiave figurano, nelle prime due posizioni, la **comunicazione in lingua madre** e la **comunicazione nelle lingue straniere**, ed è importante sottolineare come tutte le competenze chiave siano considerate ugualmente importanti, poiché ciascuna di esse può contribuire a una vita positiva nella società della conoscenza. Specificatamente per quanto concerne

---

[2] COM(2003) 449 del 24 luglio 2003.

[3] Delle 47 azioni iniziali, 41 sono state completate nel 2007, 5 nel 2013 mentre una è stata cancellata ma ripresa in parte in altra azione.

[4] COM(2005) 596 del 22 novembre 2005.

[5] Vale la pena ricordare qui le otto competenze chiave, così come presentate nella *Raccomandazione del 18 dicembre 2006 relativa a competenze chiave per l'apprendimento permanente* (2006/962/CE):

1) comunicazione nella madrelingua;
2) comunicazione nelle lingue straniere;
3) competenza matematica e competenze di base in scienza e tecnologia;
4) competenza digitale;
5) imparare a imparare;
6) competenze sociali e civiche;
7) spirito di iniziativa e imprenditorialità;
8) consapevolezza ed espressione culturale.

Per approfondimenti sulle competenze chiave e *Indicazioni Nazionali* 2012 si veda il paragrafo 2.13.

la seconda competenza chiave, la Raccomandazione fornisce dapprima una definizione: "*essa si basa sulla capacità di comprendere, esprimere e interpretare concetti, pensieri, sentimenti, fatti e opinioni in forma sia orale sia scritta – comprensione orale, espressione orale, comprensione scritta ed espressione scritta – in una gamma appropriata di contesti sociali e culturali – istruzione e formazione, lavoro, casa, tempo libero – a seconda dei desideri o delle esigenze individuali. La comunicazione nelle lingue straniere richiede anche abilità quali la mediazione e la* ***comprensione interculturale.*** *Il livello di padronanza di un individuo varia inevitabilmente tra le quattro dimensioni (comprensione orale, espressione orale, comprensione scritta ed espressione scritta) e tra le diverse lingue e a seconda del suo background sociale e culturale, del suo ambiente e delle sue esigenze e/o dei suoi interessi*". A seguire si evidenzia che conoscenze, abilità e attitudini essenziali legate a tale competenza presuppongono: "*la conoscenza del vocabolario e della grammatica funzionale e una consapevolezza dei principali tipi di interazione verbale e dei registri del linguaggio. È importante anche la conoscenza delle* ***convenzioni sociali,*** *dell'****aspetto culturale*** *e della* ***variabilità dei linguaggi***". Inoltre si sottolinea come le abilità essenziali per la comunicazione in lingue straniere consistano: "*nella capacità di comprendere messaggi, di iniziare, sostenere e concludere conversazioni e di leggere, comprendere e produrre testi appropriati alle esigenze individuali*". Infine si rileva come le persone debbano "*essere anche in grado di usare adeguatamente i sussidi e di imparare le lingue anche in modo informale nel contesto dell'apprendimento permanente*". In sintesi, è possibile asserire che un atteggiamento positivo comporta "*l'apprezzamento della* ***diversità culturale*** *nonché l'interesse e la curiosità per le lingue e la* ***comunicazione interculturale***".

Nel gennaio 2007 il Commissario Leonard Orban fu incaricato di dare nuovo impulso al multilinguismo all'interno degli Stati membri, prestando particolare attenzione al settore delle lingue nelle imprese, anche in prospettiva dell'*Anno europeo del dialogo interculturale* (2008).

Tra il settembre e il novembre 2007 si svolse una consultazione pubblica, promossa dalla Commissione europea, al fine di conoscere le opinioni dei cittadini europei rispetto alla politica linguistica. Le risultanze di tale ricerca confluirono in una nuova Comunicazione che fu pubblicata nel settembre 2008 e che si intitolava: "*Il multilinguismo: una risorsa per l'Europa e un impegno comune*"[6]. La diffusione delle lingue diveniva così un compito condiviso e ineluttabile degli Stati europei al fine di migliorare le opportunità di vita dei cittadini, facilitando l'accesso a servizi e diritti, aumentando la mobilità grazie a un miglior dialogo interculturale. In particolare nel testo della Comunicazione si ribadisce, tra l'altro, come "*la diversità linguistica dell'Europa costituisca una risorsa culturale di grande importanza e che sarebbe errato se l'Unione europea si limitasse a una sola lingua principale*" e si fa riferimento "*all'importanza di promuovere e sostenere lo sviluppo di strategie e* ***modelli pedagogici innovativi*** *per l'insegnamento delle lingue, al fine di promuovere l'acquisizione delle competenze linguistiche e di sviluppare la sensibilizzazione e la motivazione dei cittadini*".

[6] COM(2008)566 del 18 settembre 2008.

Gli Stati europei, quindi, devono rendere edotti i propri cittadini circa il valore e le opportunità della diversità linguistica presente nell'Unione Europea nonché devono favorire l'eliminazione delle barriere che impediscono il dialogo interculturale.

Con riferimento all'apprendimento permanente, invece, la Comunicazione sottolinea che gli studenti del sistema di istruzione e formazione professionale dovrebbero *"poter accedere a corsi di lingue di orientamento pratico, adattati alla loro professione e rilevanti per il loro futuro impiego"*.

Con la *Strategia Europa 2020*, adottata dall'Unione Europea in occasione del Consiglio dei Capi di Stato e di governo del 17 giugno 2010, l'attenzione si spostò sull'**apprendimento informale**, su mercati del lavoro inclusivi, su una partecipazione attiva alla società, sulla diffusione capillare delle borse europee di mobilità e infine sulle capacità imprenditoriali dei giovani, con lo scopo ultimo di trasformare, nel prossimo decennio, l'Europa in un'economia "*intelligente, sostenibile e inclusiva*". In particolare nelle "*Conclusioni del Consiglio sul ruolo dell'istruzione e della formazione nell'attuazione della strategia Europa 2020*" si auspicava di aumentare per i giovani "*le possibilità di svolgere attività volontarie e un lavoro autonomo e di lavorare e studiare all'estero*"[7].

## 1.3 Il Quadro Comune Europeo di Riferimento per le lingue

Il Quadro Comune Europeo di Riferimento è un documento indispensabile per un docente di lingua straniera. È il punto di partenza per l'insegnante che si accinge a redigere una programmazione, la fonte cui attingere per la valutazione e l'auto-valutazione del processo di apprendimento. È una base comune in tutta Europa per uniformare i criteri che fissano le fasi dell'apprendimento delle lingue e superare i sistemi nazionali, senza intaccarne la diversità dovuta ai particolari contesti sociali. Siamo convinti che tutti gli insegnanti o aspiranti tali ne abbiano sentito parlare e che abbiano avuto l'occasione di usarlo, almeno in parte, in qualche loro esperienza di docenza o nei percorsi di formazione. Tuttavia, data la sua importanza, vogliamo dare ulteriore risalto alle sue finalità e alla sua struttura per capirne a fondo le potenzialità e la capacità di incidere nell'apprendimento di una lingua e nella conseguente acquisizione di competenza linguistica a fini comunicativi[8].

### 1.3.1 Le finalità del QCER

Il Consiglio d'Europa ha voluto mettere a disposizione di tutti gli apprendenti, sia in fase di educazione formale (giovani frequentanti regolari corsi di studi) sia su base informale o individuale (ambiente di lavoro, educazione permanen-

[7] (2011/C 70/01) del 4 marzo 2011.

[8] Il testo completo del QCER è reperibile su internet. Si consiglia di stamparne una copia, sebbene sia un documento di grandi dimensioni. Nella versione online è possibile inserire segnalibri e riferimenti a parti che interessano.

te), uno strumento che facilitasse il percorso di apprendimento delle lingue straniere, in vista di una crescente mobilità internazionale (per motivi personali, di lavoro, di intrattenimento, di studio), di un apprendimento in ottica europea e rivolta a più gruppi di età ed educazione. Parlando in termini generali, la mobilità, come in una catena composta da anelli interconnessi fra di loro, richiede la capacità di usare la lingua per comunicare con partner stranieri in trattative di lavoro, per lavorare in gruppi internazionali, per intrattenere rapporti interpersonali con persone con cui si condividono momenti di vita (vicini di casa, studenti e colleghi di altre nazionalità). Per coltivare buoni rapporti sociali in ambiti internazionali occorre acquisire coscienza della propria identità e delle diverse culture con cui si viene in contatto. Per la reciproca conoscenza del proprio mondo e di quello dell'altro, è d'obbligo avere accesso a informazioni ed essere aperti a scambi di vedute con le persone che incontriamo. È un mondo che si allarga sempre più, inglobando esperienze e valori culturali che trasformano un individuo, facendolo passare da una dimensione nazionale a una sovranazionale e ampliando i suoi orizzonti[9].

Il QCER non si ferma solo a considerare gli aspetti linguistici, ma sottolinea l'importanza di altri linguaggi e di aspetti paralinguistici, che spesso suppliscono a carenze linguistiche. Al concetto di *plurilinguismo* si affianca anche il concetto di *pluriculturalismo*. La comunicazione passa anche attraverso il linguaggio dei segni, del corpo, attraverso il tono di voce, la mimica, le espressioni facciali, la prossemica, ma, sfortunatamente, essi non hanno lo stesso significato e non sono interpretati ovunque nello stesso modo. La tendenza al contatto fisico spontaneo dei popoli mediterranei cozza con i codici di distanza dei Paesi del nord. Di questo occorre tener conto: un comportamento censurabile in una cultura è di gran lunga più rilevante di un errore di sintassi o lessicale.

Spiegate le finalità e i principi su cui il QCER si basa, possiamo a considerare le sue principali caratteristiche.

### 1.3.2 Le caratteristiche generali del QCER

Il QCER si propone come un documento altamente **innovativo**: prima della sua pubblicazione non era disponibile uno strumento che fosse una **piattaforma comune** di riferimento riconosciuta e adottata in tutti i paesi europei, e che stabilisse criteri esplicitati in maniera così chiara da non dare adito a interpretazioni divergenti. Nel QCER la distinzione in livelli descritti in modo chiaro e valido ovunque (meglio se accompagnati da adeguata certificazione) rende univoca la competenza linguistico-comunicativa. La ricerca di uniformità è importante per dare a tutti i cittadini europei pari opportunità.

[9] Nel caso specifico, rivolgendoci a educatori o aspiranti tali, non si può prescindere da un'educazione interculturale, iniziando fin dalla scuola dell'infanzia, per proseguire, in linea con il principio di curricolo verticale, nella scuola primaria e oltre, come è previsto nelle *Indicazioni Nazionali* 2012.

Il lettore si sarà certo reso conto che un'operazione del genere richiede una grande attenzione nella definizione dei descrittori, per raggiungere il massimo grado di **trasparenza**. Quando si fa riferimento al QCER e a tutti gli strumenti che lo integrano (ad esempio: *Passaporto Europeo delle Lingue*, *Portfolio Europeo*) si usa lo stesso linguaggio per definizioni, indicatori, livelli e non è ammesso il ricorso neppure a sinonimi. Le traduzioni nelle diverse lingue parlate in Europa sono accurate e ciò è verificabile confrontando due versioni. Il linguaggio usato è preciso e puntuale, ma allo stesso tempo, immediato, semplice e di facile comprensione per chiunque.

Il concetto di trasparenza si estende anche al fatto che l'apprendente deve essere consapevole dei principi che sono il presupposto del suo processo di apprendimento e degli strumenti di cui si avvale nelle varie fasi che vanno dalla definizione del livello di partenza, fino al raggiungimento dell'obiettivo finale. Nel QCER si parla di "apprendente", perché esso si rivolge al singolo individuo e si presenta come uno strumento per monitorare l'*iter* del proprio apprendimento; per questo motivo se ne consiglia l'uso agli insegnanti della scuola primaria, non laureati in lingue straniere, durante la propria formazione linguistica iniziale e permanente. L'esperienza, acquisita nei corsi di formazione, ci ha fatto partecipi delle ansie dei docenti corsisti, dei loro dubbi e delle loro incertezze sulle competenze acquisite e su un senso, spesso immotivato, di inadeguatezza a svolgere la funzione anche di docente di lingua. Poter disporre di uno strumento guida come il QCER nei momenti in cui si percepisce qualche fragilità nelle proprie competenze, è un grande sostegno, una stampella cui reggersi saldamente, senza timore di cadute rovinose. Il QCER chiarisce se le scelte operate vanno nella giusta direzione e offre *input* della cui valenza ci si può fidare. Nella scuola primaria, al centro del processo di apprendimento non c'è solo l'apprendente (inteso genericamente come "alunno"), in quanto, vista la sua giovane età, la presenza del docente è indispensabile nella proposta educativa e nell'organizzazione del lavoro. Ne consegue che il QCER si rivolge al docente, che qui vi trova tutti i riferimenti necessari per il suo approccio linguistico-comunicativo con gli alunni. Per poter valutare, alla fine di un intervento didattico, la qualità del suo operato e l'impatto sugli alunni, il docente deve conoscere il significato di "obiettivo" e di "lavorare per obiettivi", di "misurazione" del raggiungimento di un obiettivo o le ragioni per cui non è stato raggiunto. Non può ignorare la competenza richiesta per il livello cui la sua classe può presumibilmente aspirare, ma non può farlo empiricamente o basandosi sulle sue percezioni. Tutti questi aspetti si rintracciano con la massima chiarezza nei contenuti del QCER.

### 1.3.3 Il concetto di "sapere" nel QCER

Strettamente legata alla trasparenza è la riflessione che gli estensori del QCER hanno fatto sul concetto di **sapere**. Fino dal momento in cui il Consiglio d'Europa ha cominciato a riflettere sulle strategie per promuovere l'apprendimento delle lingue per tutto l'arco della vita, prima con la definizione e descrizione del "Livello soglia"[10] nel 1975 (risultato di un progetto per attestare la padronanza comunicativa di una lingua almeno per sopperire alle necessità di base quando ci si trova in un Paese straniero, suddiviso in "nozioni" da sapere per esprimere "funzioni comunicative"), poi con la stesura del QCER un decennio dopo, qualsiasi insegnamento si prefiggeva lo scopo di trasmettere il "sapere". L'apprendente doveva dimostrare di "conoscere" una serie di argomenti relativi a una disciplina. Quando si cominciò a mettere in discussione quello che fu chiamato, in tono dispregiativo, "nozionismo", alcuni si limitarono, con una buona dose di superficialità, a vituperare "la nozione", senza però sostituirla con qualcosa di più efficace, con il risultato di avere notevolmente abbassato il livello culturale delle giovani generazioni. Altri, più saggiamente, non cancellarono la "nozione", il "sapere", che è essenziale, ma riconobbero che una conoscenza "teorica" doveva essere integrata da altri "saperi" che potessero tramutare qualcosa di potenziale in abilità reali e che l'abbinamento di conoscenza e abilità produceva quello di cui una società avanzata necessita: la competenza. Di conseguenza si cominciò a diffondere l'idea, ormai riconosciuta universalmente, che il processo di apprendimento implica l'amalgamarsi continuo di **sapere** (conoscenze, generali e specifiche) e **saper fare** (abilità) per giungere alla **competenza** (somma di conoscenza e abilità che si manifesta in azioni adeguate allo scopo; nel nostro caso si parla di *competenza linguistica*, di *competenza sociolinguistica* e di *competenza pragmatica*)[11]. Trattandosi di comunicazione e interazione con interlocutori appartenenti ad altre culture, nell'apprendimento entrano in gioco altre abilità trasversali, altri "saperi". Primo fra tutti il "**saper essere**" che viene descritto come "*i fattori individuali connessi con la personalità di un parlante, caratterizzati da atteggiamenti, motivazioni, valori, sentimenti ideologici, stili cognitivi e legati alla personalità che* ***contribuiscono a formare una*** **identità individuale**"[12]. Il lettore si renderà certamente conto dell'importanza, nell'intrecciare relazioni interpersonali, di fattori che disegnano l'immagine di sé, il modo di presentarsi di una persona, quali la disponibilità e l'apertura verso gli altri e le loro culture, l'interesse e l'entusiasmo per nuove esperienze, la loquacità o la silenziosità, l'essere proattivo o reattivo, il possesso di valori

[10] Per un breve excursus dal *Threshold Level* al *Common European Framework* si consulti il sito: *www.coe.int/t/dg4/linguistic/dnr_EN.asp.*

[11] Le tre competenze sono descritte in modo dettagliato nel capitolo 5 del Quadro e precisamente:
- dal 5.2.1 al 5.2.1.6 si tratta di tutto ciò che riguarda la competenza linguistica nei suoi vari aspetti (lessicale, grammaticale, semantico, fonologico, ortografico e ortoepico);
- dal 5.2.2 al 5.2.2.5 si tratta in maniera completa il significato di competenza sociolinguistica (scelta degli indicatori di cortesia, modi per salutare, esclamazioni, registri di formalità, uso di espressioni proverbiali, gergali, dialettali, colloquiali, familiari);
- dal 5.2.3 al 5.2.3.1 si descrivono gli aspetti della competenza pragmatica (organizzazione generale del discorso, coesione e coerenza logica, modalità di organizzazione per compiti specifici come descrivere, narrare, argomentare...).

[12] Cfr. QCER, capitolo 5.1.3.

etici e morali ecc., indispensabili per creare o meno legami di amicizia, affetto, collaborazione. Un docente di scuola primaria potrebbe sollevare due obiezioni: 1) questo modo di intendere le competenze è totalmente inadeguato alle capacità intellettive e operative di bambini di sei-dieci anni; 2) gli alunni della scuola primaria non hanno occasioni di incontro e di relazione con persone di altre culture e, nei rari casi in cui ciò avviene, non hanno la capacità di cogliere i valori socio-culturali diversi.

Nel primo caso occorre sgombrare il campo da un fraintendimento su cui si basano i detrattori del QCER. Le competenze non si riferiscono solo ai livelli più alti[13]. Ogni livello, anche A1, il livello minimo, prevede una serie di competenze e di abilità, in base alle effettive capacità dell'apprendente e ai suoi **bisogni formativi**. Anche nell'esaminare la posizione di un apprendente adulto, l'obiettivo è formulato, non in base al raggiungimento del più alto livello possibile, ma in base al livello che oggettivamente gli serve. Facciamo alcuni esempi chiarificatori: nella scuola secondaria di primo/secondo grado in genere si studiano due lingue con un monte ore diverso. Il docente della seconda lingua straniera (cui si dedicano meno ore) non deve rifiutarsi di ricorrere al QCER "poiché i miei studenti non raggiungeranno mai un livello B2". Ciò è ben comprensibile e nessuno può richiederlo, ma gli apprendenti potranno sicuramente raggiungere un livello A2, sufficiente per comunicare in lingua per soddisfare i loro bisogni primari (salutare, presentarsi, chiedere indicazioni stradali, pranzare e ottenere un alloggio, parlare dei propri interessi e così via). Analogamente un apprendente adulto, che affronta lo studio di una lingua straniera per scopi lavorativi, non dovrà necessariamente fare uno sforzo sovrumano per saper sostenere un dibattito a livello politico o scientifico in lingua o leggere una rivista specializzata. I suoi bisogni si limitano a saper intrattenere relazioni collaborative con colleghi in ambito lavorativo. Con bambini della scuola primaria ci si porrà come obiettivo la **familiarizzazione** con una lingua diversa, in termini di fonologia, lessico e semplici frasi comunicative (livelli A1/A1+). Per quanto riguarda la seconda osservazione, si ritiene che prima si offrono occasioni di variazioni rispetto al mondo ristretto del giovane apprendente, più si allargano gli orizzonti dell'individuo che accetta la diversità come qualcosa di naturale. La mobilità, i flussi migratori, le vacanze in diverse nazioni, l'ospitalità di colleghi stranieri e delle loro famiglie, le stesse classi multiculturali oggi offrono tante occasioni in cui il bambino si trova a interagire con bambini (e non solo) di altre nazionalità, oppure si trova di fronte ad abitudini e consuetudini che gli erano sconosciute. Affrontarle con serenità e naturalezza l'aiuta a percepire le varietà culturali, ad accettarle e anche a farle proprie, se del caso. Certo non si terranno lezioni sul significato di intercultu-

---

[13] Il QCER, come è noto, descrive le abilità e le competenze in tre livelli (da A a C, in ordine crescente, dal più basso al più alto, a loro volta suddivisi ciascuno in due sottolivelli. Il livello "base" comprende un livello elementare A1 e un livello pre-intermedio A2. Il livello "di autonomia" è suddiviso in livello "soglia" B1 e livello post-intermedio B2. Il terzo livello "di padronanza" include il livello "avanzato" C1 e il livello "di padronanza della lingua" C2).

ralità o di civiltà, il che sarebbe una clamorosa forzatura. Non si dimentichi, poi, la capacità di osservazione e l'acutezza dei bambini nel notare dettagli che forse sfuggono agli adulti. Perché non sfruttare queste capacità in positivo?

Non scordiamo che la scuola oggi non solo auspica, ma richiede un atteggiamento favorevole a un apprendimento in ottica europea e promuove occasioni di rapporti scolastici e interpersonali transnazionali, caldeggiando i programmi d'azione europei (su questo si veda il Cap. 2). Molte scuole primarie partecipano a scambi di classi o virtuali (i mezzi tecnologici odierni consentono la conoscenza reciproca anche a distanza, così come il lavoro a più mani con scambi di materiali per via telematica)[14].

Tornando alla disamina delle caratteristiche del QCER, un ultimo "sapere" definito "trasversale", perché entra in gioco nel processo di apprendimento generale, comune a tutte le discipline e ai fini dell'acquisizione di ogni tipo di competenza, è il **saper imparare**, che parte dalla capacità di osservare, analizzare, valutare e imitare, di seguire direttive e linee guida per giungere a una partecipazione a nuove esperienze (nel nostro caso linguistiche) in modo sempre più autonomo e pertinente alla situazione, al contesto e agli individui coinvolti. È un sapere molto difficile da acquisire negli adolescenti e negli apprendenti adulti, perché spesso l'apprendente rifiuta di accettare l'idea che per imparare deve modificare alcune sue abitudini e alcuni suoi atteggiamenti, non accetta la consapevolezza delle sue carenze, non ammette o cerca di nascondere l'errore, tende a incolpare gli altri per i suoi insuccessi. Ciò non accade nei bambini, per i quali imitare e ripetere non è uno sforzo, un'imposizione, ma un gioco divertente, e seguire i consigli del/la proprio/a "maestro/maestra" è quasi una regola irrinunciabile. L'insegnante, anche e soprattutto nella scuola primaria, deve avere la consapevolezza che è suo compito trovare le strategie appropriate grazie alle quali l'alunno apprende. Il QCER è di grande aiuto con proposte innovative. Innanzitutto valorizza ciò che di positivo già esiste nell'apprendente, il suo sapere e saper fare, le sue potenzialità (come già detto, secondo il proprio livello), presenta l'errore non come "colpa" di cui vergognarsi e da nascondere, ma come punto di partenza per rimuovere gli ostacoli che rallentano il suo apprendimento, offre una rosa di abilità di studio (non c'è un solo metodo, ma ognuno può trovare il suo metodo o ricorrere a più metodi, che meglio si addicono alla sua personalità e alle sue esigenze formative in un determinato momento), fa capire che si impara ovunque (non solo a scuola) e da tutti (non solo dal docente, ma anche dai compagni o da persone che si stimano per esempio), offre strumenti per verificare e valutare il proprio percorso (con molta cautela, ma anche nella scuola primaria, si deve guidare il bambino a riconoscere i suoi punti di forza e le sue debolezze e motivarlo a superare gli ostacoli che incontra incoraggiandolo e fornendogli *input* positivi in modo "velato", senza metterlo alla berlina o puntare il dito sugli errori che commette, bensì ripetendo l'e-

---

[14] Sono moltissime le scuole che partecipano al programma Erasmus+: Comenius anche con mobilità dei piccoli allievi. Enorme sviluppo ha avuto anche la rete *e-Twinning* per favorire partenariati e gemellaggi fra scuole di vari Paesi europei (si veda il Cap. 2).

nunciato corretto ed invitandolo, con pazienza, ma come fosse cosa naturale, a ripeterlo più volte, in diverse situazioni comunicative, finché la nuova struttura o pronuncia sia interiorizzata e il suo uso diventi spontaneo).

La struttura e l'organizzazione del QCER, dunque, capovolge l'ottica nella quale si è sempre considerata la vita della scuola. In passato l'attività didattica poneva al centro il ruolo attivo del docente e l'insegnamento che ricadeva direttamente sullo studente il cui ruolo passivo era quello del "ricevente". Ora al centro ci sono il bambino e il suo processo di apprendimento. La didattica è costruita a partire dall'analisi dei **bisogni formativi** dell'allievo, che diventa "apprendente", e sulla base del percorso già compiuto, delle esperienze pregresse, delle eventuali certificazioni conseguite, del suo stile di apprendimento e di molti altri fattori (su questo si veda il Cap. 3). Sebbene nella scuola primaria il ruolo del docente continui a essere centrale per ovvi motivi, è indubbio che l'alunno non "dipende dal docente", ma lo affianca; i due "attori" lavorano insieme e interagiscono, captando a vicenda i segnali corrispondenti ai bisogni formativi dell'alunno. Fatti i debiti distinguo per i vari gradi di istruzione, il seguente grafico illustra come è mutato il rapporto fra i due protagonisti.

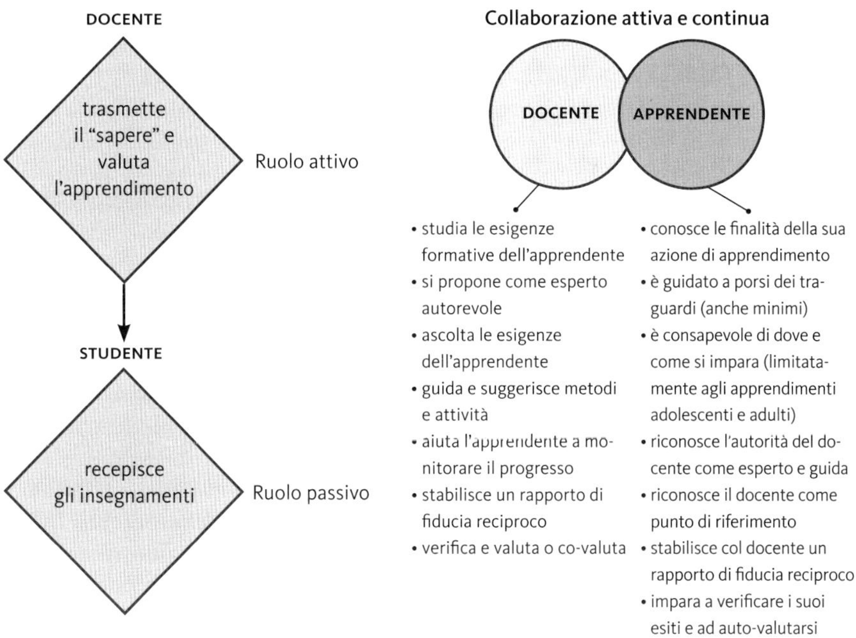


Dall'esigenza di impostare la didattica in funzione del soddisfacimento dei bisogni formativi dell'apprendente, scaturisce un'ultima considerazione fondamentale per capire la natura del QCER. A prima vista la centralità dello studente cozza con le "regole" in esso contenute. È un equivoco da chiarire in partenza. Il documento **non** è prescrittivo in senso stretto. Non impone regole rigide, ferree, che tutti i docenti devono seguire. Da questo malinteso nasce la diffidenza dei docenti ad adottarlo come strumento base per lo svolgimento della loro professione. Le critiche muovono proprio dalla sua vastità, dal minuzioso entrare in ogni dettaglio. Non è stato trascurato alcun minimo aspetto che possa in qualche modo entrare in gioco nell'apprendimento della lingua, e quindi è legittima la riserva sulla sua effettiva utilità nell'attività didattica, la quale impone limiti temporali e contenutistici. Per fugare tali dubbi, gli estensori del QCER hanno elencato, fin dall'inizio, le sue caratteristiche di strumento:

1) adatto al raggiungimento di più scopi (*multipurpose*).
2) flessibile (*flexible*).
3) passibile di successive modifiche (*open*).
4) dinamico (*dynamic*).
5) comprensibile da tutte le tipologie di utente (*user-friendly*).
6) non dogmatico (*non-dogmatic*)[15].

Ciò significa che ogni utente è libero di adattarlo alle proprie esigenze, di concentrarsi sugli aspetti che più si addicono alle motivazioni per cui si studia la lingua (comunicazione di base, uso indipendente della lingua, conoscenza avanzata), di focalizzarsi su una o più abilità. Nella scuola primaria l'attenzione del docente si focalizzerà sulle abilità ricettive e operative orali, che egli privilegerà rispetto a quelle scritte, introdotte con maggior gradualità e a partire dal terzo anno. La corposità del QCER dipende proprio dalla volontà di non trascurare alcun particolare in modo che chiunque e per qualunque scopo lo consulti vi trovi una risposta alle sue necessità. Il suo pregio risiede proprio nei sei aggettivi che lo descrivono e che compendiano bene la sua massima **flessibilità** e **adattabilità**.

### 1.3.4 Livelli e descrittori

Per accertare la competenza di un apprendente, il QCER descrive tre macrolivelli (A-B-C) di competenza linguistica, ciascuno dei quali suddiviso in due sottolivelli per ogni fascia (A1-A2; B1-B2; C1-C2)[16]. Non si esclude che, ai fini di una maggior aderenza alla effettiva competenza di un individuo, si possa ricorrere a ulteriori suddivisioni (ad esempio: A1+), poiché non è affatto assodato che si raggiunga automaticamente lo stesso grado di competenza in tutte le abilità. Alcune possono essere più facilmente acquisite (ad esempio: per analogie con la propria lingua o con altre già note), altre, oggettivamente o soggettivamente più difficili da acquisire, richiedono tempi più lunghi per essere assimilate, quindi è fuorviante e non veritiero assegnare un livello per approssimazione. Le *Indicazioni Nazionali* 2012 per la scuola primaria prevedono, al termine della classe quinta, il raggiungimento di un livello di competenza pari

[15] Cfr. QCER, capitolo 1.6.
[16] Cfr. QCER, capitolo 3.2.

ad A1. Ciò non esclude che si possa, con classi particolarmente motivate e con una buona dotazione di risorse, raggiungere qualcosa di più, identificabile nel sottolivello A1+ o anche il livello A2, nel caso di specifiche sperimentazioni[17]. Ciò conferma il carattere flessibile del QCER. I livelli sono descritti in termini molto generali, universali, non legati a un contesto, in modo che si adattino a ogni situazione nei diversi ambiti sociali (chiamati **domini**), ma, ai fini di una misurazione il più possibile aderente alla realtà, essi devono essere ritagliati e riformulati "su misura" per il singolo utente. Poiché si riferiscono ad abilità, i descrittori sono espressi in termini di "saper fare" (**can do**)[18]. Ribadiamo che per essere comprensibili a tutti e per non dare adito a fraintendimenti, i descrittori usano un linguaggio molto semplice, quanto a struttura e lessico. Ove possibile i livelli di riferimento sono integrati da altre griglie che descrivono gli aspetti *qualitativi* dell'uso della lingua. Ad esempio, con riferimento alla lingua parlata, è a disposizione un'ulteriore griglia che descrive, per ogni livello, non solo a che livello si sappia usare la lingua, ma "quanto bene" la si sappia usare tenendo conto di altri aspetti quali: l'accuratezza, la scioltezza, l'estensione e la ricchezza della lingua, la coerenza e la capacità di usare la lingua per interagire (non solo porre domande e saper rispondere, ma saper iniziare una conversazione, intervenire in una già in corso, sospenderla e riprenderla....)[19]. Veniamo ora al confronto fra la scala globale dei livelli e quella, emanazione della prima, usata anche per l'auto-valutazione[20]. Confrontando i descrittori si comprende immediatamente la coerenza interna al progetto: dall'universale si scende sempre più verso il particolare. Ora vogliamo portare il lettore a notare alcuni aspetti che li distinguono e indicano la loro complementarietà. Dalla formulazione in termini generali di un descrittore, in modo tale che si addica a qualunque apprendente, si procede a declinarlo in termini sempre più concreti, affinché lo si possa applicare all'esperienza individuale del singolo apprendente. L'espressione riferita all'acquisizione di una abilità "**saper** fare/*can do*" viene coniugata in "**so** fare/***I can*** *do*". L'autodidatta, l'apprendente adulto, il docente, il docente in collaborazione con l'alunno hanno la possibilità anche di costruire una propria griglia con descrittori da loro formulati *ad hoc* per misurare il proprio progresso, una tipologia di prova o perfino una singola *performance*. Potremmo dire che la scala globale serve all'apprendente e/o al docente per definire la finalità dell'azione didattica, la griglia di auto-valutazione

---

17 Citiamo come esempio la sperimentazione *Bilingual Education, Italy* – Insegnamento Bilingue, Italia (B.E.I-I.B.I) attivo in alcune scuole primarie e che presenta le seguenti caratteristiche: a) i docenti devono essere in possesso di competenze di Livello B2; b) la quantità minima di ore curricolari dedicate all'inglese è pari al 25% del tempo settimanale disponibile; c) qualsiasi materia può essere insegnata in inglese; d)le abilità di lettura e scrittura in inglese (alfabetizzazione) iniziano sin dalla classe prima per consentire ai bambini di acquisirle al meglio. Il progetto pilota si concluderà nell'a.s. 2014/15.

18 Cfr. QCER, capitolo 3.3, Tabella 1.

19 Cfr. QCER, capitolo 3.4, Tabella 3.

20 Si veda il paragrafo 1.3.2.

indica il raggiungimento degli obiettivi, il risultato di una fase del processo di apprendimento. Inoltre, nella griglia di auto-valutazione, ogni livello suddivide i descrittori secondo diverse abilità di comunicazione linguistica (**abilità ricettive**: ascolto e lettura; **abilità produttive**: scritto e produzione orale; **abilità interattive e integrate**), a riprova che il QCER non ha lasciato nulla al caso. Infine, se la definizione globale dei livelli si mantiene su un piano generale, la griglia di auto-valutazione precisa gli ambiti cui le competenze si riferiscono, sulla base dell'età e delle esperienze compiute dall'apprendente. Facciamo un esempio per chiarire meglio il concetto: nella scala globale per il livello A1 si legge: "...*argomenti che riguardano la* ***sua*** (dell'apprendente) ***sfera personale*** *atti a* ***soddisfare bisogni concreti***", mentre nella scala di auto-valutazione sempre con riferimento allo stesso livello si trova: "...*argomenti che riguardano* ***se stessi, la famiglia o pertinenti alla vita quotidiana (ad esempio: identità, età, famiglia, n° telefonico, provenienza, cose che piacciono, cibi...)***".

La necessità di specificare il contesto in cui è usata la lingua è connessa con la necessità di concretezza e di fattibilità di un piano didattico. Tutti sanno che non esiste una lingua che possa essere usata indifferentemente passando da un contesto a un altro. È pur vero che alcune situazioni sono trasversali e presenti in più ambiti sociali, ma, per comunicare efficacemente, occorre sapersi orientare in diversi contesti e secondo l'interlocutore. La maturità personale e la pluralità di esperienze facilitano questo compito, perché un apprendente adulto dovrebbe sapere quale comportamento si addice a questa o a quella situazione, così come conosce i compiti che è chiamato ad assolvere. Se chi apprende la lingua è un alunno della scuola primaria, l'ambito in cui sviluppa la sua personalità, in cui interagisce con gli altri e matura le sue esperienze di vita è ristretto all'ambito familiare, ai rapporti che costruisce a scuola e nel suo tempo libero. Le attività che meglio si addicono al suo orizzonte sociale e culturale sono quelle relative alle sue occasioni di comunicazione con altri, cioè con la famiglia, con gli amici, con i compagni di squadra negli sport, con i docenti a scuola. È questa la palestra in cui si forma.

Questo per dire che nella descrizione del livello per la misurazione del progresso effettivo, il QCER ha pensato anche alla definizione di categorie di contesti, i cosiddetti "quattro **domini**"[21] con un elenco dettagliato dei luoghi in cui si verificano determinate situazioni, le persone e le istituzioni con cui si interagisce in quel dato ambito, le attività che vi si svolgono, il lessico che si deve conoscere e la tipologia di testi che occorre saper redigere.

Ai fini dell'apprendimento di una lingua conforme alle esigenze individuali oggi, oltre a tenere in debito conto le condizioni fisiche e psicofisiche, le condizioni sociali e quelle temporali che interagiscono o interferiscono nella comunicazione, non si può prescindere dalla conoscenza del dominio in cui si deve operare e di tutto quello che occorre sapere (strutture, lessico, funzioni comunicative) e saper fare (parlare di sé e degli altri, acquistare e vendere, ne-

[21] Cfr. QCER, capitolo 4.1.1, Tabella 5.

goziare, argomentare, dare e recepire ordini e istruzioni...) per usare la lingua correttamente.

### 1.3.5 L'autovalutazione e il concetto di errore

Fino a tempi recentissimi, la valutazione di un apprendente era competenza esclusiva del docente, che la trasformava in votazioni a prove orali e scritte con ampia discrezionalità circa i parametri e gli strumenti di valutazione adottati. Il voto era il risultato di un semplice conteggio di errori e la valutazione finale la media matematica dei singoli voti. Che facesse 60 errori o 25 il risultato era una decisa insufficienza, perché si valutava la quantità e non la qualità e non si teneva conto della tipologia dell'errore e neppure del criterio di misurazione: se in un test oggettivo formativo, diciamo di conoscenza del lessico, l'apprendente commette 25 errori su base 100, dimostra di conoscere il 75% di quanto richiesto, una conoscenza media e sicuramente più che positiva; se al contrario ne commette 60, siamo al 40%, un livello inferiore alla media. In passato, arbitrariamente, un docente fissava un numero x di errori, sotto il quale la prova era ritenuta un insuccesso. Questo portava lo studente a perdere fiducia in sé e nella scuola, e i continui insuccessi, che non tenevano conto del progresso compiuto, lo demoralizzavano e demotivavano. Oggi, tale modo di operare non è più possibile né accettabile. Nel proporre un piano didattico basato sulla formulazione di obiettivi da raggiungere, descrittori correlati, con l'esplicitazione dei metodi adottabili, e strategie di lavoro, il QCER ha voluto indicare la via per aiutare l'apprendente nel suo cammino, per renderlo sempre più l'artefice dei suoi successi formativi. Abbiamo già detto della centralità dello studente, delle sue esigenze formative nell'ottica di una maggiore personalizzazione dell'apprendimento, agendo sulla motivazione e sul suo interesse. Oggi la priorità è sviluppare nell'apprendente la responsabilità del suo percorso formativo e l'autonomia, rendendolo consapevole che può imparare e migliorare perché già possiede delle abilità e delle conoscenze che vanno solo accresciute e canalizzate in modo opportuno, grazie alla disponibilità di nuovi mezzi che, per la loro caratteristica di trasparenza e oggettività, lo mettono in condizione di capire cosa gli serva maggiormente. Questo sistema è applicabile anche alla scuola primaria? In linea di principio la risposta è affermativa, perché il QCER è stato pensato per tutti gli apprendenti, di qualsiasi livello di competenza linguistica e di qualsiasi età (non è un caso che si parli di "apprendimento su tutto l'arco della vita"). Certamente vi sono differenze sostanziali di cui bisogna tenere conto. Innanzitutto, come si è già avuto modo di sottolineare, il ruolo del docente è ancora predominante nella scuola primaria, soprattutto nei primi tre anni, in cui l'alunno non ha ancora acquisito la maturità necessaria per gestire il proprio apprendimento con una certa autonomia. L'esperienza di ogni docente porta a considerare che nella maggior parte dei casi, soprattutto nel bambino, l'errore non è frutto di cattiva volontà o trascuratezza, ma deriva da interferenze con la lingua madre o con altre lingue note (si pensi ai bambini stranieri presenti nelle classi della scuola primaria). Nel tentativo di esprimersi, il bambino usa inconsapevolmente strutture, pronunce o un lessico mutuato dalle sue conoscenze linguistiche ed è più che apprezzabile lo sforzo per mantenere un livello comunicativo almeno accettabile. Sebbene debba essere guidato passo dopo passo, l'alunno va comunque sollecitato a vivere l'esperienza scolastica e l'apprendimento in modo responsabile, nel rispetto dei suoi ritmi e dei tempi di maturazione della personalità. Un errore significativo (nella comunicazione linguistica un errore che impedisce la comprensione di un messaggio) va corretto, ma in modo blando, quasi fosse un suggerimento o un'indicazione per un modo alternativo di esprimersi, senza ricorrere a penalizzazioni che mortificano l'alunno e senza suscitare sensi di colpa o di vergogna. L'errore non deve penalizzare la persona. Va visto in relazione alla prova, alla *performance*, non deve mettere in discussione la persona o costituire un giudizio valoriale sull'individuo che lo commette. L'alunno imparerà a correggersi per imitazione e con naturalezza passando da un codice errato a uno accettabile senza traumi con la continua e reiterata esposizione alle strutture, alle pronunce e agli enunciati corretti. Ugualmente il docente si soffermerà a parlare con il bambino, sarà pronto ad ascoltare le sue difficoltà e a incoraggiarlo, suggerendo un modo diverso di lavorare, più consono al suo stile di apprendimento. Nel corso di una riflessione sugli esiti di un compito assegnato (prevalentemente orale, ma anche scritto) è certamente possibile guidare l'alunno a scoprire quali sono stati i punti di debolezza ("non mi ricordavo come si diceva/come si scriveva..."; "non sapevo come pronunciare..."; "mi ero dimenticato di rileggere il quaderno e il libro e di ascoltare il CD") e a pensare a come risolvere il problema ("secondo te, ti servirebbe ascoltare tante volte il CD, per imparare bene la pronuncia?"; "posso ascoltare o leggere i vocaboli tante volte e poi ripeterli a mia mamma"...). In genere l'alunno ha una grande fiducia nell'insegnante e, se si sente sostenuto nei suoi sforzi, se vede che sono apprezzati, accetta volentieri di operare nel modo suggerito e dimostrare di essere in grado di fare una buona prestazione in futuro.

Non si può parlare assolutamente di "auto-valutazione", ma certamente di tentativi di **co-valutazione**, di cui si avvarrà sempre di più nel suo futuro di apprendente. Non si sente frustrato perché ha avuto un brutto voto o perché è stato rimproverato, bensì il dialogo con l'insegnante e la "negoziazione" ha su di lui un effetto motivante. Si tratta di un recupero individualizzato, finalizzato a raggiungere un piccolo obiettivo. La politica dei piccoli passi ha più probabilità di risultare vincente. Inoltre, i risultati positivi, in un certo senso, sono ancora più visibili nei piccoli apprendenti nel breve periodo, perché a livello elementare spesso entra in gioco una sola abilità, inserita in un contesto molto semplice, e quindi è più facile porre rimedio alle carenze evidenziate. Gli insegnanti delle scuole primarie che adottano un *Portfolio* (di cui tratteremo nel prossimo paragrafo) possono inserire pagine in cui il bambino, da solo o insieme alla maestra, rifletta sugli esiti di una prova. Una scheda semplicissima potrebbe essere quella proposta di seguito.

| Tipo di prova | | del | Abilità | Cosa ho sbagliato | Perché? | Cosa devo fare? |
|---|---|---|---|---|---|---|
| Dialogo | ☹ 💣 | 10/12/201... | conversazione | Non capivo la domanda, quindi non sapevo cosa rispondere | Non avevo ascoltato il CD a casa e non ricordavo nulla | Devo ascoltare il CD tante volte e mi faccio aiutare da mio papà |
| Completamento di frasi con le parole studiate | ☹☹💣 | 20/1/201... | scrittura | Ho scritto solo 2 parole su 8 | Non avevo studiato perché non stavo bene | Devo studiare sempre le parole nuove |
| Completamento di frasi con le parole studiate | ☺ 👌 | 2/2/201... | scrittura | Sapevo tutte le parole ma ho sbagliato a scriverne due | Ho studiato di più e sono contento perché la maestra mi ha detto che sono stato bravo | Devo scrivere tante volte le parole più difficili e chiedo alla mamma di fare il gioco delle parole con me |
| Ascolto di una canzone | ☺☺👌 | 4/2/201... | ascolto | Era facile e l'ho imparata subito | Conoscevo le parole e poi erano poche | Non lo so |
| Ascolto di un dialogo | ☹ 💣 | 15/2/201... | ascolto | Ho capito solo qualche parola | Non lo so | Non lo so, devo chiedere alla maestra |
| ............... | | | | | | |
| ............... | | | | | | |

In tal modo l'alunno (preferibilmente dalla terza alla quinta classe) si renderà via via più indipendente e consapevole della bontà delle attività scolastiche o delle carenze; inoltre imparerà, osservando la tabella, che sbagliare è una cosa normale, che vi sono delle cause che lo portano a farlo, ma che c'è sempre un rimedio (a volte facile, altre più difficile). Sa anche che l'insegnante è lì per aiutare a scoprire perché ha sbagliato e per suggerirgli come superare l'ostacolo. Osservando i simboli (e magari colorandoli opportunamente) sarà orgoglioso dei risultati positivi e si preoccuperà se vi sono troppi segnali di pericolo.

## 1.4 Il Portfolio

Per facilitare il monitoraggio del processo di apprendimento e l'auto-valutazione, il Consiglio d'Europa ha incoraggiato l'adozione, da parte dell'apprendente, di uno strumento costruito per il suo uso personale, in cui annotare tutte le informazioni, gli eventi, le esperienze che sono intercorse nel periodo del suo apprendimento, oltre che monitorare i momenti rilevanti del suo percorso di apprendimento delle lingue e mettere in evidenza i risultati raggiunti.

Il *Portfolio* è uno strumento didattico innovativo perché mette in pratica i criteri e le linee guida dettate dal Consiglio d'Europa, che riassumiamo brevemente: l'apprendimento delle lingue straniere tende a promuovere il plurilinguismo, cioè l'uso della lingua come veicolo di conoscenza, comprensione e rispetto di altre culture, e a implementare la consapevolezza della cittadinanza comune europea. Incoraggia la cultura dell'apprendimento su tutto l'arco della vita attiva. Il *Portfolio* è in linea con il QCER perché è uno strumento di proprietà dell'apprendente che lo usa secondo la sua personale visione di quello che gli è veramente utile per apprendere e usare una lingua, sviluppa la sua autonomia e l'assunzione di responsabilità nel processo di apprendimento (che dipende dalle sue scelte, dagli stimoli e dalle motivazioni personali).

Come previsto dal QCER, il *Portfolio* è uno strumento che rivede completamente le dinamiche che si creavano nel rapporto fra insegnare e imparare. L'apprendente è al centro del processo ed è lui stesso che si abitua, con il ricorso sistematico al *Portfolio*, a gestire il proprio piano di apprendimento in base alle sue necessità e alla sua formazione pregressa (anche se non esclude la partecipazione e il ricorso al docente per superare le criticità o per evitare il loro insorgere). Come il QCER, di cui è emanazione, è un documento trasparente (l'apprendente non trae nessun vantaggio nel dichiarare dati falsi, che non può provare e che non influenzano il giudizio di esterni in quanto una dichiarazione non veritiera è facilmente smascherabile) e assicura la massima chiarezza nell'esplicitare obiettivi, livelli e competenze da acquisire o acquisite. I fautori del *Portfolio* sottolineano che gli elementi qualificanti, che contribuiscono al suo presentarsi come prodotto innovativo, sono la sua fruibilità come strumento di monitoraggio e di auto-valutazione dell'apprendimento.

### 1.4.1 Le caratteristiche del Portfolio

Vediamo di approfondire queste due caratteristiche, poiché non è facile capirne la valenza. In fondo, sostiene qualcuno, il monitoraggio è sempre avvenuto con la lettura dei voti: l'andamento lineare, altalenante, in crescita o decrescita, parlava chiaro allo studente circa il suo rendimento scolastico. Tale affermazione è di una superficialità disarmante. Lo studente conosceva gli esiti, ma non il processo: da cosa risultava quel voto? Dal numero di errori? Quegli errori avevano tutto lo stesso peso? Perché aveva sbagliato? Non conosceva dei contenuti? I contenuti non erano accurati? Erano irrilevanti? Erano pertinenti, ma insufficienti ai fini comunicativi? Il voto dipendeva dalla pochezza del lessico? Da una pronuncia che rendeva incomprensibile l'enunciato? Quale piano d'azione doveva mettere in atto lo studente per porre rimedio alle sue carenze? Spesso si sentiva dire: "Studia di più". Cosa doveva studiare? Su quali aspetti linguistici o comunicativi doveva concentrarsi maggiormente? Con il *Portfolio* l'apprendente, in base al livello che vuole raggiungere, fissa i suoi obiettivi, organizza il proprio lavoro secondo il suo stile di apprendimento o secondo uno stile ritenuto più consono per quel tipo di attività, annota le sue prove e i risultati. Trova le sue debolezze e le analizza, quindi stende un commento/promemoria su cosa intende fare per rimediare. Operando con questa modalità, l'apprendente ha costantemente il polso della situazione e impara ad autovalutare le sue *performance* e l'auspicabile progresso compiuto. Ciò ha effetto motivante, perché porta sicuramente al conseguimento di risultati concreti (se non tutti, si consegue almeno qualche risultato positivo in più), si organizza meglio lo studio e si affinano le abilità di studio. Quando un apprendente inserito in un sistema scolastico dice "Devo ripassare per la verifica" cosa intende e cosa deve fare? Rivedere tutto il programma svolto in poche ore? Impossibile. La revisione deve essere continua e non può riguardare tutti gli aspetti affrontati nel corso di studi. Se il monitoraggio ha messo in luce difficoltà nel formulare enunciati strutturalmente corretti, è inutile che sprechi tempo a rivedere, per esempio, il lessico, che ha sempre usato con proprietà e senza incertezze ortografiche. Dovrà concentrarsi ed esercitarsi in quello che le precedenti prove hanno evidenziato come elementi di criticità.

Abbiamo voluto descrivere dettagliatamente il *Portfolio* e le sue caratteristiche, anche se così come è stato presentato non si addice a un alunno della scuola primaria, perché potrebbe essere utile al docente della scuola primaria, specialmente se **specializzato** (cioè formato per insegnare anche la lingua inglese) e quindi spesso desideroso di migliorare e di accertare le sue competenze linguistiche nel corso della sua formazione in servizio e permanente (su questo si veda il Cap. 2).

Per quanto riguarda l'apprendente-alunno di scuola primaria, è ovvio che egli non è in grado di gestire il processo di apprendimento in totale autonomia, di rendersi conto dei suoi bisogni educativi effettivi e neppure di intraprendere un percorso di rinforzo o di revisione da solo. La presenza del docente e della famiglia è essenziale, anche se l'alunno delle classi quarta e quinta può sicuramente essere coinvolto, come si è visto precedentemente con l'esempio della scheda. In Italia il *Portfolio* fu introdotto nei primi anni 2000 come strumento per saggiare le effettive competenze dell'alunno in rapporto agli interventi didattici. Infatti il *Portfolio* per la scuola primaria, molto più semplice degli altri modelli-tipo predisposti per gli altri utenti, contiene semplici informazioni sull'alunno e sulle competenze acquisite ("*So comprendere un comando della maestra espresso in inglese*") comprovate da una raccolta di prove e materiali prodotti da e appartenenti allo stesso alunno, commenti e osservazioni da parte dell'insegnante ed eventualmente dei genitori sul progresso che essi percepiscono nel loro figlio. Il *Portfolio* viene perciò compilato nella parte riguardante le osservazioni sul profilo dell'apprendente e i commenti sugli stili di apprendimento da parte del docente, in veste anche di tutor per un apprendimento individualizzato, coadiuvato dai genitori in quanto corresponsabili del processo educativo, limitando le parti compilate dal bambino alla sua descrizione personale, alla segnalazione di quello che gli piace fare e come gli piace farlo, alla raccolta dei materiali prodotti. Il *Portfolio*, in questo caso, non può essere gestito totalmente in modo autonomo; quando si tratta di un'adozione in un corso di studi formale con bambini della scuola primaria o con adolescenti, la presenza costante del docente è auspicabile, non per interferire, ma per guidare e correggere eventuali applicazioni fuorvianti. Un buon equilibrio fra autonomia e supervisione è sempre consigliabile.

Il Consiglio d'Europa ha proposto nuovi supporti per il PEL[22]. In particolare: un insieme di modelli di PEL per bambini che potrebbe aumentare le sezioni concernenti la consapevolezza plurilinguistica e interculturale. Citiamo, in merito, il modello piemontese di PEL – nella versione per bambini, destinato ad alunni di età compresa tra gli 8 e gli 11/12 anni, frequentanti il secondo ciclo della scuola elementare, fino al primo anno della scuola media. Si presenta sotto forma di un modello fustellato, di forma circolare, pieghevole, composto da una facciata di copertina, con il nome e la fotografia del proprietario.

Lo integrano un Dossier dedicato alle esperienze linguistiche e alle conoscenze/esperienze interculturali, abbinato a un raccoglitore, nel quale inserire il materiale documentario, e un Passaporto, nel quale inserire eventuali certificazioni e diplomi e documentazione dell'acquisizione delle competenze, registrate secondo un certo livello in un determinato momento.

La Biografia Linguistica è contenuta nel quadro centrale e corredata da schede di autovalutazione, anch'esse da inserire come documentazione delle proprie acquisizioni.

Accanto al modello è prevista una Guida per l'Insegnante, contenente in allegato:

- alcuni esempi di schede di autovalutazione;
- i descrittori di competenza riferiti alle quattro abilità (ascoltare, parlare, leggere, scrivere) declinati secondo i sei livelli (A1, A2, B1, B2, C1, C2) del QCER;
- la scheda di presentazione del PEL, rivolta ai genitori;
- gli indirizzi internet necessari per il reperimento di materiale riguardante il PEL.

Nella scuola primaria italiana, dopo un interesse e un'accoglienza iniziali abbastanza sostenuti, è stato abbandonato da parecchie istituzioni scolastiche, in quanto ritenuto dai docenti oneroso da gestire, non avendo ricevuto il dovuto supporto della maggioranza dei genitori. C'è stato un rifiuto da parte di molti docenti alla sua sperimentazione. Le motivazioni riguardano i tempi scolastici, il timore di caricarsi di lavoro extra oltre ai numerosi e gravosi impegni scolastici, il timore di dedicarvi troppo tempo a scapito del "programma". Queste perplessità nascono da un malinteso di fondo: il *Portfolio* non è un corso, è **uno strumento**, **non un'attività aggiuntiva.** Non sconvolge quindi i piani

---

[22] Vedi *www.portfoliodellelingue.ch*

didattici ma, in quanto strumento, vi si fa ricorso quando occorre, quando lo si ritiene opportuno per migliorare la qualità dell'apprendimento. È connesso con le attività curriculari e con i relativi materiali per l'apprendimento, non li sostituisce. Non è necessario preparare materiale diverso, nuovo, in aggiunta o in sostituzione dei testi in adozione. Piuttosto bisogna scegliere con cura quelli già disponibili che più si prestano a essere usati in un'ottica diversa. Ugualmente non si introduca tutto il *Portfolio* in una sola volta, ma si scelga un'abilità, in sottolivello, e si proceda ***gradualmente*** con la sperimentazione finché si sia acquisita familiarità con il mezzo. Per non gravare sullo svolgimento delle normali attività, si definiscano oculatamente i tempi in cui il *Portfolio* sarà usato (dieci minuti prima della fine della lezione, una volta alla settimana, un'ora al mese...) in base alla maturità e all'autonomia degli apprendenti. Una modalità altamente auspicabile è che la sperimentazione non venga vista come un'imposizione dall'alto, ma sia una proposta condivisa da più insegnanti.

Riteniamo, perciò, che dovrebbe essere ripreso in considerazione, alla luce delle esperienze fatte in altri Paesi europei ed extra-europei, come Canada, Usa e Australia, Paesi nei quali è in uso da molti anni, e ai modelli validati reperibili in rete.

Come è fatto un *Portfolio*? Esistono modelli già pronti? La risposta a quest'ultima domanda è positiva. Il Consiglio d'Europa ha validato 47 esemplari[23] sviluppati per tutte le tipologie di apprendenti, siano essi alunni della scuola primaria o adulti migranti che necessitano di una formazione linguistica per poter accedere al mondo del lavoro. In quasi tutti i Paesi europei sono stati elaborati dai rispettivi ministeri, da università o istituzioni scolastiche. I modelli già pronti possono servire per costruirne uno proprio o per adattarlo in parte alle proprie necessità.

Come il QCER, anche il *Portfolio* è uno strumento *flessibile*: nessuno è tenuto a compilarlo in tutte le sue parti in modo prescrittivo, ognuno può decidere di usarlo integralmente o poco per volta, o tralasciando alcune parti ritenute inutilizzabili ai fini del suo piano di apprendimento.

Per quanto riguarda la sua composizione, il *Portfolio* è uniforme, nel senso che ogni modello è composto da una *biografia* e da un *dossier*, entrambi importanti ma con funzioni diverse.

La *biografia* contiene la "storia" dell'apprendente con informazioni sugli aspetti dell'apprendimento passato, presente e sugli ipotetici sviluppi futuri, sulle lingue conosciute e/o studiate. È molto utile anche nel primo ciclo scolastico per conoscere il profilo dell'apprendente in un'ottica di curricolo verticale. Può contenere griglie prestampate per monitorare l'auto-apprendimento (dove è applicabile), e per registrare il livello già raggiunto e le abilità già possedute.

Nella prima parte sono contenuti anche i progetti e le motivazioni presenti e future per cui si intende studiare una o più lingue e le esperienze culturali e

[23] Tutti i modelli di *Portfolio* possono essere visionati sul sito del Consiglio d'Europa

di lavoro che eventualmente sono state fatte in campo internazionale (questa parte è di solito inutilizzata nelle versioni che si rivolgono a studenti del primo ciclo scolastico).

Infine vi sono pagine che si riferiscono agli stili e alle strategie di apprendimento. Servono per far riflettere l'apprendente sull'efficacia dello stile che preferisce e delle strategie adottate e sull'opportunità di variarle in base alle diverse situazioni e ai compiti da svolgere. Si evince che questa parte contribuisce a fare chiarezza sulle abilità dell'apprendente in campo linguistico e non, sui suoi progetti riguardo alla conoscenza e all'uso delle lingue e sulle modalità di studio. I docenti più attenti sanno che le difficoltà incontrate dai suoi apprendenti sono più spesso dovute al fatto che essi ignorano come si studia e quali strategie aiutino ad apprendere meglio e più in fretta, che non a mancanza di impegno personale.

Nella scuola primaria, questa sezione può essere completata dall'alunno, sotto la guida dell'insegnante. Con molta semplicità l'alunno riflette su cosa gli piace fare a scuola, quali attività predilige, se preferisce lavorare da solo o in gruppo e perché. Poiché lo strumento lo accompagna nella fase successiva della sua scolarità, i docenti che lo prenderanno in carico all'inizio della scuola media inferiore ne trarranno informazioni utili a delineare la personalità e le competenze dello studente. Quanto segue potrebbe essere un esempio:

| **COME MI PIACE IMPARARE?** | |
| --- | --- |
| **Imparo se lavoro con alcuni compagni**<br>SÌ NO |  |
| **Imparo se gioco**<br>SÌ NO |  |
| **Imparo osservando e imitando gli altri**<br>SÌ NO |  |

| | |
|---|---|
| **Imparo meglio se lavoro da solo e in silenzio**<br>SÌ NO |  |
| **Imparo di più se vado a vedere qualcosa o qualche luogo**<br>SÌ NO |  |
| **Imparo di più ascoltando la maestra**<br>SÌ NO |  |
| **Imparo più in fretta se faccio anche un disegno**<br>SÌ NO |  |
| **Imparo se ascolto quello che rispondono i miei compagni**<br>SÌ NO |  |
| **Imparo meglio se costruisco qualcosa**<br>SÌ NO |  |

Il *dossier* permette di raccogliere la documentazione che prova le abilità e le competenze acquisite, quindi contiene una selezione delle migliori *performance* dell'apprendente nel corso del tempo. Possono essere di vario genere, secondo la tipologia dell'apprendente: test e verifiche cartacee, registrazioni di come si è usata la lingua in qualche situazione rilevante, un video (ad esempio: una rappresentazione teatrale in lingua), fotografie (ad esempio: scattate durante uno spettacolo, uno stage-esperienza di lavoro). L'apprendente che le raccoglie sistematicamente e le sceglie con cura, cioè con occhio critico, valutandole secondo criteri di qualità, può verificare da sé i progressi compiuti in un certo arco di tempo (ad esempio: dal primo anno di un ciclo scolastico fino alla sua conclusione). Si capisce quanto possa essere fonte di soddisfazione e di gratificazione. Anche nella scuola primaria, il bambino è in grado di scegliere il materiale che più gli piace o che è stato apprezzato dall'insegnante o dai suoi genitori, oppure che l'ha visto protagonista (in una recita o in attività in laboratorio). Anche in questo caso forniamo un esempio.

**I MIEI LAVORI MIGLIORI** **N° 1**

**Prodotto il: 15/10/201...**

**Descrizione**: È un biglietto di auguri per il compleanno del mio amico Andrea.
Ho preso un cartoncino e l'ho ritagliato.
Sulla prima pagina ho scritto "Buon Compleanno" in inglese.
Poi l'ho colorato e l'ho messo nel regalo.

**Perché hai deciso di scegliere questo lavoro**: Perché l'ho scritto in inglese corretto e mi piace perché è allegro. Ci sono tanti colori. La mamma di Andrea ha detto che sono stato bravo a scrivere gli auguri in inglese. Anche la maestra mi ha detto che sono stato bravo, perché nessuno mi ha aiutato. L'ho fatto tutto da solo.

Il dossier di norma è costruito *in itinere*, ma può servire anche come presentazione di sé all'esterno (ad esempio: a un datore di lavoro nel corso di un colloquio oppure a nuovi docenti) perché può contenere esempi di lavori svolti e le certificazioni linguistiche conseguite (documenti validi a partire dalla seconda parte del primo ciclo scolastico).

Ribadiamo che lo strumento è utile anche al docente-apprendente, che, oltre a monitorare il consolidamento delle sue competenze linguistiche e a riflettere sui suoi punti di forza e sulle sue debolezze, lo usa per raccogliere il materiale che ritiene interessante e che dimostri l'efficacia delle sue proposte didattiche e lo sviluppo qualitativo nel tempo.

## 1.5 Il Passaporto delle Lingue

Diamo ora alcune informazioni sul *Passaporto delle Lingue*[24], che potrebbero essere utili ai docenti della scuola primaria, ai fini della mobilità per motivi di studio/formazione o di esperienze di lavoro all'estero. Fa parte del *Portfolio*, ma è fornito come allegato, perché il suo utilizzo è raccomandato ad apprendenti adulti (dai 16 anni in poi). Infatti, oltre a riassumere i dati sulla competenza linguistica del portatore, da aggiornare con regolarità aggiungendo altre abilità e competenze conseguite, oltre a contenere le griglie di auto-valutazione contenute nel QCER, contiene sezioni che delineano il profilo dell'utente con tabelle riassuntive delle esperienze di formazione linguistica, interculturale, lavorativa (in cui era richiesta una competenza linguistica). Una sezione è dedicata alle certificazioni e ai diplomi linguistici conseguiti presso enti accreditati. Come un passaporto è un lasciapassare riconosciuto da tutti gli Stati, perché fotografa il possessore in modo certo ed è emesso da autorità competenti, così il Passaporto delle Lingue accompagna un individuo nel corso della sua vita, si arricchisce di esperienze e competenze documentate con certezza. Se è teoricamente possibile creare un *Portfolio* e usarlo anche senza validazione europea, non è possibile usare il Passaporto senza validazione. Ne esiste un solo modello e il Consiglio d'Europa con EAQUALS[25] e ALTE[26] lo rilasciano e ne concedono l'uso solo alle istituzioni che hanno ottenuto la validazione europea di un *Portfolio*.

## 1.6 La programmazione delle attività basate sul QCER (livello base)

Con riferimento all'educazione linguistico-comunicativa in un sistema scolastico di uno Stato europeo, con apprendenti della scuola primaria (5/6-11 anni), forniamo l'impianto generale (passibile di aggiustamenti "su misura" per adat-

[24] Per approfondimenti consultare il sito della Divisione delle Politiche Linguistiche Direzione Generale IV – CoE: *http://www.culture.coe.int/portfolio*.

[25] *European Association for Quality Language Services*: *www.eaquals.org*.

[26] *Association of Language Testers in Europe*: *www.alte.org*.

tarsi al *target* di riferimento) di un progetto di curricolo basato sui principi del QCER enunciati nei paragrafi precedenti.

Al momento di iniziare un qualsiasi percorso educativo volto all'acquisizione di competenze linguistico-comunicative da parte dell'apprendente, il docente di scuola primaria deve saper progettare interventi sulla base delle istanze illustrate nel seguente grafico di cui analizzeremo in seguito gli aspetti più pregevoli e significativi.

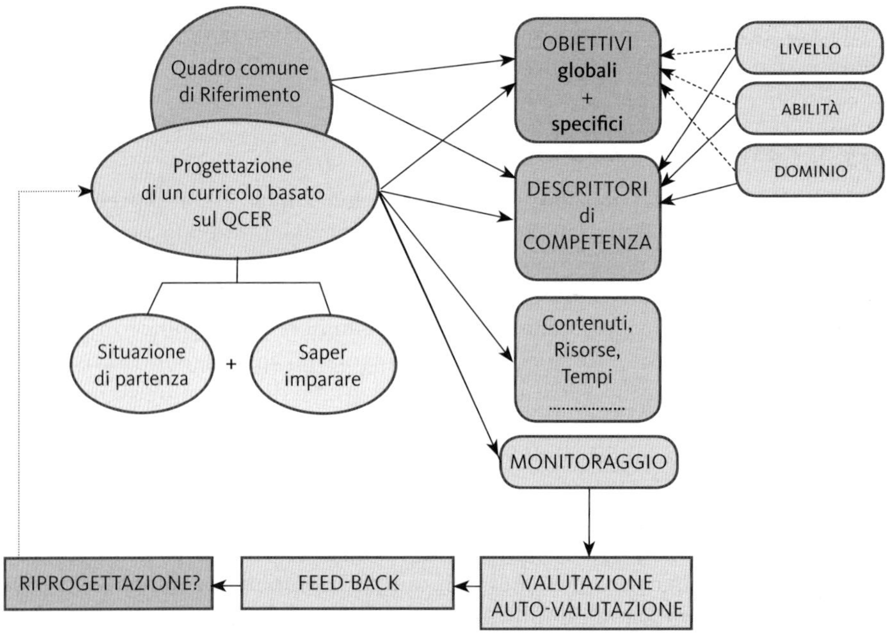


La progettazione non può prescindere dalla padronanza del QCER, ma neanche dall'indagine **sulla situazione di partenza** e sul **"saper imparare"** dell'apprendente. Sarebbe un evento fortuito riuscire a definire il livello di arrivo a prescindere dall'individuazione del punto di partenza, cioè dei dati che aiutano a delineare le caratteristiche dell'apprendente (**saper essere**) e il suo bagaglio di conoscenze (**sapere**) e abilità (**saper fare**) accertate che permettono al docente di trovare una giustificazione al suo intervento didattico e che gli consentono di ipotizzare che tale intervento concorrerà al successo formativo del giovane apprendente.

Quali informazioni ricaviamo dal livello di partenza? Innanzitutto conosciamo dati oggettivi sulla "carriera" dell'apprendente (età, tipo di scolarità, anni di studio della lingua...), inoltre, abbiamo valutazioni riferibili alle sue abilità e alle sue competenze e infine ricaviamo informazioni sulla sua motivazione o mancanza di motivazione, sui suoi interessi, sul suo modo di rapportarsi e di lavorare con gli altri. Uno dei vantaggi della verticalità, introdotta anche nel nostro sistema scolastico, consiste proprio nella collaborazione fra docenti del livello inferiore e di quello superiore cui sono trasferite informazioni utili a rappresentare il profilo dell'apprendente. Da analisi precedentemente effettuate e da quelle frutto delle proposte dei "nuovi" docenti (test, questionari, colloqui) si desumono notizie sullo stile di apprendimento dell'apprendente, sulle sue preferenze nell'apprendimento, sulle strategie di studio, sulle intelligenze sviluppate e consone alle sue caratteristiche e attitudini personali. Più elementi oggettivi sono raccolti, meglio definito risulterà il piano di intervento.

Per quanto riguarda l'abilità trasversale del "saper imparare", prima di iniziare una progettazione, il docente va a sondare le modalità che meglio si addicono all'apprendente per facilitare e migliorare l'apprendimento. Esse sono desunte da osservazioni e riflessioni sistematiche da parte del docente e da informazioni dirette da parte dell'alunno, come da esempi forniti precedentemente. Riassumendo, vanno tenute in debita considerazione:

- la riflessione sugli stili di apprendimento più consoni alle caratteristiche personali dell'apprendente;
- le preferenze nelle modalità di studio, nella presentazione di un lavoro didattico (l'alunno preferisce corredare il suo lavoro con disegni, ama usare il computer e presentare un lavoro ordinato, usa i colori per differenziare parole o concetti);
- la propria disponibilità a "mettersi in gioco" nelle relazioni interpersonali;
- l'imparare da altre fonti oltre che dalla scuola (far partecipi gli altri di quello che si è appreso altrove, dai familiari, da conoscenti, da esperienze personali, da libri o documentari);
- la disponibilità ad accettare un fallimento o un errore come parte inevitabile di un processo di apprendimento (quando si impara uno sport, qualche piccolo incidente è inevitabile, ma serve per sapere come comportarsi in futuro, per evitare mosse che possano essere dannose);
- l'accettare che il proprio apprendimento sia monitorato a scadenze fisse, come attività necessaria ai fini della conferma o meno dell'apprendimento per non creare ansie e paure immotivate (tocca al docente spiegare all'alunno che viene sottoposto a verifiche periodiche perché è importante che egli sappia se ha imparato o meno, così come periodicamente si sottopone a visite mediche per accertarsi che il suo stato di salute sia buono e, nel caso in cui non lo sia, porvi rimedio subito);
- la consapevolezza di possedere qualche qualità personale e qualche abilità su cui fare leva per migliorare l'apprendimento (nella scuola primaria è vitale la capacità da parte del docente di creare un clima adatto a rafforzare l'autostima del bambino e a valorizzare le sue abilità e attitudini).

Una volta conclusa la raccolta dei dati che servono per determinare il livello di partenza e le caratteristiche proprie della personalità dell'apprendente, come prima fase della progettazione di un percorso didattico occorre fissare gli **obiettivi**.

"**Progettare per obiettivi**" significa determinare quale traguardo si vuole raggiungere con precisione e chiarezza, allo scopo di convogliare tutti gli sforzi e tutte le attività verso la meta prefissata. Bisogna saper distinguere gli **obiettivi globali** (la cui descrizione è dettagliatamente illustrata per livelli nel QCER) dagli **obiettivi specifici** (che il docente può liberamente creare o modificare in relazione alle diverse finalità). Il QCER è un'ottima base comune, ma non può fornire soluzioni adatte a tutti i fruitori. Abbiamo già illustrato come si declina un descrittore scendendo dal generale al concreto. Possiamo ora aggiungere che non è realistico proporsi che un apprendente a livello A1 "sappia scrivere correttamente in inglese" dopo il primo anno, ma è certamente possibile che "sappia scrivere una mail (o una lettera personale) a un amico per informarlo di un avvenimento piacevole" entro la fine del quarto/quinto anno. Il docente non può prefiggersi un traguardo ambizioso quando sa che è irrealizzabile, ma può e deve concentrarsi sul raggiungimento di un risultato certo e concreto, come ad esempio saper scrivere un brevissimo testo che metta l'alunno nella condizione di saper comunicare in modo semplice ed essenziale, ma con chiarezza ed efficacia.

Come si crea un obiettivo specifico? Formulare un obiettivo significa definire il **livello** di competenza di arrivo (nel nostro caso, nella scuola primaria, dal livello A0 principiante assoluto a un livello A1/A1+), stabilire le **abilità** che si intende sviluppare (nella scuola primaria, puntare sulle abilità orali), scegliere il **dominio** in cui collocare le situazioni comunicative oggetto di apprendimento (con giovani apprendenti limitarsi al dominio personale). Dopo una prima stesura dei descrittori di un obiettivo, occorre verificare se questi rispondono ad alcuni criteri, quali, per esempio, l'essere sufficientemente dettagliati ed espressi in un linguaggio chiaro e il prestarsi a essere traducibili in attività concretamente proponibili e fattibili. Inoltre si ritiene che per facilitare l'apprendimento ci si debba accertare di aver formulato obiettivi **smart**, un acronimo che indica le qualità imperative di un buon obiettivo:

- *specifico*, cioè che spiega *esattamente* il risultato che si vuole raggiungere;
- *misurabile* in quanto è possibile dire che è stato raggiunto usando un *metro obiettivo di valutazione*;
- *accessibile* per il fatto che lo si può raggiungere in base alle *accertate conoscenze e competenze dell'apprendente* in rapporto alla sua età e alla sua scolarizzazione;
- *realistico* perché è cosa *ragionevolmente fattibile* per l'apprendente;
- *limitato nel tempo* perché è raggiungibile in un lasso di tempo *relativamente breve*, il che pungola l'apprendente ad affrontare altre sfide e altri successi.

Non ci dilunghiamo oltre sugli altri punti della programmazione in quanto:

- i contenuti sono in genere ben definiti dai libri di testo in adozione e il QCER elenca nei dettagli in quale dominio contestualizzarli (livello A1: dominio personale distinto nelle categorie dei luoghi, istituzioni, persone di riferimento, oggetti, eventi, operatività e testi – termine generale riferito non solo a scritti, ma anche a trasmissioni orali e registrazioni[27];

[27] Cfr. QCER, capitolo 4.1.1, Tabella 5.

- le risorse disponibili oggi sono di una ricchezza tale che è impossibile non trovare quello che si addice ad alunni della scuola primaria. Per questa utenza è stato pubblicato così tanto materiale che il problema non è il reperimento, quanto come valutarne il carattere innovativo e la qualità dal punto di vista metodologico e rispetto a come si presti a stimolare lo sviluppo cognitivo;
- i tempi di realizzazione sono in genere ben calibrati dai docenti della scuola primaria, per cui la distribuzione temporale delle attività è molto importante, considerando il limitato livello di attenzione dei bambini (già operano in tal senso nell'organizzazione di un normale *lesson planning*);
- le fasi di monitoraggio, verifica e valutazione sono già state trattate nei precedenti paragrafi. Vogliamo solo spendere alcune righe per sottolineare la differenza fra i termini, di solito usati in inglese, di *assessment* ed *evaluation*, termini che dovrebbero essere ben noti ma su cui si fa ancora confusione. *Assessment* si basa sulla verifica in itinere, formativa. Ha valore "diagnostico" perché si concentra sul processo in corso che porta all'apprendimento. Potremmo dire che è *process-oriented*. *Evaluation*, invece, fornisce una valutazione globale, un giudizio sul prodotto o risultato finale. È *product-oriented* perché si concentra su quanto è stato appreso, in relazione anche ai risultati degli altri. Se *assessment* è una misurazione "interna", individuale sulle *performance* dell'apprendente, *evaluation* le misura con il raffronto fra il traguardo raggiunto e quello previsto secondo gli obiettivi formulati e comparando il traguardo rispetto al traguardo minimo accettabile.

Ci sembra importante, infine, attirare l'attenzione del lettore sulle ultime due fasi, in genere trascurate. Una progettazione non si conclude con il momento della valutazione. Il *feedback* è un momento di riflessione che non può essere evitato. Se viene fatto dal docente con l'apprendente o da un gruppo di docenti, è un momento in cui emerge la verità sugli elementi di criticità o sui fattori di successo. Dalla reazione dell'apprendente bisogna saper cogliere quegli elementi su cui basare il piano di recupero. Se emergono anche debolezze nell'impianto della progettazione, si rende indispensabile ritoccarne e correggerne qualche aspetto. Bisogna ripensarla e procedere a una riprogettazione, che non è indice di fallimento, ma di corretto modo di operare. Ogni lavoro è perfettibile ed è sempre il momento di semplificare, chiarire, innovare. Chi è capace (e accetta) di rimodellare, eliminare, aggiungere è sicuramente innovativo e al passo con i tempi e le esigenze formative dell'apprendente. Nel capitolo 4, dedicato ad esempi di Unità di Apprendimento, questi concetti saranno ripresi applicandoli a ipotetici casi di interventi didattici.

# 2 Capitolo Secondo
# La via italiana alla dimensione europea

## 2.1 L'insegnamento delle lingue: un approccio verticale

L'afflato europeo dell'insegnamento, con il suo aspetto plurilingue e pluriculturale, entrò a pieno titolo nella scuola italiana dopo la ratifica del T.U.E. (avvenuta il 1° novembre 1993); infatti secondo l'articolo 4 del Testo Unico sulle disposizioni legislative vigenti in materia di istruzione, relative alle scuole di ogni ordine e grado (D. Lgs. n. 297/1994): "*l'ordinamento scolastico italiano, nel rispetto della responsabilità degli Stati membri della Comunità Europea, per quanto riguarda il contenuto dell'insegnamento e l'organizzazione del sistema di istruzione, favorisce la cooperazione tra gli Stati membri per lo sviluppo di una istruzione di qualità e della sua dimensione europea, in conformità a quanto previsto dall'articolo 126 del Trattato della Comunità europea (...)*".

## 2.2 Le prime sperimentazioni

Non va tuttavia dimenticato che le prime sperimentazioni sul territorio nazionale di insegnamento linguistico nella scuola primaria risalgono all'anno scolastico 1975/1976 – ben prima quindi dell'entrata in vigore del T.U.E – con il progetto ministeriale denominato *Insegnamento Lingue Straniere nella scuola elementare* (I.L.S.S.E). Tale modalità progettuale avviò la riflessione sulla didattica delle lingue straniere e sulla loro diffusione; il modello organizzativo si basava sull'insegnamento da parte di docenti che veicolavano la lingua e la cultura straniera nelle classi di **propria titolarità**, in una di quattro lingue comunitarie (francese, inglese, spagnolo e tedesco).

Era dunque lo stesso docente di classe che insegnava la lingua, seppur coadiuvato da specialisti che si muovevano invece tra più istituti scolastici; lo scopo condiviso era di favorire la formazione globale del bambino attraverso l'approfondimento di un altro codice linguistico.

Il gruppo di docenti e di sperimentatori era allora supervisionato dal prof. Renzo Titone dell'Università "La Sapienza" di Roma e da alcuni Ispettori centrali del Ministero della Pubblica Istruzione. L'obiettivo principale del progetto, cui aderirono circa 900 maestri e oltre 10.000 alunni di diverse regioni italiane, prevedeva la creazione di materiali pedagogico-didattici specifici (schede, *script* per le drammatizzazioni, dialoghi, unità didattiche a "spirale") da poter utilizzare in variegate situazioni comunicative e per sopperire alla carenza di manuali e testi predisposti *ad hoc* per la scuola primaria.

Gli sperimentatori, che durante le loro lezioni adottarono il metodo funzionale-nozionale molto in voga in quegli anni[1], contribuirono senza dubbio a diffondere l'idea che l'insegnamento della lingua non fosse mero appannaggio di esperti esterni bensì di docenti di scuola primaria legati ai bambini da un rapporto quotidiano. Un ulteriore risultato conseguito dal gruppo di lavoro fu la definizione di un profilo di competenze del docente di lingue straniere, in termini sia linguistico-comunicativi, sia metodologico-didattici. Grazie alla sperimentazione nelle scuole elementari del territorio nazionale l'attenzione didattica si spostò dalla lingua ai *bisogni reali* di apprendimento degli allievi segnando, nel contempo, la fine del pregiudizio secondo il quale non era possibile insegnare una lingua senza insieme inficiare le prestazioni in lingua materna.

Quasi contestualmente allo sviluppo del progetto I.L.S.S.E, il Ministero della Pubblica Istruzione promosse un corposo piano di aggiornamento europeo – il *Progetto Speciale Lingue Straniere* (P.S.L.S) – che interessò la maggior parte dei docenti di lingue straniere[2]. Esso era basato sul concetto di formazione "a cascata": tali insegnanti dovevano immediatamente riversare la formazione ricevuta dai loro docenti-formatori in specifici corsi di lingua di durata annuale, da tenersi nei confronti dei propri colleghi e presso le proprie sedi di servizio. In realtà la formazione interessò dapprima i docenti di lingua inglese attraverso un accordo culturale tra Italia e Stati Uniti, per poi essere estesa anche ai docenti delle altre lingue; essa dunque fu tra le prime azioni di aggiornamento in servizio, modellata sui bisogni specifici espressi dai formandi e non dal docente-formatore.

[1] Il metodo **funzionale-nozionale** derivò dall'approccio comunicativo (si veda il paragrafo 3.5) e fu inizialmente elaborato dagli esperti del Consiglio d'Europa negli anni Settanta (si veda il paragrafo 1.3.3). Tale metodo si rivolgeva ad apprendenti adulti e considerava i cosiddetti "livelli soglia": il grado cioè di lingua che doveva essere conosciuto da un parlante straniero per sopravvivere in un Paese ove quella lingua era parlata. La lingua era analizzata in termini di scopi comunicativi o atti linguistici detti "*funzioni*" che per poter essere efficaci presupponevano la conoscenza di alcune "*nozioni*". Il punto di partenza era costituito dai bisogni dell'apprendente e si incoraggiava l'uso costante della lingua straniera in situazioni autentiche di comunicazione.

[2] Tale azione formativa iniziò esattamente nel 1978 e si concluse nel 1995, per essere in seguito sostituita nel 1999 dal più famoso Progetto Lingue 2000 (si veda il paragrafo 2.9). Per la scuola dell'infanzia invece le sperimentazioni in lingua inglese prima degli anni Duemila facevano riferimento alle prescrizioni ex art. 278 del D.Lgs. n. 297/1994 "*Sperimentazione e innovazione di ordinamenti e strutture*" e alla sperimentazione nazionale Hocus e Lotus (autorizzata con D.M. 31/1998) che utilizzava il format narrativo quale concetto fondamentale per l'apprendimento linguistico. Attenzione particolare era posta sul lessico e sul rapporto tra parole ed evento presentato. Per approfondimenti: *www.hocus-lotus.edu.*

## 2.3 L'insegnamento curricolare e obbligatorio delle lingue straniere

Con la promulgazione del D.P.R. n. 104/1985, "*Approvazione dei nuovi programmi per la scuola primaria*" la lingua straniera entrò ufficialmente in veste di materia scolastica in tutte le scuole elementari sancendo, al tempo stesso, il valore dell'**educazione linguistica globale**, quale finalità comune a più discipline o aree di insegnamento, attraverso una visione di insegnamento integrato della lingua. Una nuova prospettiva secondo la quale lo sviluppo linguistico si configurava come processo sinergico in cui diverse attività (osservazione, lettura, esercizio dell'affettività, ampliamento delle conoscenze) si fondevano in un'unica strategia didattica. Testualmente nei *Nuovi Programmi* si asseriva che "*l'educazione linguistica, in una epoca di intense comunicazioni e nella prospettiva di un crescente processo di integrazione nella comunità europea, non può prescindere da un approccio alla conoscenza di una lingua straniera*" e si auspicava che si dedicasse un breve tempo quotidiano "*alla lingua straniera durante le normali attività didattiche*", in modo da "*rinforzare il processo di apprendimento*".

Lo sviluppo del pensiero verbale nella lingua madre andava pertanto accompagnato a moduli espressivi verbali in lingua straniera, avendo quale obiettivo ultimo la **formazione linguistica** e si delineavano altresì precise linee pedagogico-metodologiche dell'insegnamento delle lingue straniere. L'iniziale introiezione di una lingua straniera era dunque possibile purché si attuasse "*un'idonea mediazione didattica*" che considerasse il "*graduale processo di evoluzione dell'alunno*".

La finalità dei summenzionati *Nuovi Programmi* era quella di:

- aiutare e arricchire lo sviluppo cognitivo offrendo un altro strumento di organizzazione delle conoscenze;
- permettere al fanciullo di **comunicare con altri attraverso una lingua diversa** dalla propria;
- avviare l'alunno, attraverso lo strumento linguistico, alla **comprensione di altre culture e di altri popoli**.

Per il raggiungimento di tali obiettivi la scelta di una lingua rispetto a un'altra non appariva determinante in quanto si dovevano tener presenti, "*oltre alle richieste della comunità, criteri oggettivi di utilità sociale e culturale*". È pur vero che era necessario considerare il carattere veicolare della lingua inglese poiché essa offriva, e a distanza di quasi trent'anni continua ad offrire, "*occasioni più frequenti di esperienza e, quindi, di rinforzo positivo per l'uso generalizzato che se ne fa nei mezzi di comunicazione, negli scambi internazionali e in campo tecnologico*". Interessante, in quanto altamente pionieristico, il richiamo al concetto di "plurilinguismo" (vedi Cap. 1) quale "condizione storica" di alcune aree del nostro Paese, "*fondata su usi locali e garantita talvolta anche da norme statutarie di regolamenti scolastici*" e che doveva influenzare la scelta della lingua straniera da inserire nel curricolo scolastico.

Ad ogni modo, qualunque fosse la lingua straniera selezionata, era fondamentale che al termine della scuola primaria (già scuola elementare) il bambino fosse in grado di "*sostenere una facile conversazione e una breve lettura*" che facessero riferimento "*a esperienze concrete di vita quotidiana*". Per quanto riguarda la metodologia da adottare, nelle *Indicazioni didattiche* si faceva esplicito riferimento a un approccio che rispettasse la sequenza "*comprensione-assimilazione-produzione*", nei limiti in cui tale processo si poteva concretizzare nella scuola elementare. Inoltre il docente doveva privilegiare l'attività didattica svolta in **forma orale** e solo gradualmente si introducevano materiali molto semplici di lingua scritta, cercando di sviluppare nel bambino la consapevolezza della diversità tra codice orale e codice scritto. La lingua era appresa perciò superando l'ormai vetusto metodo grammaticale-traduttivo e privilegiava la comunicazione reale[3]; l'apprendimento si sviluppava anche tramite un continuo arricchimento del patrimonio lessicale, anticipando così i portati del *lexical approach* (si veda il paragrafo 3.6). I lemmi in lingua straniera erano scoperti e reimpiegati tramite "*l'audizione, la conversazione, l'associazione audiovisiva (immagine – parola – frase), l'apprendimento di modi di dire, di filastrocche e canzoni (...)*". Da ultimo si poneva attenzione alla "*corrispondenza interscolastica*" tale da "*offrire nelle ultime classi occasioni di uso concreto della lingua straniera*": *in nuce* si trattava di un vero e proprio partenariato scolastico che precorreva i tempi e gettava le basi per l'elaborazione di futuri progetti europei di scambio e di gemellaggio[4].

## 2.4 Il trampolino di lancio: la Riforma del 1990

Con la legge n. 148/1990, "*Riforma dell'ordinamento della scuola elementare*" il legislatore diede avvio all'auspicato riassetto della scuola di base e incise profondamente sulla sua organizzazione: la figura del docente unico, già messa in crisi dal diffondersi del *tempo pieno*, scomparve in maniera definitiva[5] e la didattica modulare prese il sopravvento. Una delle innovazioni più significative

---

[3] Il metodo *grammaticale-traduttivo*, che scaturì dall'approccio formalistico, ebbe quale risultato generale l'incapacità dell'apprendente di capire e parlare la lingua straniera, a causa dello scarso uso della stessa in situazioni concrete e reali di comunicazione. Le regole morfosintattiche e il lessico venivano presentati mediante la lingua materna e memorizzati mediante la continua traduzione da una lingua all'altra; le attività audio-orali erano praticamente inesistenti.

[4] Si pensi a questo proposito all'iniziativa europea *e-twinning* che fu avviata nel 2004 con un duplice scopo: incrementare l'uso delle tecnologie dell'informazione e della comunicazione (TIC) e promuovere il dialogo interculturale. Attualmente il progetto offre la possibilità di creare un gemellaggio (*twinning*) elettronico tra istituti scolastici, usando una lingua veicolare.

[5] Il modello del team dei docenti non solo raccoglieva l'eredità della proposta dell'"insegnante costellato" (un docente titolare di classe affiancato da alcuni docenti specialisti) avanzata dall'onorevole Franca Falcucci (ministro della Pubblica Istruzione dal 1983 al 1987), ma rappresentava anche lo sviluppo consequenziale e logico dei *Nuovi Programmi* del 1985. Il modulo è oggi chiamato "tempo normale" o "tempo ordinario".

riguardava infatti l'introduzione del *modulo* (art. 4, co. 3); esso era costituito da un team di tre docenti che si avvicendavano su due classi; nello specifico ogni docente insegnava in una determinata area (*linguistica*, logico-matematica e scientifica, storico-sociale e artistica). Solo in casi eccezionali i moduli potevano essere composti da quattro docenti su tre classi.

La valorizzazione pedagogica dei programmi del 1985 non era stata sufficiente a dare un assetto stabile all'insegnamento delle lingue straniere ed il vero trampolino di lancio per la loro diffusione lo si ebbe, infatti, con le disposizioni normative dell'art. 10 della legge n. 148/1990:

*"1. Nella scuola elementare è impartito l'insegnamento di una* ***lingua straniera.***
*2. Le modalità per l'****introduzione generalizzata dell'insegnamento*** *della lingua straniera, i* ***criteri per la scelta di detta lingua****, per la utilizzazione dei docenti e la definizione delle competenze e dei requisiti di cui gli stessi docenti devono essere forniti ad integrazione di quanto previsto dal comma 3 dell'articolo 5, sono definiti con apposito decreto del Ministro della pubblica istruzione da emanarsi entro un anno dalla data di entrata in vigore della presente legge, sentito il Consiglio nazionale della pubblica istruzione e previo parere delle competenti Commissioni parlamentari.*
*3. Nelle scuole elementari in cui, per disposizioni legislative, l'****insegnamento di più lingue*** *è obbligatorio, l'introduzione dell'insegnamento della lingua straniera può essere disposto previa intesa con gli enti locali competenti".*

L'assenza di riferimento a una lingua specifica lasciò aperta l'opzione per una delle quattro lingue comunitarie più diffuse anche se, *de facto*, l'inglese fu scelto dalla maggior parte delle famiglie.

Infine, l'introduzione della lingua straniera ben si accordava alle finalità proprie della scuola elementare: concorrere alla prima formazione dell'uomo e del cittadino, secondo i principi della Costituzione e nel rispetto e nella valorizzazione delle diversità individuali, sociali e culturali e sviluppare la personalità del fanciullo promuovendone la prima alfabetizzazione culturale.

## 2.5 Risvolti operativi dell'insegnamento delle lingue straniere

Sulla scorta delle indicazioni contenute al summenzionato art. 10 della legge n. 148/1990, il Decreto Ministeriale 28 giugno 1991, "*Insegnamento delle lingue straniere nella scuola elementare*" definì invece gli aspetti organizzativi per la piena attuazione dell'insegnamento **generalizzato** e **obbligatorio** di una lingua straniera nella scuola elementare: si individuò nel Collegio dei docenti (acquisito il parere del Consiglio di Circolo) l'organo deputato a scegliere la lingua straniera da insegnare e si stabilì che l'apprendimento linguistico dovesse essere attivato a partire dalle **classi seconde**[6]. Inoltre si

[6] In realtà il D.M. 28 giugno 1991, all'art. 2 sottolineava che: "*nella fase di transizione, in considerazione delle reali disponibilità di competenze professionali presenti sul territorio, l'insegnamento di una lingua straniera è attivato a partire, di norma, dalla classe terza*".

fornivano indicazioni in merito al monte ore di lezione di lingua straniera (3 ore), da aggiungersi all'orario settimanale pari a 27 ore e da svolgersi in giorni diversi e in non meno di tre interventi. Anche nelle classi funzionanti a tempo pieno dovevano essere assicurate ogni settimana le tre ore di lingua straniera.

Da ultimo, l'insegnamento linguistico doveva garantire l'*unitarietà* della progettazione educativa e didattica e necessitava di un pieno riconoscimento sia quale disciplina all'**interno del curricolo**, sia quale parte di un comune percorso formativo.

Il Ministero, ancora una volta, non specificò quale fosse la lingua straniera da insegnare: "*nella scuola elementare l'insegnamento della lingua straniera riguarda, di norma, le quattro lingue più diffuse: francese, inglese, spagnolo, tedesco*" (art.1); ciononostante l'inglese risultò l'opzione preferita dalle famiglie e dagli Enti locali attivi sul territorio.

L'inizio effettivo dell'insegnamento generalizzato della lingua straniera fu indicato per l'anno scolastico 1992-1993, anche se eventuali esperienze già in atto potevano proseguire.

## 2.6 La nascita del docente specialista

L'articolazione delle competenze richieste agli insegnanti di lingua originò la distinzione tra **docenti specialisti** (cioè *figure atipiche,* in quanto docenti qualificati e impegnati esclusivamente per l'insegnamento della lingua su più classi, in genere sei-sette) e **docenti specializzati** (docenti in possesso di certificazione linguistica e impiegati per l'insegnamento in due o tre classi del modulo). In questo senso il Decreto 1991 segnò un cambiamento epocale e fece nascere una nuova figura di insegnante di scuola elementare, in possesso di specifiche competenze certificate e inserita nel modulo didattico-organizzativo previsto dalla legge n. 148/1990. L'art. 5 del Decreto significativamente evidenziava che il docente di lingue, oltre ad avere precise capacità didattico-disciplinari, doveva "*essere informato sui fondamentali approcci e metodi di insegnamento di una lingua straniera con i riferimenti alle scienze dell'educazione che didattica e metodologia implicano*". Va da sé che tale preparazione pedagogica dovesse essere adeguata alla fascia di età degli allievi e alle loro capacità. L'insegnamento della lingua straniera rappresentava inoltre una "*articolazione interna della funzione docente della scuola elementare*" e, al fine di sviluppare adeguate competenze linguistiche, glottodidattiche ed educativo-relazionali, per gli insegnanti elementari si ipotizzava l'avvio di puntuali iniziative di formazione (art. 6).

Il dibattito attorno alla necessità di fusione tra insegnamento della lingua e pratica didattica globale, che la distinzione tra specialista e specializzato aveva ingenerato, proseguì e trovò ulteriori riferimenti anche nella successiva C.M. n. 116/1992, "*Insegnamento delle lingue straniere nella scuola elementare. Prime indicazioni attuative*". Tale documento chiariva come la programmazione dovesse essere volta ad "*assicurare la* ***piena integrazione della disciplina*** *nell'attività didattica*" in quanto l'insegnamento della lingua straniera doveva contribuire a sviluppare la "*competenza linguistica*" e la "*consapevolezza interculturale*", favorendo altresì la formazione del "cittadino europeo". La scuola tutta si impegnava anche a "*garantire risposte didattiche e organizzative per il raggiungimento di livelli soddisfacenti di* ***unitarietà curricolare*** *e per realizzare percorsi coerenti e non discontinui*". Altro punto focale era costituito dall'evitare settorializzazioni e "*rischi di secondarizzazione*", in modo da assicurare all'insegnante specialista, contitolare a tutti gli effetti dei docenti di classe, un'opportunità di vera condivisione della programmazione e della verifica del raggiungimento degli obiettivi. All'insegnante specialista spettava altresì il compito precipuo di offrire contributi di "*trasversalità disciplinare di competenza linguistica*".

## 2.7 Un percorso europeo

Prima della completa apertura all'Europa, suggellata dalla ratifica del T.U.E, l'insegnamento delle lingue straniere nella scuola elementare era regolato, come si è visto, dall'art. 10 della legge n. 148/1990 e dalla legge n. 114/1993, "*Disposizioni per la piena attuazione dell'insegnamento della lingua straniera nella scuola elementare*", che previde per l'accesso al ruolo docente una prova facoltativa, scritta e orale, di accertamento della conoscenza di una o più lingue straniere e della specifica capacità didattica in relazione alla fascia di età e alle conseguenti capacità di apprendimento dei discenti. Il percorso per una più completa articolazione delle competenze dell'insegnante di lingue era dunque tracciato.

Il già menzionato D.Lgs. n. 297/1994, e, in particolare l'art.125, richiamava nuovamente l'attenzione sulle modalità per l'introduzione generalizzata dell'insegnamento delle lingue straniere, i criteri per la scelta della lingua e per l'utilizzazione dei docenti nonché la definizione delle *competenze* e dei *requisiti* di cui gli stessi docenti dovevano essere forniti (co. 2). Successivamente, con la nascita dell'autonomia didattica, organizzativa e di ricerca nell'ordinamento scolastico italiano, ai sensi dell'art. 21 della legge n. 59/1997, e con l'approvazione della legge n. 440/1997, "*Fondo per l'arricchimento e per l'ampliamento dell'offerta formativa e per gli interventi perequativi*", la scuola, i dirigenti scolastici, i docenti tutti incominciarono a esplorare nuove possibilità e iniziative curricolari, anche afferenti le lingue straniere. Nello specifico, grazie proprio alla legge n. 440/1997, furono stanziati, tra l'altro, fondi per l'adeguamento dei programmi di studio dei diversi ordini di scuola e per l'attivazione dell'insegnamento di una *seconda lingua comunitaria* nelle scuole medie[7]. L'operatività della

[7] Non per nulla la legge n. 440/1997 è detta colloquialmente "il salvadanaio dell'autonomia".Va altresì notato che nella scuola primaria gli insegnamenti attuati con i fondi previsti dalla legge n. 440/1997 andavano svolti in orario aggiuntivo rispetto alle 27 o alle 30 ore settimanali e potevano essere organizzati secondo modalità orarie individuate nei singoli progetti e comunque organizzati intorno a un monte ore che tenesse conto dei carichi di lavoro dei discenti (massimo 60 ore annue).

stessa legge fu resa possibile nella scuola elementare attraverso le CC.MM. n. 347/1998 e n. 197/1999 che, dopo un richiamo obbligato all'arricchimento e all'ampliamento dell'offerta formativa, enuclearono un quadro di riferimento in grado di garantire:

- la promozione dell'uso delle nuove tecnologie nell'apprendimento-insegnamento delle lingue;
- l'attuazione di iniziative di valutazione della qualità dell'apprendimento linguistico, anche in convenzione con Enti certificatori europei;
- l'unitarietà dell'insegnamento-apprendimento della lingua straniera, in un *continuum* dalla scuola materna sino al termine della scuola secondaria di secondo grado, anticipando, di fatto, le previsioni della Riforma Moratti[8].

## 2.8 La formazione dei docenti e i C.R.T.

Per tutti gli anni Novanta, sempre nella prospettiva di un'apertura alla dimensione europea e data la necessità di reclutare maestri con competenze linguistiche, si inaugurò la grande stagione dell'insegnamento generalizzato delle lingue straniere e della formazione dei docenti, attraverso *Piani annuali.* A livello normativo non furono però stabiliti standard di competenze in uscita dai corsi di formazione, né tanto meno furono previsti test di accertamento del livello raggiunto. Le circolari di quel primo periodo (CC.MM n. 227/1992 e n. 130/1993) fornivano le direttive alle quali attenersi per l'avvio della formazione e le indicazioni per sperimentare percorsi di aggiornamento per lo sviluppo della *competenze linguistiche* e *metodologico-didattiche.* I corsi furono organizzati in modo da far conseguire le certificazioni linguistiche agli insegnanti e per migliorare le competenze degli stessi docenti formatori; duravano in genere tra le 300 e le 500 ore ed erano svolti in contemporanea con il servizio di insegnamento. La gestione dell'intero progetto fu affidata agli allora Provveditorati agli Studi, presso i quali furono anche istituiti, ai sensi della C.M. n. 197/1999, i Gruppi Lingue Unitari (G.L.U.), composti da dirigenti tecnici, dirigenti scolastici, docenti, esperti e dal referente proviniciale[9], con lo scopo di intraprendere iniziative territoriali di valorizzazione e formazione nel campo delle lingue straniere. Ai Provveditori agli Studi fu affidato parallelamente il compito di individuare uno o più istituti scolastici che fungessero da Centri Risorse Territoriali (C.R.T.), con la funzione di luogo di formazione per i

[8] In base al disposto della legge n. 53/2003 l'introduzione dello studio della lingua inglese fin dal **primo anno** della scuola primaria e la prosecuzione per tutti gli anni di permanenza nei sistemi dell'istruzione e della formazione avevano l'obiettivo prioritario di garantire a tutta la popolazione studentesca il raggiungimento del livello soglia (**B1**).

[9] Ai sensi della nota prot. n.1678 del 5 settembre 1995 già a partire dall'a.s. 1995-1996 erano stati creati, presso ogni Provveditorato, i Gruppi di lavoro Provinciali per la Lingua straniera (G.P.L.) per la scuola elementare. Essi avevano il compito di supportare le scuole nel rendere operativo il Piano di sviluppo provinciale della lingua straniera nonché il Piano di formazione previsto per il triennio 1995-1998.

docenti e di ambiente di documentazione delle *best pratice*. Ulteriori compiti specifici dei C.R.T. prevedevano: il sostegno alla sperimentazione sul campo degli esiti della ricerca linguistica; la **garanzia di continuità** di apprendimento della lingua straniera studiata alla scuola elementare; l'apertura di sportelli didattici tramite i quali trovare aiuto per la programmazione; la condivisione delle esperienze didattico-metodologiche; il supporto, in termini di risorse umane e strumentali, alle attività formative del territorio e lo sviluppo di "*una logica di rete*"[10].

I C.R.T. ebbero e, in molti casi continuano ad avere, un ruolo fondamentale nel favorire processi di cambiamento e innovazione nelle prassi di insegnamento-apprendimento delle lingue straniere, promuovendo la formazione dei docenti in un'ottica di continuità tra i differenti segmenti dell'istruzione, disseminando buone prassi e sostenendo nuove metodologie e approcci ispirati alle linee-guida europee.

## 2.9 Il Progetto Lingue 2000

Tuttavia, la svolta paradigmatica per la diffusione dell'insegnamento delle lingue straniere la si ebbe sul finire del millennio, con un'iniziativa chiamata *Progetto Lingue 2000* (PL 2000), che mirava a obiettivi propri della didattica plurilingue, basandosi sull'ottica pedagogica del QCER (si veda il paragrafo 1.3) ed era, nelle parole dell'allora Ministro Luigi Berlinguer, destinata "*all'universo degli studenti di questo Paese, dalle scuole materne alle secondarie di secondo grado*".

Il D.M. n. 251/1998 autorizzò un programma nazionale di sperimentazione entro cui fu collocata la graduale attuazione del PL 2000, anche se, in realtà, il progetto fu diramato con la C.M. n. 160/1999. Quest'ultimo documento avviò la discussione sul valore dello studio delle lingue straniere nei luoghi di apprendimento formale e informale. Una quota dei finanziamenti fu riservata al funzionamento e alle attività dei C.R.T. che, a livello provinciale, erano istituti deputati, per antonomasia, alla "*ricerca, informazione e formazione*".

Senza dubbio, il PL 2000 aprì la via per la costruzione di una cittadinanza sempre più europea, poiché intendeva prioritariamente "*innovare l'insegnamento e l'apprendimento delle lingue straniere favorendo l'acquisizione di precise competenze comunicative da parte degli allievi di ogni ordine e grado di scuola*"[11]. Il Ministero si augurava altresì che le innovazioni didattiche, frutto della sperimentazione, potessero condurre in futuro a una modifica di ordinamenti e programmi, con il coinvolgimento di tutti i soggetti interessati: studenti, genitori, docenti, dirigenti scolastici ed esperti. L'auspicio era che alle scuole fosse consentito

---

[10] Cfr. C.M. n. 304/1998, "*Introduzione dell'insegnamento non curricolare e facoltativo di una seconda lingua comunitaria nella scuola media (Legge 18-12-1997 n. 440 – Fondo per l'arricchimento e l'ampliamente dell'offerta formativa)*".

[11] Cfr. "*Gli assi portanti del Progetto Lingue 2000*", Sintesi, documento word scaricabile da: *www.istruzione.it/autonomia/documenti.*

di raggiungere nuovi traguardi quali la flessibilità oraria, l'articolazione del gruppo classe, l'attivazione di insegnamenti integrativi facoltativi e le iniziative di continuità.

Tra gli obiettivi principali del progetto vale la pena ricordare i seguenti:

- sviluppare il processo di insegnamento-apprendimento di *almeno una lingua straniera a partire dalla scuola materna* e sino al termine della scuola secondaria di secondo grado;
- apprendere una *seconda lingua straniera* a partire dal primo anno della scuola secondaria di primo grado;
- potenziare le lingue curricolari apprese tramite innovazioni didattiche e l'impiego diffuso delle tecnologie informatiche e multimediali che favoriscano l'applicazione di strategie di apprendimento cooperativo;
- promuovere le competenze *pragmatico-comunicative* e le abilità di ricezione, interazione e produzione (scritta e orale) considerando l'età dei discenti, la progressione dell'apprendimento e il contesto d'uso specifico nei vari ordinamenti scolastici;
- delineare percorsi che includano anche linguaggi letterari e professionalizzanti;
- diffondere una cultura certificatoria sulla base dei livelli del QCER[12].

La metodologia utilizzata prevedeva la costituzione di gruppi omogenei per livello di competenza (massimo 15 allievi), secondo parametri e descrittori definiti dal Consiglio d'Europa e presupponeva la suddivisione del monte ore di apprendimento in *moduli* di breve durata (20-30 ore), nonché l'uso delle TIC per favorire l'auto-apprendimento e lo studio individualizzato. Nel progetto era dunque insita l'idea che per la formazione del cittadino europeo si dovesse familiarizzare con "*le culture che compongono il quadro dell'Europa dei popoli*" e fosse necessario apprendere *almeno una lingua straniera* sin dalla scuola materna. Lo studio della prima lingua e della cultura straniera doveva poi procedere fino alla scuola secondaria di secondo grado. Nella tabella che segue si evidenzia il percorso linguistico ipotizzato sino al termine del biennio/triennio della scuola secondaria di secondo grado[13].

[12] Secondo F. Bachmann e J.E. Purpura, *Language Assessments: Gate-Keepers or Door-Openers?*, in eds. Spolsky B., Hult F.M., "The Handbook of Educational Linguistics", Blackwell Publishing, Oxford, UK (2008), la cultura della valutazione e certificazione linguistica, sin dai suoi esordi, ha sempre avuto un valore o di *gate-keeper* oppure di *door-opener*, in grado cioè di offrire possibilità oppure di precludere *chance*.

[13] Per una panoramica completa del percorso sviluppato fino alla fine del secondo ciclo si rimanda al documento di sintesi già citato.

*Quadro orario nel PL 2000*

| Ordine di scuola | Materna | Elementare | Media | Biennio/triennio professionale e istituto d'arte |
|---|---|---|---|---|
| **1ª Lingua** | 100 ore | 300 ore | 300 ore | 200 ore |
| *livello* | *propedeutico* | *Introduttivo (A1)* | *intermedio/soglia (A2/B1)* | *soglia/avanzato (B1/B2)* |
| **2ª Lingua** | -------- | -------- | 240 ore | 200 ore |
| *livello* | -------- | -------- | *introduttivo/intermedio (A1/A2)* | *intermedio/soglia (A2/B1)* |

L'esigenza di rispondere a differenti bisogni formativi e a mutate aspettative di una comunità educante in continua evoluzione rendeva lo studio della *lingua inglese* una vera e propria priorità, in quanto lingua "*di comunicazione transnazionale*" e "*alfabeto delle nuove tecnologie*". Inoltre, il richiamo al documento della Commissione dei saggi, "*Contenuti essenziali per la formazione di base*" (1998), avvalorava l'idea che l'offerta della lingua inglese dovesse essere generalizzata e metodologicamente appropriata ai bisogni comunicativi degli apprendenti. Nel documento PL 2000 si formulavano quindi due ipotesi: a) l'inglese era la **prima lingua obbligatoria curricolare** a partire dal ciclo primario e una seconda lingua era appresa a partire dal primo anno del ciclo secondario; b) l'inglese era opzionale ma se ne prevedeva lo studio come **lingua di comunicazione** nell'arco della scolarità dell'obbligo.
Per quanto concerne invece le proposte per i vari cicli scolastici, nel PL 2000 si prospettava quanto segue:

- per la **scuola materna**, a partire dal secondo anno, si potevano prevedere "*attività di sensibilizzazione e familiarizzazione ai suoni e ai segni della lingua straniera per la fruizione, produzione e concettualizzazione dei sistemi di rappresentazione riferibili ai diversi tipi di codici*". Il percorso di apprendimento mirava a sviluppare negli apprendenti le capacità di base preliminari all'acquisizione di competenze pragmatico-comunicative da potenziare nella scuola elementare. Il processo di insegnamento-apprendimento della lingua era organizzato in 100 ore, articolate in moduli flessibili destinati a gruppi di apprendimento di dimensioni ridotte. Infine il livello di competenza previsto in uscita era propedeutico al livello introduttivo-elementare (A1);
- per la **scuola elementare** si prevedeva l'avvio del "*processo di consapevolezza della lingua e lo sviluppo delle abilità di comunicazione orale di base su contenuti linguistici precisi in ambiti legati al vissuto del bambino*". Particolare enfasi veniva posta sull'aspetto fonologico e sulle abilità ricettive, mentre la scrittura andava utilizzata in funzione degli obiettivi specifici di apprendimento. Lo studio della lingua straniera, obbligatoria e curricolare, era organizzata in 300 ore. Tuttavia, il monte ore quinquennale poteva essere articolato in moduli brevi e flessibili, atti a favorire "*una sistematica attività di valutazione interna*" e "*una efficace possibilità di recupero*" nonché atti a trasformare l'apprendimento della lingua in *un "fattore di moti-*

*vazione e non causa di ansia o scoraggiamento".* Da ultimo, il livello di competenza previsto in uscita era corrispondente al livello introduttivo-elementare (A1).

All'interno del PL 2000 fu sviluppato il *progetto sperimentale di lingue straniere* per la scuola elementare che ne divenne perciò parte costitutiva e ne assunse le linee generali. Le finalità dell'azione progettuale erano dunque la diffusione della conoscenza delle lingue comunitarie, secondo le indicazioni proposte in ambito europeo e in attuazione della riforma della scuola elementare del 1990, in un percorso formativo unitario e riconosciuto a livello internazionale. Al tempo stesso si rivelava essere un'opportunità per avviare esperienze innovative sul versante didattico, metodologico e organizzativo attraverso tre assi portanti: l'utilizzo delle *nuove tecnologie*; la *valutazione* degli apprendimenti e la *flessibilità* organizzativa e didattica.

Per quanto riguarda la diffusione e l'uso di *nuove tecnologie,* si riconosceva come esse fossero funzionali al rinforzo della motivazione all'apprendimento e come consentissero un contatto diretto con la **lingua viva**. L'attuazione di *processi valutativi,* invece, rappresentava uno strumento esplicito per il riconoscimento delle differenze individuali e per la diversificazione degli approcci, oltre a facilitare il collegamento con il QCER e con gli altri cicli di istruzione. Infine la predisposizione flessibile di *percorsi modulari* di apprendimento, anche per gruppi di alunni di classi differenti, permetteva la costruzione di progetti educativi individualizzati e rispettosi della diversità dei tempi e delle modalità di apprendimento di ciascun bambino.

## 2.10 I programmi europei

Gli estensori del PL 2000 avevano ben in mente lo sfondo comunitario e senza dubbio i documenti europei rappresentavano il *fil rouge* della ricerca sul curricolo di lingua straniera. Anche la Direzione Generale Scambi Culturali e la Direzione Generale Istruzione Elementare del Ministero posero in essere, all'interno del PL 2000, azioni per la promozione dell'apprendimento e dell'insegnamento delle lingue straniere. Nello specifico, furono individuate le seguenti finalità:

- proporre in sede europea progetti legati al PL 2000, in particolare attraverso un intervento di formazione generale nell'ambito dell'insegnamento-apprendimento delle lingue straniere;
- promuovere interventi mirati nell'ambito delle lingue settoriali;
- stanziare fondi strutturali per interventi di formazione linguistica legati al problema occupazionale;
- diffondere le certificazioni linguistiche, il QCER, il Portfolio linguistico (si veda il Cap. 1).

Attualmente, i programmi europei settoriali 2007-2013 varati dalla Commissione sono dodici e mirano a far raggiungere gli obiettivi prioritari di competitività, sviluppo sostenibile, coesione e cittadinanza europea. Il Programma d'azione integrato afferente l'apprendimento lungo tutto l'arco della vita

(*Lifelong Learning Programme – LLP*) ha lo scopo di promuovere la cooperazione e la mobilità tra i sistemi di istruzione e formazione all'interno dei Paesi membri. È composto: da quattro programmi settoriali (*Comenius, Erasmus, Leonardo, Grundtvig*); da quattro attività trasversali (cooperazione politica nel settore dell'apprendimento permanente, **apprendimento delle lingue**, sviluppo delle TIC, scambi di buone pratiche); dall'azione *J. Monnet*, relativa all'integrazione europea. Particolarmente interessante per i docenti di scuola primaria è il sottoprogramma *Comenius* in quanto sostiene gli spostamenti transnazionali di allievi e insegnanti, con l'obiettivo di "*migliorare la qualità e il volume della mobilità*", attraverso scambi scolastici, visite di studio, partenariati, progetti multilaterali, corsi di formazione generali e specifici per l'apprendimento delle lingue, assistentati linguistici, tirocini per potenziali insegnanti e azioni volte a promuovere gli obiettivi generali del sottoprogramma (le cosiddette "misure di accompagnamento"). Nel caso invece di docenti di scuola primaria attivi nella formazione degli adulti poiché in servizio presso Centri Territoriali Permanenti (C.T.P.) o centri di Educazione degli Adulti (E.D.A.), un ulteriore sottoprogramma di riferimento per usufruire di borse per la formazione è *Grundtvig*, che è finalizzato proprio a migliorare le metodologie pedagogiche e le prassi didattiche nel settore dell'istruzione agli adulti.

È appena il caso di sottolineare l'importanza per i docenti di scuola primaria di:

- fruire dei suddetti programmi (quelli applicabili) per migliorare le proprie competenze linguistico-comunicative e metodologiche;
- coinvolgere le proprie classi in scambi almeno virtuali con classi di altri Paesi, onde rafforzare la valenza interculturale dei progetti e quale opportunità di usare la *lingua veicolare* in contesti autentici (ad esempio tramite la piattaforma *e-twinning*).

Per l'Unione Europea, e per i docenti che in essa vivono e insegnano, la mobilità è oramai diventata il fulcro dell'innovazione e del cambiamento, il perno fra politiche educative, sociali ed economiche.

## 2.11 L'Europa fa breccia nel sistema scolastico italiano

La legge n. 53/2003, "*Delega al Governo per la definizione delle norme generali sull'istruzione e dei livelli essenziali delle prestazioni in materia di istruzione e formazione professionale*" (cosiddetta "legge di sistema") tenne in debita considerazione sia le prese di posizione ministeriali emerse con il PL 2000, sia gli obiettivi elaborati nel marzo del 2000 a Lisbona (si veda il paragrafo 1.2), soprattutto per quanto riguardava il concetto di "*apprendimento durante tutto l'arco della vita*" (*Lifelong Learning*) e l'idea di sviluppo di competenze afferenti "*le dimensioni locali, nazionale ed europea*". Tale apertura comportò l'introduzione dello studio di una lingua dell'Unione Europea, oltre alla lingua madre, a partire dal **primo anno** di scuola primaria e la prosecuzione del suo studio per l'intero ciclo scolastico, nonché l'introduzione di una seconda lingua dell'Unione Europea nella scuola secondaria di primo grado. La legge n. 53/2003, che molto spesso è ricordata come la prima norma che diede avvio alla cosiddetta "Riforma Moratti", delegò il Governo all'emanazione di una serie di decreti legislativi per il riassetto dell'ordinamento scolastico (non universitario).

Successivamente, attraverso il D. Lgs. n. 59/2004, *"Definizione delle norme generali relative alla scuola dell'infanzia e al primo ciclo dell'istruzione, a norma dell'articolo 1 della L. 28 marzo 2003, n. 53"*, venivano quindi esplicitate le finalità dei vari ordini di scuola e, in riferimento alla lingua inglese e a una seconda lingua comunitaria, si evidenziava quanto segue:

- la scuola primaria promuove lo sviluppo, le conoscenze e le abilità di base, compresa l'***alfabetizzazione nella lingua inglese*** (art. 5);
- la scuola secondaria di primo grado introduce lo studio di una seconda lingua dell'Unione Europea (art. 9).

Nella scuola primaria ci fu dunque il passaggio dall'insegnamento di una delle quattro lingue principali parlate nell'Unione Europea – insegnamento plurilingue che aveva caratterizzato sia la riforma della scuola elementare degli anni Novanta, sia il PL 2000 – all'esclusivo apprendimento della lingua inglese[14], rafforzandone così quel carattere di *lingua franca* e *veicolare* già emerso nei Nuovi Programmi del 1985.

Al D. Lgs. n. 59/2004 furono allegate le *Indicazioni Nazionali* per la scuola dell'infanzia (allegato A), per la scuola primaria (allegato B), per la scuola secondaria di primo grado (allegato C) ove si enucleavano i **livelli essenziali di prestazione** (LEP) atti a garantire il diritto personale, sociale e civile all'istruzione e alla formazione di qualità e gli obiettivi specifici di apprendimento (OSA). Ciò significa che la rigida logica prescrittiva dei tradizionali Programmi Ministeriali fu superata e fu lasciato spazio all'autonomia delle scuole, al fine di favorire la sperimentazione e lo scambio di esperienze metodologiche, valorizzando, al tempo stesso, il ruolo dei docenti e della loro libera progettazione. Furono pertanto concessi margini di integrazione e di reinterpretazione, pur nel rispetto di standard obbligatori di prestazione di servizio e stante la necessità di "rendere conto" a studenti, famiglie, territorio delle scelte fatte[15].

Per quanto riguarda l'insegnamento della lingua inglese nella scuola primaria si riportano di seguito le *Indicazioni Nazionali* per i Piani di Studio Personalizzati (PSP), non prima di aver nuovamente ricordato come spetti alle istituzioni scolastiche e ai docenti tutti "*progettare le* ***Unità di Apprendimento***

[14] L'Italia fu tra i primi Paesi in Europa a introdurre l'insegnamento della lingua inglese sin dalla prima classe delle elementari e ad avviare immediatamente i bambini allo studio dell'informatica, così come ricordava il famoso slogan delle "tre i: impresa, informatica, inglese" che accompagnò la Riforma Moratti.

[15] Anche per le più recenti *Indicazioni Nazionali* per i licei e le *Linee Guida* per gli istituti tecnici e professionali valgono le medesime considerazioni.

*caratterizzate da obiettivi formativi adatti e significativi per i singoli allievi che si affidano al loro peculiare servizio educativo, compresi quelli in situazione di handicap, e volte a garantire la trasformazione delle capacità di ciascuno in reali e documentate competenze*". Inoltre, in una trattazione rivolta a futuri docenti di scuola primaria che dovranno cimentarsi con la progettazione di variegate UDA (si veda il Capitolo 4) è utile ricordare come "*dentro la disciplinarietà anche più spinta, in sostanza, va sempre rintracciata l'apertura inter e transdisciplinare: la parte che si lega al tutto e il tutto che non si dà se non come parte*"[16].

**Obiettivi specifici di apprendimento per la classe prima (Inglese)**

| | |
|---|---|
| • Formule di saluto.<br>• Espressioni per chiedere e dire il proprio nome.<br>• Semplici istruzioni correlate alla vita di classe quali l'esecuzione di un compito e lo svolgimento di un gioco (go, come, show, point, sit down, stand up...).<br>• Ambiti lessicali relativi a colori, numeri (1-10), oggetti di uso comune e animali domestici. | • Comprendere e rispondere ad un saluto.<br>• Presentarsi e chiedere il nome delle persone.<br>• Comprendere ed eseguire istruzioni e procedure.<br>• Identificare, abbinare colori, figure, oggetti, animali.<br>• Eseguire semplici calcoli.<br>• Riconoscere e riprodurre suoni e ritmi della L2. |

**Obiettivi specifici di apprendimento per la classi seconda e terza (primo biennio)**

| | |
|---|---|
| • Lettere dell'alfabeto.<br>• Suoni della L2.<br>• Espressioni utili per semplici interazioni (chiedere e dare qualcosa, comprendere domande e dare istruzioni, seguire indicazioni).<br>• Ambiti lessicali relativi a oggetti personali, dell'ambiente familiare e scolastico, all'età, ai numeri (10-50), a dimensione e forma degli oggetti di uso comune. | • Individuare e riprodurre suoni.<br>• Abbinare suoni/parole.<br>• Percepire il ritmo e l'intonazione come elementi comunicativi per esprimere accettazione, rifiuto, disponibilità, piacere, dispiacere o emozioni.<br>• Seguire semplici istruzioni, eseguire ordini.<br>• Presentare se stessi e gli altri.<br>• Chiedere e dire l'età.<br>• Individuare luoghi e oggetti familiari e descriverne le caratteristiche generali.<br>• Numerare, classificare oggetti.<br>• Scoprire differenze di vita e di abitudini all'interno dei gruppi (familiari, scolastici...). |

[16] D. Lgs n. 59/2004, Allegato B, *Indicazioni Nazionali* per i Piani di Studio Personalizzati nella Scuola Primaria, pag. 6.

**Obiettivi specifici di apprendimento per la classi quarta e quinta (secondo biennio)**

| | |
|---|---|
| *Funzioni per:*<br>• Congedarsi, ringraziare.<br>• Chiedere e dire l'ora.<br>• Chiedere e dire il prezzo.<br>• Chiedere e parlare del tempo atmosferico.<br>• Descrivere ed individuare persone, luoghi, oggetti.<br>• Chiedere e dare permessi.<br>• Dire e chiedere ciò che piace e non piace.<br>• Chiedere e dare informazioni personali.<br>• Interagire in brevi scambi dialogici monitorati dall'insegnante e stimolati anche da supporti visivi.<br>• Comprendere ed eseguire istruzioni e procedure.<br>• Comprendere semplici e chiari messaggi con lessico e strutture noti su argomenti familiari.<br>• Produrre suoni e ritmi della L2 attribuendovi significati e funzioni.<br>• Descrivere oralmente sé e i compagni, persone, luoghi e oggetti, utilizzando il lessico conosciuto.<br>• Scrivere semplici messaggi seguendo un modello dato.<br>• Rilevare diversità culturali in relazione ad abitudini di vita e a condizioni climatiche. | *Lessico relativo a:*<br>• numeri fino a 100, orario, sistema monetario inglese, tempo atmosferico, giorni, mesi, anni, stagioni, descrizione delle persone, luoghi (casa, scuola, città), cibi e bevande.<br>*Riflessioni sulla lingua:*<br>• presente dei verbi "be", "have" e "can", verbi di uso comune al "simple present" e al "present continuous", pronomi personali soggetto, aggettivi possessivi, dimostrativi, qualificativi; interrogativi: who, what, where, when, why, how.<br>*Civiltà:*<br>• principali tradizioni, festività e caratteristiche culturali del paese straniero. |

Al termine della classe prima, del primo e del secondo biennio, pertanto, la scuola primaria ha provveduto a organizzare per lo studente attività educative e didattiche unitarie che hanno avuto lo scopo di aiutarlo a trasformare in *competenze personali* le conoscenze e abilità personali sopra descritte. Inoltre la scuola secondaria di primo grado, nel travagliato periodo di passaggio dalla fanciullezza all'adolescenza, si farà carico di *proseguire* l'orientamento educativo dello studente, elevandone il livello di educazione e di istruzione personale.

Le *Indicazioni Nazionali*, allegate al D.Lgs. n. 59/2004, terminavano con il *Profilo educativo, culturale e professione dello studente* (PECUP - allegato D)[17]. Esso è "*la bussola e l'orizzonte di senso*" ed esemplifica ciò che un allievo dovrebbe

[17] Vale la pena ricordare, in una prospettiva di continuità educativo-didattica, che anche per la scuola secondaria di secondo grado esiste un PECUP, che è contenuto all'interno dell'allegato A di ogni Regolamento (cfr. D.P.R. n. 87/2010, D.P.R. n. 88/2010 e D.P.R. n. 89/2010).

sapere e fare per essere l'uomo e il cittadino che è giusto attendersi da lui alla conclusione del primo segmento formativo. In particolare, gli strumenti culturali acquisiti entro la fine del primo ciclo di istruzione permetteranno all'allievo, rispetto alla formazione linguistica, di:

- conoscere i rapporti della lingua italiana con le principali lingue europee;
- conoscere e praticare *funzionalmente* la lingua inglese e, da principiante, una seconda lingua comunitaria;
- essere consapevole, sia pure in modo introduttivo, dell'identità spirituale e materiale dell'Italia e dell'Europa;
- comprendere le caratteristiche specifiche della civiltà europea.

Nelle "*Raccomandazioni per l'attuazione delle Indicazioni Nazionali per i piani di studio personalizzati nella Scuola Primaria*" dell'ottobre 2002, che accompagnavano, commentavano e interpretavano le *Indicazioni Nazionali,* sulla scorta di precise sollecitazioni internazionali (OCSE) si invocava la creazione di indispensabili momenti di lavoro per "*gruppi di livello, di compito ed elettivi*", in particolare, ma non esclusivamente, per l'apprendimento della lingua inglese. Nel corso dei cinque anni della scuola primaria furono così previsti sei laboratori e le attività di lingue (tra cui l'inglese) rientravano tra questi. I laboratori risultavano particolarmente proficui per l'apprendimento delle lingue in quanto erano organizzati, forti dell'esperienza maturata con il PL 2000, sulla base dei bisogni delle diverse fasce di età dei bambini e con un numero ridotto di allievi. Il laboratorio di lingue meritava una cura particolare: anche se potevano essere previsti approfondimenti sulla lingua italiana, esso era ambito privilegiato per l'apprendimento della lingua inglese, affidato alla responsabilità della maestra specialista (si veda il paragrafo 2.6). Nel primo anno di scolarizzazione il laboratorio doveva favorire un approccio globale alla lingua e l'insegnante doveva selezionare materiale didattico utile ai fini linguistici (disegni, cartelloni, vignette, figure) e proporre varie attività: ascolto (canzoni, rime, filastrocche); drammatizzazioni e mimo (brevi battute, dialoghi, poesie); brevi esecuzioni musicali corali. Nei bienni successivi, il laboratorio poteva essere invece organizzato in moduli gerarchizzati per difficoltà e complessità.

Indubbiamente il laboratorio di lingue contribuì a diminuire le situazioni di svantaggio, colmando le differenze e favorendo il rinforzo della motivazione.

Infine, la competenza comunicativa prevista al termine della scuola primaria corrispondeva, grosso modo, al livello A1 del Consiglio d'Europa[18].

## 2.12 Verso un curricolo sempre più verticale ed europeo

Le *Indicazioni Nazionali* allegate al D.Lgs. n. 59/2004 ebbero carattere transitorio e anche in base ai rilievi mossi dalle istituzioni scolastiche furono emanate,

[18] Come evidenziato nel Cap. 1, il QCER descrive le competenze linguistiche a ciascun livello in vari ambiti: comprensione scritta, comprensione orale, produzione scritta e produzione orale.

dopo appena tre anni, le nuove *Indicazioni per il curricolo dell'infanzia e del primo ciclo di istruzione* (D.M. 31 luglio 2007)[19]. Quest'ultime indicavano nella scuola un luogo di incontro e di crescita delle persone intese come insegnanti e studenti e sottolineavano come "*educare istruendo significa essenzialmente tre cose: consegnare il patrimonio culturale che ci viene dal passato perché non vada disperso e possa essere messo a frutto; preparare al futuro introducendo i giovani alla vita adulta, fornendo loro quelle competenze indispensabili per essere protagonisti all'interno del contesto economico e sociale in cui vivono; accompagnare il percorso di formazione personale che uno studente compie sostenendo la sua ricerca di senso e il faticoso processo di costruzione della propria personalità*". Tale forma di educazione-istruzione assurgeva a simbolo della "***via italiana all'Europa** e dell'acquisizione delle competenze indicate a Lisbona*".

Le *Indicazioni* del 2007, pur avendo carattere sperimentale, apparivano quindi come quadro per la progettazione curricolare, e una forte enfasi era posta sulla continuità del processo di insegnamento nei diversi ordini di scuola, in particolare all'apprendimento delle lingue andava assicurata "*sia continuità in «verticale», dalla scuola primaria alla scuola secondaria, sia trasversalità in «orizzontale» con l'integrazione tra lingua materna e lingue straniere*". Per favorire l'apprendimento linguistico inoltre il docente doveva far leva su "*un'iniziale motivazione intrinseca, sulla spontanea propensione dell'alunno verso la comunicazione verbale, sul suo desiderio di socializzare e interagire con l'ambiente circostante*". La competenza plurilingue e pluriculturale faceva la sua comparsa in modo esplicito e si manifestava attraverso l'apprendimento di una prima lingua dalle prime classi della scuola primaria e di una seconda lingua dal primo anno della scuola secondaria di primo grado, quale "*capacità di imparare più lingue e di imparare con le lingue a fare esperienze, ad affrontare temi e problemi e studiare altre discipline*". Per la progettazione didattica e la valutazione degli apprendimenti il riferimento era, par quasi ovvio, il QCER.

Nelle *Indicazioni per il curricolo*, anziché riferirsi unicamente ai già menzionati obiettivi specifici di apprendimento, l'attenzione era focalizzata anche sui **traguardi per lo sviluppo delle competenze**, individuati a seconda dei campi di esperienza e delle discipline. Essi erano posti al termine dei più significativi snodi del percorso curricolare e indicavano vere e proprie "*piste da percorrere per finalizzare l'azione educativa allo sviluppo integrale dell'alunno*". Gli obiettivi di apprendimento erano posti, significativamente, al termine del terzo e del quinto anno della scuola primaria e del terzo anno della scuola secondaria di secondo grado; essi delineavano il contesto d'uso ed erano espressi in termini di prestazioni misurabili, mentre i traguardi per lo sviluppo delle competenze indicavano genericamente il livello di accettabilità delle prestazioni linguistico-comunicative degli studenti.

---

[19] Sulla provvisorietà di entrambi le *Indicazioni Nazionali* si veda art. 1, co. 3 del D.P.R n. 89/2009.

Il nuovo raggruppamento delle materie in aree disciplinari (*area linguistico-artistico-espressiva*; area storico-geografica; area matematico-scientifico-tecnologica) apriva invece spiragli operativi per una fattiva collaborazione tra docenti e rendeva l'approccio alle discipline più trasversale e intersemiotico. Nello specifico, l'apprendimento delle lingue e dei linguaggi non verbali si realizzava tramite un'area sovradisciplinare cui concorrevano: la lingua italiana; le lingue comunitarie; musica; arte-immagine; corpo-movimento-sport. La coesistenza, nella stessa area, delle lingue comunitarie e della lingua materna permetteva allo studente "*di esplorare i caratteri specifici del linguaggio verbale e di avviare riflessioni sulla lingua che sfruttino le conoscenze e le competenze linguistiche già acquisite, individuando omogeneità e differenze, stabilità e variabilità delle lingue*" in prospettiva interculturale. Nel primo ciclo l'apprendimento delle lingue era finalizzato quindi allo sviluppo di interazioni con interlocutori appartenenti a culture diverse e teneva conto dei criteri esposti nel QCER.

Qui di seguito si riportano sia gli obiettivi di apprendimento, sia i traguardi per lo sviluppo delle competenze.

**Obiettivi di apprendimento al termine della classe terza della scuola primaria**

| |
|---|
| ***Ricezione orale (ascolto)***<br>– Comprendere istruzioni, espressioni e frasi di uso quotidiano pronunciate chiaramente e lentamente. |
| ***Ricezione scritta (lettura)***<br>– Comprendere cartoline, biglietti di auguri, brevi messaggi, accompagnati preferibilmente da supporti visivi, cogliendo parole e frasi con cui si è familiarizzato oralmente. |
| ***Interazione orale***<br>– Interagire con un compagno per presentarsi, giocare e soddisfare bisogni di tipo concreto utilizzando espressioni e frasi memorizzate adatte alla situazione, anche se formalmente difettose. |
| ***Produzione scritta***<br>– Copiare e scrivere parole e semplici frasi attinenti alle attività svolte in classe. |

**Obiettivi di apprendimento al termine della classe quinta della scuola primaria**

| |
|---|
| ***Ricezione orale (ascolto)***<br>– Comprendere istruzioni, espressioni e frasi di uso quotidiano pronunciate chiaramente e lentamente (esempio: consegne brevi e semplici) e identificare il tema generale di un discorso in cui si parla di argomenti conosciuti (esempio: scuola, vacanze, passatempi, gusti personali...). |
| ***Ricezione scritta (lettura)***<br>– Comprendere testi brevi e semplici (esempio: cartoline, messaggi di posta elettronica, lettere personali, storie per bambini...) accompagnati preferibilmente da supporti visivi, cogliendo nomi familiari, parole e frasi basilari. |

| |
|---|
| ***Interazione orale***<br>– Esprimersi linguisticamente in modo comprensibile utilizzando espressioni e frasi adatte alla situazione e all'interlocutore, anche se a volte non connesse e formalmente difettose, per interagire con un compagno o con un adulto con cui si abbia familiarità.<br>– Scambiare semplici informazioni afferenti alla sfera personale (gusti, amici, attività scolastica, giochi, vacanze...), sostenendo ciò che si dice o si chiede con mimica e gesti e chiedendo eventualmente all'interlocutore di ripetere. |
| ***Produzione scritta***<br>– Scrivere messaggi semplici e brevi, come biglietti e brevi lettere personali (per fare gli auguri, per ringraziare o invitare qualcuno, per chiedere notizie, per raccontare proprie esperienze ...) anche se formalmente difettosi, purché siano comprensibili. |

**Traguardi per lo sviluppo delle competenze al termine della scuola primaria per la lingua straniera**

| |
|---|
| L'alunno riconosce se ha o meno capito messaggi verbali orali e semplici testi scritti, chiede spiegazioni, svolge i compiti secondo le indicazioni date in lingua straniera dall'insegnante, stabilisce relazioni tra elementi linguistico-comunicativi e culturali appartenenti alla lingua materna e alla lingua straniera.<br>Collabora attivamente con i compagni nella realizzazione di attività collettive o di gruppo, dimostrando interesse e fiducia verso l'altro; individua differenze culturali veicolate della lingua materna e dalla lingua straniera senza avere atteggiamenti di rifiuto.<br>Comprende frasi ed espressioni di uso frequente, relative ad ambiti familiari (ad esempio informazioni di base sulla persona e sulla famiglia, acquisti, geografia locale, lavoro).<br>Interagisce nel gioco e comunica in modo comprensibile e con espressioni e frasi memorizzate in scambi di informazioni semplici e di routine.<br>Descrive, in termini semplici, aspetti del proprio vissuto e del proprio ambiente ed elementi che si riferiscono a bisogni immediati. |

## 2.13 Le Indicazioni Nazionali 2012: un curricolo orizzontale e verticale

Nel lasso di tempo intercorso tra il 2007 e il giugno 2012, nel primo segmento scolastico convissero le *Indicazioni Nazionali* del gruppo di lavoro diretto da Giuseppe Bertagna e le *Indicazioni per il curricolo* del gruppo di lavoro coordinato da Luigi Ceruti. Infatti il D.P.R n. 89/2009 (*Regolamento sulla revisione dell'assetto ordinamentale, organizzativo e didattico della scuola dell'infanzia e del primo ciclo di istruzione*) all'art. 1, co. 3 statuì che "*per un periodo non superiore a tre anni scolastici decorrenti dall'anno scolastico 2009-2010, si applicano le Indicazioni Nazionali di cui agli allegati A, B, C e D del decreto legislativo 19 febbraio 2004, n. 59, come aggiornate dalle Indicazioni per il curricolo di cui al decreto del Ministero della pubblica istruzione in data 31 luglio 2007*". A partire dal novembre 2011 e sino al 30 giugno 2012, il MIUR avviò quindi una consultazione pubblica per armonizzare gli assetti pedagogici, didattici e organizzativi delle *Indicazioni*. Dal confronto tra docenti, dirigenti scolastici e, in alcuni casi, famiglie e istituzioni (gli *stakeholder* privilegiati del mondo della scuola), scaturirono nel novembre del 2012 le nuove "*Indicazioni Nazionali per il curricolo dell'infanzia e del primo ciclo di istruzione*"[20]. Esse costituiscono una vera e propria rielaborazione delle "*Indicazioni per il curricolo*" del 2007 e segnano, forse definitivamente, l'abbandono delle *Indicazioni* del 2004. Non sono pertanto il frutto di quella fusione prevista dall'"*Atto di indirizzo del Ministro dell'Istruzione, dell'Università e della Ricerca per la Scuola dell'Infanzia ed il Primo Ciclo di Istruzione*" emanato dal Ministro Gelmini in data 8 settembre 2009, ma piuttosto rappresentano un invito marcato alla verticalizzazione del curricolo[21].

Nelle nuove *Indicazioni Nazionali* 2012 la differenza più rilevante con il testo delle *Indicazioni* di Fioroni è l'eliminazione delle tre aree disciplinari, quella linguistico-artistico-espressiva, quella storico-geografica e quella matematico-scientifico-tecnologica, ciascuna delle quali introduceva la trattazione delle singole discipline con una premessa che ne unificava, come già visto, finalità e organizzazione. Nella versione 2012, così come nella bozza circolata in precedenza, la *premessa interdisciplinare* non compare più e le diverse discipline riacquistano la loro specificità, con obiettivi, caratteristiche, traguardi per lo sviluppo delle competenze che sono passati, quasi inalterati, attraverso stesure, correzioni e revisioni di testi. Un'ulteriore differenza è costituita dalla ricomparsa del "*Profilo dello studente al termine del primo ciclo d'istruzione*", tralasciato nel documento di Fioroni ma ripreso e aggiornato nelle "Finalità Generali" delle *Indicazioni Nazionali* 2012, in sintonia con le direttive europee e con la normativa riguardante l'altro segmento scolastico italiano[22]. È pur vero che la maggior parte del *Profilo dello studente* è costituita dal *Profilo delle competenze del cittadino europeo* e dalle *key-competence* definite dal Parlamento Europeo con Raccomandazione del 18 dicembre 2006 (si

---

[20] "*Regolamento recante Indicazioni Nazionali per il curricolo della scuola dell'infanzia e del primo ciclo d'istruzione, a norma dell'articolo 1, comma 4, del Decreto della Repubblica 20 marzo 2009, n. 89*" del 16 novembre 2012. Le *Indicazioni Nazionali* saranno applicate con gradualità a partire dall'a.s. 2013-14 (art.1, co. 2); limitatamente all'a.s. 2012-13 "*i collegi docenti utilizzeranno le parti delle predette Indicazioni Nazionali compatibili e coerenti con il piano dell'offerta formativa adottato, le esperienze maturate nell'ambito del contesto scolastico, le esigenze del territorio e le condizioni di fattibilità in cui la singola scuola opera*" (art. 1, co. 3).

[21] Nell'*Atto di indirizzo* si riteneva infatti fondamentale "*riservare specifica attenzione al conseguimento di traguardi progressivi di formazione, al graduale passaggio da un anno all'altro e alla transizione della scuola primaria alla scuola secondaria di primo grado*".

[22] Vale la pena sottolineare, in una prospettiva di continuità educativo-didattica, che anche per la scuola secondaria di secondo grado esiste un "*Profilo educativo, culturale e professionale dello studente*" (PECUP), che è contenuto all'interno dell'allegato A di ogni Regolamento (cfr. D.P.R. n. 87/2010, D.P.R. n. 88/2010 e D.P.R. n. 89/2010) e che esplica le peculiarità e l'identità dei differenti percorsi formativi. In particolare, per quanto concerne gli istituti professionali e gli istituti tecnici, l'offerta formativa di tali istituzioni scolastiche nel documento è considerata "*in linea con le indicazioni dell'Unione Europea*".

veda il paragrafo 1.2). Nel *Profilo dello studente* la competenza linguistica è limitata alle capacità di "*esprimersi a livello elementare in lingua inglese*" e di "*affrontare una comunicazione essenziale, in semplici situazioni di vita quotidiana, in una seconda lingua europea*". Nell'incontro con persone di diversa nazionalità, l'apprendente è anche in grado di "*utilizzare una lingua europea nell'uso delle tecnologie dell'informazione e della comunicazione*"[23].

In accordo con le indicazioni europee è anche la doppia direzione formativa della scuola: **verticale** per l'intero arco della vita e **orizzontale** per una stretta collaborazione tra istituti scolastici e agenti formativi extrascolastici (la famiglia *in primis*), in modo che l'allievo si senta parte "*di un'unica comunità di destino europea, così come di un'unica comunità di destino planetaria*". La prospettiva culturale che emerge dal *Profilo dello studente* è quindi molto precisa: la formazione dello studente frequentante il primo ciclo dell'istruzione avviene "*attraverso gli apprendimenti sviluppati a scuola, lo studio personale, le esperienze educative vissute in famiglia e nella comunità*" e le competenze chiave sono un vero e proprio orizzonte di riferimento. La scuola si fa sempre più inclusiva, valorizzando sia la lingua madre (che può anche essere differente dalla lingua di scolarizzazione), sia le competenze in lingue straniere, e appaiono chiari riferimenti a tre importanti documenti ministeriali tra cui compare, significativamente, "*La via italiana per la scuola interculturale e l'integrazione degli alunni stranieri*" del 2007. Ogni docente concorre dunque a garantire la padronanza della lingua italiana e a mettere in risalto gli idiomi nativi e le lingue comunitarie, in modo che le scuole possano divenire luoghi privilegiati "*di apprendimento e di confronto libero e pluralistico*". Inoltre, l'abitudine all'uso di codici diversi (lingua di scolarizzazione, lingua madre, lingua straniera) e l'approccio integrato alle lingue rappresentano, nella scuola del nuovo millennio, un momento educativo e didattico irrinunciabile[24]. Nelle *Indicazioni Nazionali* 2012 si illustra, in modo esplicito, come gli insegnanti di lingua comunitaria nella scuola primaria debbano tener conto "*della maggiore capacità del bambino di appropriarsi spontaneamente di modelli di pronuncia e intonazione per attivare più naturalmente un sistema plurilingue*", aderendo pienamente alle più ampie finalità delle istituzioni educative contemporanee. L'acquisizione di una o più lingue straniere infatti comporta nel bambino una più spiccata propensione alla riflessione linguistica e culturale oltre a rappresentare un efficace stimolo cognitivo: è infatti scientificamente provato che il bilinguismo precoce migliori le capacità di *problem-solving* e di controllo selettivo dell'attenzione, oltre a favorire la comprensione delle differenze e delle altrui vedute. Accostandosi a più

---

[23] Seppur non dichiarato in modo esplicito, la "lingua europea" citata è l'inglese.

[24] Anche per la scuola secondaria superiore le relative *Indicazioni Nazionali* e *Linee Guida* auspicano che attraverso un confronto con la lingua materna gli studenti siano portati a usare consapevolmente "*strategie comunicative per favorire il trasferimento di competenze, abilità e conoscenze, tra le due lingue e facilitare gli apprendimenti in un'ottica di educazione linguistica e interculturale*".

lingue, l'alunno diviene consapevole dell'esistenza di variegati sistemi linguistici e culturali nonché dei numerosi mezzi che ogni idioma offre "*per pensare, esprimersi e comunicare*".

L'inserimento, tra le finalità delle *Indicazioni Nazionali* 2012, del lemma "Europa", accanto a "Scuola" e "Costituzione" è quindi sintomatico dell'apertura e dell'avvicinamento alle culture altre, siano esse europee o mondiali. La scuola si fa pertanto centro propulsore della formazione di cittadini italiani consapevoli e responsabili e che siano, al tempo stesso, "*cittadini dell'Europa e del mondo*". All'alfabetizzazione culturale e sociale dello studente della scuola del primo ciclo contribuisce prioritariamente l'educazione plurilingue e interculturale, in quanto "*risorsa funzionale alla valorizzazione della diversità e al successo scolastico di tutti e di ognuno*". La sensibilizzazione a lingue "altre", patrimonio personale dei singoli apprendenti, fa parte degli obiettivi dell'educazione plurilingue e interculturale. Fondamentale risulta anche essere la collaborazione tra insegnanti, attraverso una progettazione condivisa e concordata tra i docenti di italiano, delle lingue straniere e di altre discipline che mirano allo sviluppo linguistico-cognitivo.

Qui di seguito si riportano sia gli obiettivi di apprendimento, sia i traguardi per lo sviluppo delle competenze, tratti dalle *Indicazioni Nazionali* 2012 e che costituiscono, a pieno titolo, il punto di partenza e le mete ideali di una corretta progettazione didattico-metodologica. Al fine di una visione diacronica dei cambiamenti apportati negli anni, si sottolineano di seguito le differenze con le *Indicazioni Nazionali* del 2007.

**Obiettivi di apprendimento al termine della classe terza della scuola primaria**

| |
|---|
| **Ascolto** *(comprensione orale)*<br>– Comprendere vocaboli, istruzioni, espressioni e frasi di uso quotidiano, pronunciati chiaramente e lentamente relativi a se stesso, ai compagni, alla famiglia. |
| **Parlato** *(produzione e interazione orale)*<br>– Produrre frasi significative riferite ad oggetti, luoghi, persone, situazioni note.<br>– Interagire con un compagno per presentarsi e/o giocare utilizzando espressioni e frasi memorizzate adatte alla situazione. |
| **Lettura** *(comprensione scritta)*<br>– Comprendere cartoline, biglietti e brevi messaggi, accompagnati preferibilmente da supporti visivi o sonori, cogliendo parole e frasi già acquisite a livello orale. |
| **Scrittura** *(produzione scritta)*<br>– Scrivere parole e semplici frasi di uso quotidiano attinenti alle attività svolte in classe e a interessi personali e del gruppo. |

**Obiettivi di apprendimento al termine della classe quinta della scuola primaria**

**Ascolto** ***(comprensione orale)***
- Comprendere brevi dialoghi, istruzioni, espressioni e frasi di uso quotidiano se pronunciati chiaramente e identificare il tema generale di un discorso in cui si parla di argomenti conosciuti.
- Comprendere brevi testi multimediali identificandone parole chiave e senso generale.

**Parlato** ***(produzione e interazione orale)***
- Descrivere persone, luoghi e oggetti familiari utilizzando parole e frasi già incontrate ascoltando e/o leggendo.
- Riferire semplici informazioni afferenti alla sfera personale, integrando il significato di ciò che si dice con mimica e gesti.
- Interagire in modo comprensibile con un compagno o un adulto con cui si ha familiarità, utilizzando espressioni e frasi adatte alla situazione.

**Lettura** ***(comprensione scritta)***
- Leggere e comprendere brevi e semplici testi, accompagnati preferibilmente da supporti visivi, cogliendo il loro significato globale e identificando parole e frasi familiari.

**Scrittura** ***(produzione scritta)***
- Scrivere in forma comprensibile messaggi semplici e brevi, per presentarsi, per fare gli auguri, per ringraziare o invitare qualcuno, per chiedere e dare notizie, per raccontare proprie esperienze, ecc.

***Riflessione sulla lingua e sull'apprendimento***
- Osservare coppie di parole simili come suono e distinguerne il significato.
- Osservare parole ed espressioni nei contesti d'uso e coglierne i rapporti di significato.
- Osservare la struttura delle frasi e mettere in relazione costrutti e intenzioni comunicative.
- Riconoscere che cosa si è imparato e che cosa si deve imparare.

**Traguardi per lo sviluppo delle competenze al termine della scuola primaria per la lingua inglese**
(I traguardi sono riconducibili al Livello A1 del Quadro Comune di riferimento per le lingue del Consiglio d'Europa)

L'alunno comprende brevi messaggi orali e scritti relativi ad ambiti familiari.
Descrive oralmente e per iscritto, in modo semplice, aspetti del proprio vissuto e del proprio ambiente ed elementi che si riferiscono a bisogni immediati.
Interagisce nel gioco; comunica in modo comprensibile, anche con espressioni e frasi memorizzate in scambi di informazioni semplici e di routine.
Svolge i compiti secondo le indicazioni date in lingua straniera dall'insegnante, chiedendo eventualmente spiegazioni.
Individua alcuni elementi culturali e coglie rapporti tra forme linguistiche e usi della lingua straniera.

Negli **obiettivi di apprendimento** le innovazioni rispetto alle *Indicazioni* 2007 sono rappresentate innanzitutto da una migliore tassonomia in riferimento alle quattro abilità e anche da una semplificazione espositiva: da espressioni generiche quali "*ricezione orale*", "*ricezione scritta*", "*interazione orale*" e "*produzione scritta*" si passa a una declinazione che si attaglia alla classificazione del QCER: "*ascolto (comprensione orale)*", "*parlato (produzione e interazione orale)*", "*lettura (comprensione scritta)*" e "*scrittura (produzione scritta)*". La declinazione degli obiettivi appare quindi più scorrevole e i brevi testi risultano caratterizzati da maggiore chiarezza (si pensi ad esempio alle precedenti formulazioni: "*L'alunno riconosce se ha o meno capito*"; "*anche se formalmente difettosi*"). Inoltre risulta più semplice procedere alla certificazione della padronanza linguistica raggiunta, in quanto le competenze progressivamente acquisite sono meglio descritte nei *Traguardi per lo sviluppo*.

Un'ulteriore novità è l'introduzione della riflessione sulla lingua e sul processo di apprendimento. Riflettere sulla lingua significa contribuire allo sviluppo di competenze metalinguistiche e implica la capacità di fare inferenze su aspetti lessicali, morfologici e sintattici. Il linguaggio diviene oggetto del pensiero e si favorisce il nascere di una consapevolezza linguistica (*language awareness*). Nel contempo, tramite la riflessione, il bambino è in grado di ritornare scientemente sui prodotti stessi delle proprie operazioni mentali e sviluppa una maggiore flessibilità cognitiva e un'accresciuta capacità di analisi e di astrazione.

Analizzare il proprio modo di apprendere ("*riconoscere che cosa si è imparato e che cosa si deve imparare*") significa invece esser in grado di individuare quanto assimilato, ascoltare i propri bisogni e orientarsi verso nuove conoscenze, come previsto dalla competenza chiave "*Imparare ad imparare*". Nella scuola primaria, ovviamente, i bambini sono aiutati in tale processo di riconoscimento e sono incoraggiati alla scelta di opportune strategie operative, soprattutto tramite il rinforzo della motivazione. Nella didassi quotidiana diviene pertanto fondamentale dare avvio, il più presto possibile, a pratiche per lo sviluppo di abilità di riconoscimento di processi e potenzialità, offrendo strategie didattiche adatte e calibrate sulle peculiari esigenze degli allievi.

Da ultimo la capacità di decodifica di testi multimediali ("*comprendere brevi testi multimediali*") appare collegata senz'altro a un nuovo tipo di alfabetizzazione, allo sviluppo delle nuove tecnologie, alle otto competenze chiave e ai mutati bisogni di apprendimento dei *digital native* che vivono e imparano nella cosiddetta "società della conoscenza". Essa si inserisce nel più ampio concetto di competenza digitale (*digital literacy* o *media literacy*), ovvero abilità, conoscenze e atteggiamenti nell'uso dei media digitali che il cittadino europeo deve acquisire lungo l'arco della vita[25]. In base al già menzionato *Profilo dello studente*,

[25] A partire dal 2012 anche l'Italia sarà coinvolta nell'indagine OCSE-PISA sulle competenze digitali denominata *Electronic Reading Assessment* (ERA). Si tratta di una rilevazione, così come descritto nel Rapporto PISA 2009, finalizzata alla valutazione "*della capacità degli studenti di leggere e capire testi digitali e di risolvere problemi presentati su supporto informatico, riflettendo in tal modo l'importanza delle tecnologie dell'informazione e della comunicazione nella società moderna*". A questo proposito si veda anche il rapporto Eurydice 2011: "*Key Data on Learning and Innovation through ICT at School In Europe*", reperibile sul sito *www.indire.it*.

al termine del primo ciclo di istruzione un allievo dovrebbe infatti possedere "*buone competenze digitali*" e dovrebbe usare "*le tecnologie della comunicazione per ricercare e analizzare dati e informazioni*" anche tramite una lingua europea.

In estrema sintesi le *Indicazioni Nazionali* 2012:

- risultano globalmente più **equilibrate**. Le richieste a proposito delle diverse competenze sono più **bilanciate**. I descrittori esprimono una progressione graduale nelle abilità, che portano, dalla prima alla quinta classe, a un sensibile e fattibile miglioramento delle competenze linguistiche dell'alunno. Ad esempio, per quanto riguarda la *produzione scritta*, nelle *Indicazioni Nazionali* 2007 un obiettivo di apprendimento alla fine della classe terza era limitato a "*copiare parole, semplici frasi*" e alla fine della scuola primaria gli allievi dovevano saper "*scrivere messaggi semplici e brevi, come biglietti e brevi lettere personali (per fare gli auguri, per ringraziare o invitare qualcuno, per chiedere notizie, per raccontare proprie esperienze ...)*". Dal "*copiare*", che non richiede un uso consapevole della lingua, in due anni si passava a scrivere "*brevi lettere*" per "*raccontare le proprie esperienze*": un salto gigantesco. Nelle recenti *Indicazioni Nazionali* invece già in classe terza l'obiettivo di apprendimento prevede l'abilità di "*scrivere parole e semplici frasi di uso quotidiano (...)*" e in classe quinta si può aspirare a scrivere, in forma comprensibile, messaggi per funzioni che richiedono lessico e strutture più complesse.
- Ugualmente si fa appello a pluriculturalismo e plurilinguismo senza agganciare questi concetti roboanti ad alcun obiettivo e abilità, senza accennare a come farli diventare effettivamente il fondamento sotteso all'apprendimento della lingua.
- Il lessico usato è più chiaro e comprensibile, ma soprattutto coerente con quanto espresso nel QCER. Viene usato lo stesso linguaggio per esprimere le medesime richieste.
- Gli obiettivi di apprendimento, essendo formulati in modo chiaro e inequivocabile, guidano al raggiungimento di traguardi **concreti**. Ad esempio le *Indicazioni Nazionali* 2007 recitavano per l'*interazione orale*: "*Esprimersi linguisticamente in modo comprensibile utilizzando espressioni e frasi adatte alla situazione e all'interlocutore*" che è una frase alquanto fumosa. A quali situazioni ci si riferisce? A quali interlocutori?
- Infine il richiamo ai supporti multimediali è maggiormente **puntuale**.

## 2.14 *Excursus* sull'insegnamento delle lingue nella scuola secondaria

Nelle *Indicazioni Nazionali* 2012 si asserisce che per facilitare i processi della didattica plurilingue e pluriculturale è necessario assicurare all'apprendimento sia trasversalità in orizzontale sia continuità in verticale. In vero, le *Indicazioni Nazionali* sono caratterizzate da unitarietà e progressione delle indicazioni didattico-pedagogiche e del percorso curricolare tra la scuola dell'infanzia, scuola primaria e scuola secondaria di primo grado. Già l'"*Atto di indirizzo*" dell'8 settembre 2009 aveva ritenuto fondamentale *"riservare specifica attenzione al conseguimento di traguardi progressivi di formazione al graduale passaggio da un anno all'altro e alla transizione della scuola primaria alla scuola secondaria di primo grado"*.

Appare quindi opportuno, in una logica di curricolo verticale, soffermarsi brevemente sull'insegnamento delle lingue nella scuola secondaria di primo grado. Giova ricordare che in quest'ultimo segmento scolastico l'insegnamento della seconda lingua comunitaria fu introdotto dalla legge n. 53/2003, in aggiunta al tradizionale insegnamento della prima lingua (si veda il paragrafo 2.11).

Nella **scuola primaria** l'insegnamento della lingua inglese è attualmente differenziato a seconda delle annualità: nella classe prima è pari a un'ora settimanale (33 ore annue); nella classe seconda è pari a due ore settimanali (66 ore annue); nelle classi terza, quarta e quinta è pari a tre ore settimanali (99 ore annue); nella scuola secondaria di primo grado il quadro orario settimanale corrisponde invece a tre ore (99 ore annue)[26].

Sulla base dell'insegnamento settimanale della lingua inglese, e considerato il monte ore complessivo pari a 396, **il livello di uscita al termine della scuola primaria** corrisponde quindi a **A1** mentre per la scuola secondaria di primo grado corrisponde a A2; nel caso di insegnamento potenziato dell'inglese, la previsione di uscita si sposta dal livello A2 (pre-intermedio) a A2+/B1 (livello soglia)[27].

Nella scuola secondaria di primo grado un'ulteriore possibilità è data agli studenti stranieri non italofoni: al fine di acquisire le necessarie conoscenze e competenze in lingua italiana, il relativo insegnamento può essere rafforzato utilizzando il monte ore settimanale destinato di norma alla seconda lingua comunitaria, che tuttavia potrebbe continuare a essere offerta come attività opzionale. Quest'ultima opportunità ben si inserisce nella *dimensione interculturale* dell'insegnamento e dell'apprendimento, cui si accenna nelle competenze chiave riportate nelle "Finalità Generali" delle *Indicazioni Nazionali* 2012.

---

[26] L'orario è definito in base all'art. 14 del D.P.R n. 81/2009, "*Norme per la riorganizzazione della rete scolastica e il razionale ed efficace utilizzo delle risorse umane della scuola*" che statuisce: "*In tutte le classi della scuola secondaria di primo grado è impartito l'insegnamento della lingua inglese per tre ore settimanali e l'insegnamento di una seconda lingua comunitaria per due ore settimanali (...). A decorrere dall'a.s. 2009/2010, a richiesta delle famiglie e compatibilmente con la disponibilità di organico e l'assenza di esubero dei docenti della seconda lingua comunitaria, è introdotto l'insegnamento potenziato dell'inglese per cinque ore settimanali complessive utilizzando anche le ore d'insegnamento della seconda lingua comunitaria*".

[27] Sempre in un'ottica di curricolo verticale, si indica qui che in tutti i licei e negli istituti professionali e tecnici, la lingua straniera è studiata per tre ore settimanali per cinque anni, con previsione di uscita al termine della scuola secondaria di secondo grado, in termini di sviluppo delle conoscenze, abilità e competenze linguistiche corrispondente al **livello B2** (post-intermedio); negli istituti professionali e tecnici, la prima lingua obbligatoria è l'**inglese**, mentre nei licei la dicitura "lingua e cultura straniera" permette la scelta di una lingua diversa dalla lingua inglese.

Nella scuola secondaria di primo grado, per quanto concerne l'inglese, il docente guiderà l'apprendente verso il riconoscimento e l'interiorizzazione delle regole della lingua e delle modalità di comunicazione, oltre ad accompagnarlo verso una riflessione autonoma e consapevole sugli usi della lingua in diversi contesti e situazioni. Nell'insegnamento della seconda lingua si terrà invece conto delle esperienze linguistiche maturate in precedenza dalla studente in vista di uno sviluppo longitudinale di competenze linguistico-comunicative. La "nuova lingua", in prospettiva di educazione plurilingue, sarà quindi considerata vera opportunità di "*ampliamento e/o approfondimento del repertorio linguistico già acquisito*" e come "*occasione per riutilizzare sempre più consapevolmente le strategie di apprendimento delle lingue*".

## 2.15 Specialista, specializzato o docente abilitato?

Con la legge n.169/2008, rientrante nel cosiddetto "pacchetto normativo Gelmini", il modello del **docente unico/prevalente** fu privilegiato nell'ambito delle possibili articolazioni del tempo scuola "*tenuto conto delle richieste delle famiglie e nel rispetto dell'autonomia scolastica*". In pratica, l'indicazione di tale modello lasciava autonomia alle scuole per strutturare orari e assetti didattico-organizzativi, nell'ambito dell'organico determinato, secondo la propria programmazione e valutazione. Pertanto, al modello a tempo pieno furono assegnati due insegnanti per classe, eventualmente supportati dal docente di religione e di **inglese**, in possesso dei relativi **titoli o requisiti**.

In base all'art. 10, co. 5 del già citato D.P.R. n. 81/2009, "*l'insegnamento della lingua inglese è affidato ad insegnanti della scuola primaria* ***specializzati***" e "*gli insegnanti attualmente non specializzati* **sono obbligati** *a partecipare ad appositi corsi triennali di formazione linguistica, secondo le modalità stabilite nel relativo piano di formazione. Tali docenti dopo il primo anno di formazione, sono impiegati preferibilmente nelle prime due classi della scuola primaria e sono assistiti da interventi periodici di formazione linguistica e metodologica, anche con il supporto di strumenti e dotazioni multimediali*". Fino alla conclusione del *Piano di formazione* e comunque non oltre l'anno scolastico 2011-2012, la norma aveva indicato la possibilità di poter utilizzare, in assenza di docenti specializzati, insegnanti **specialisti di scuola primaria** esterni alla classe, per l'intero orario di docenza previsto dal vigente CCNL. Successivamente, la C.M. n. 37/2010 estendeva l'obbligo dell'insegnamento della lingua inglese a **tutti i docenti inclusi nella dotazione organica d'istituto**, prima di ricorrere ad un insegnante specialista, mentre la C.M. n. 21/2011 specificava che tale insegnamento era di competenza dei docenti in possesso dei requisiti ma nell'ambito "*delle classi loro assegnate congiuntamente ad altri insegnamenti*". Vale la pena ricordare che quest'ultima circolare invitava espressamente i dirigenti scolastici, previo parere del Collegio dei docenti, a trovare soluzioni organizzative atte a garantire **in tutte le classi** l'assegnazione di un **docente in possesso dei titoli necessari**[28].

Attualmente la dicotomia esistente tra docente specialista e specializzato dovrebbe essere definitivamente superata: infatti sempre più docenti si sono abilitati all'insegnamento della lingua inglese, tramite la frequenza di appositi corsi di formazione. Anche le recenti disposizioni del Regolamento per la formazione iniziale degli insegnanti (D.M. n. 249/2010) hanno prescritto, all'art. 3. co. 4, "l'acquisizione delle competenze linguistiche di livello B2 previste dal Quadro comune europeo di riferimento per le lingue adottato nel 1996 dal Consiglio d'Europa e hanno specificato che "la valutazione o la certificazione di dette competenze costituisce requisito essenziale per conseguire l'abilitazione". Permane tuttavia uno iato tra coloro che si sono abilitati in questi ultimi anni[29] e che hanno conseguito una certificazione a livello B1 (come previsto *ab origine*) e coloro che si abiliteranno prossimamente e che dovranno invece possedere una certificazione a livello B2.

È auspicabile, in ottemperanza alle indicazioni europee, che per il futuro il MIUR si riservi di avviare dei corsi *upgrade* per permettere ai docenti di scuola primaria di aggiornare le proprie competenze linguistico-comunicative nonché di acquisire il livello di certificazione superiore (almeno pari al livello B2).

28 A partire dall'a.s. 2008/2009 i docenti di scuola primaria assunti con contratto a tempo indeterminato con decorrenza 01/09/08 e 01/09/09, così come previsto dai DD.MM. n. 61/2008 e n. 73/2009, sono obbligati a frequentare appositi corsi di formazione linguistica e metodologica, qualora privi del titolo per l'insegnamento della lingua straniera.

29 Il *Piano di formazione per lo sviluppo delle competenze linguistico-comunicative e metodologiche didattiche in lingua inglese per docenti della scuola primaria privi dei titoli* ebbe inizio nell'a.s. 2005-2006 e, a partire dall'a.s. 2009/2010, l'ex-ANSAS (ora INDIRE) ebbe l'incarico di organizzare e progettare, quale prosecuzione, un nuovo modello di formazione linguistica volto ad attuare progressivamente la riduzione a zero del fabbisogno di docenti specialisti. Per approfondimenti: *http://www.indire.it/*, sezione *LearnandTeach.*

# 3 Capitolo Terzo
# Innovazioni metodologiche in cammino

## 3.1 CLIL: insegnamento e apprendimento in un'altra lingua

L'acronimo CLIL/EMILE (*Content and Language Integrated Learning/Enseignement d'une Matière par l'Intégration d'une Langue Etrangère/Apprendimento Integrato di Lingua e Contenuto)* fu coniato nel 1994 da David Marsh dell'Università finlandese di Jyväskyläe e fu in seguito portato all'attenzione dei linguisti internazionali ed europei nel 1996 dallo stesso Marsh e dall'olandese Anne Maljers della piattaforma Europea per l'istruzione. Tale innovativa metodologia didattica si rivelò immediatamente efficace per la diffusione del plurilinguismo e della pluriculturalismo nelle scuole degli Stati membri, così come auspicato già a partire dal 1995 nel Libro Bianco sull'istruzione e la formazione, "*Insegnare ed apprendere: verso la società conoscitiva*".[1]

Oggigiorno il CLIL descrive un "*approccio didattico con doppia focalizzazione, tramite il quale una lingua veicolare è utilizzata per l'apprendimento e l'insegnamento di contenuto e lingua, con lo scopo di favorire la padronanza sia di contenuto, sia di lingua sino a livelli predefiniti*"[2] e, nel sentito originale, l'intera locuzione acquista un valore polisemantico che fa riferimento a diverse esperienze e metodologie di apprendimento in lingua veicolare[3].

---

[1] COM(1995)590 del 29 novembre 1995, Seconda parte, *Quarto obiettivo generale: promuovere la conoscenza di tre lingue comunitarie*. In particolare nel documento si evidenzia come *"l'apprendimento di più lingue permetta ai cittadini dell'Unione di beneficiare delle possibilità professionali e personali offerte dalla realizzazione del grande mercato interno senza frontiere.(...) Per giungere alla conoscenza effettiva di tre lingue comunitarie è auspicabile cominciare l'apprendimento di una lingua straniera fin dall'età prescolare, ed appare indispensabile che questo insegnamento diventi* **sistematico nella scuola elementare** *mentre l'apprendimento di una seconda lingua straniera dovrebbe iniziare nella scuola secondaria. Sarebbe inoltre opportuno che, come nelle scuole europee, la prima lingua straniera appresa diventi la lingua d'insegnamento di talune materie nella scuola secondaria".*

[2] Maljers A., Marsh D., Wolff D., Genesee F., Frigols-Martín M., Mehisto P. (2010), based on Marsh D., Wolff D. eds. (2007), *Diverse Contexts-Convering Goals: CLIL in Europe*, Peter Lang, Frankfurt.

[3] Chiarificatrice è anche la definizione fornita da *Eurydice*, la rete di informazione sull'Europa: *"L'acronimo CLIL viene utilizzato come termine generico per descrivere tutti i tipi di provvedimenti nei quali viene utilizzata una seconda lingua (una lingua straniera, regionale o lingua minoritaria e/o un'altra lingua ufficiale del paese) per insegnare certe materie del curriculum, diverse dalle lezioni di lingua"* (*CLIL nella scuola in Europa*, Eurydice 2006:8).

La lingua e la materia divengono entrambe pari oggetto di apprendimento: la disciplina non linguistica, infatti, si impara con e attraverso la lingua straniera trasformandosi in esperienza *"di insegnamento/apprendimento consapevolmente integrato di lingua (seconda o straniera) e contenuto disciplinari curricolari"*[4].

La metodologia CLIL raccoglie l'eredità degli studi internazionali sull'immersione linguistica e sul bilinguismo ed enfatizza il ruolo della lingua quale mezzo per l'acquisizione di contenuti, attraverso un contesto d'uso che sia nel contempo basato sull'**apprendimento collaborativo** (focalizzato cioè su un processo che coinvolge gli allievi nel lavoro di gruppo per raggiungere un fine comune[5]) e il più possibile autentico. Al discente si offrono pertanto reali possibilità di utilizzare le nuove competenze linguistiche acquisite, anziché dedicarsi dapprima all'apprendimento e poi passare alla pratica. Essa rappresenta quindi un catalizzatore di consapevolezza metalinguistica e metacognitiva[6].

Il concetto di competenza, in ambito CLIL, fa riferimento alla *capacità di affrontare argomenti specifici con individui che parlano un'altra lingua e appartengono a una cultura altra,* e si collega a un livello linguistico-comunicativo più elevato, in quanto correlato ad aspetti lessicali, morfosintattici e testuali propri dei linguaggi specialistici.

Il CLIL, infatti, nacque proprio per sviluppare le cosiddette competenze CALP (*Cognitive Academic Language Proficiency - Padronanza linguistica cognitivo-scolastica).* Esse presuppongono una padronanza linguistica e cognitiva indipendente dal contesto e collegata a compiti complessi (ad esempio: scrivere un riassunto o una relazione, attività cioè tipiche dello studio e della scuola) e si contrappongono ad aspetti più superficiali della competenza linguistica, definiti BICS (*Basic Interpersonal Communication Skills – Abilità comunicative interpersonali di base),* che invece servono principalmente a interagire con gli altri nelle situazioni di vita quotidiana e sono strettamente legati al contesto e poco esigenti dal punto di vista cognitivo[7].

---

[4] R. Grassi, (2007).

[5] Per approfondimenti sul *Cooperative Learning* si veda il paragrafo 3.6

[6] La **funzione metacognitiva** si attiva nel momento in cui l'allievo riflette e ragiona su di sé, sugli altri o sulla relazione comunicativa, interpretando tramite il linguaggio ciò che è stato precedentemente percepito o organizzato tramite l'elaborazione cognitiva, mentre la **funzione metalinguistica** si realizza ogni qual volta l'apprendente usa la lingua per riflettere sulla lingua stessa o per risolvere problemi caratteristici dell'interazione. La comunicazione si concentra sugli elementi del "codice" e sul suo funzionamento.

[7] Tale distinzione è basata sul lavoro dello studioso canadese Jim Cummins. Egli trasse conclusioni molto valide sul rapporto tra sviluppo linguistico e successo scolastico evidenziando che per acquisire le competenze BICS sono necessari in media 2 anni di studio e di esposizione agli *input* linguistici, mentre le competenze CALP richiedono uno studio ben più lungo, fino a 5 anni, in quanto un allievo che interagisce senza problemi ed esitazioni con compagni e insegnanti non è necessariamente in grado di usare la LS o la L2 per svolgere compiti cognitivi complessi quali studiare, comprendere le lezioni o leggere libri di testo.

L'incontro di più discipline, l'utilizzo di varie lingue e linguaggi, l'integrazione di concetti e metodi transdisciplinari favoriscono la riorganizzazione cognitiva e la riflessione sui processi di acquisizione del sapere. I vantaggi per l'acquisizione linguistica non risiedono unicamente nel maggior numero di ore di esposizione alla lingua ma anche nella maggiore autenticità del compito, dei materiali utilizzati (spesso oggetti veri, i cosiddetti *realia*) e delle attività comunicative.

Le fasi di apprendimento CLIL sono caratterizzate da tre dimensioni:

> **dimensione linguistica**;
> **dimensione disciplinare**;
> **dimensione metacognitiva**.

Il discente si trova così al centro di un complesso processo reticolare di scoperta progressiva e di co-costruzione dei significati; egli diviene parte attiva dell'intera procedura (*active lerner)* attraverso un apprendimento intenzionale e contestualizzato che lo porta, al tempo stesso, a riflettere sui compiti e sulle competenze da sviluppare, come si evince dal seguente grafico.

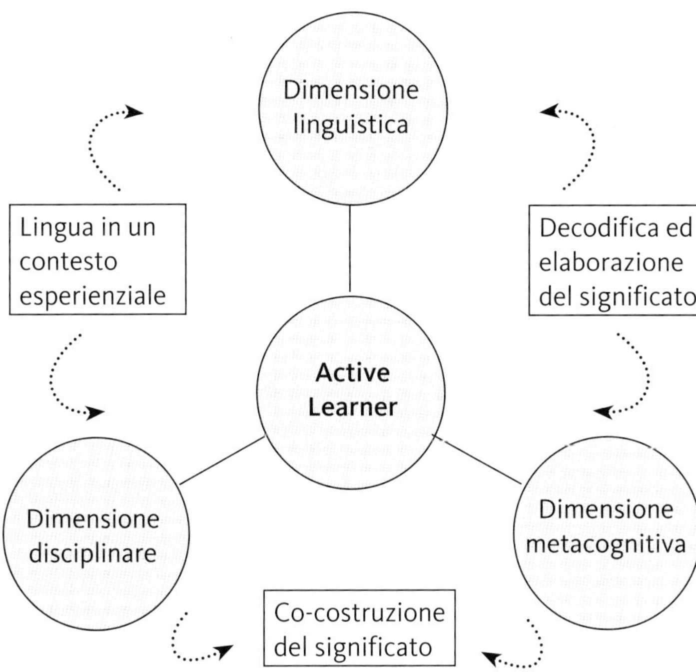

La progettazione e la realizzazione di un percorso di apprendimento o modulo CLIL presuppongono, oltre al necessario raccordo con il Piano dell'Offerta Formativa (P.O.F) di Istituto, una precisa enucleazione di:

> bisogni formativi;
> riferimenti al *Profilo dello studente* e ai *Traguardi per lo sviluppo delle competenze*;
> contenuti linguistici;
> contenuti disciplinari;
> riflessioni metacognitive sui processi di apprendimento attivati.

Ad onor del vero, seppure, la metodologia CLIL miri a una didattica integrata di lingua e contenuto disciplinare (*language and content based aim*) e lo sviluppo della competenza linguistica resta fondamentale al fine di raggiungere gli obiettivi specifici della materia. Ne consegue che nella didattica disciplinare sono inserite pratiche tipiche della didattica delle lingue e che quindi la progettazione del modulo e dell'intero curricolo deve essere ben curata.

Va inoltre considerato un ulteriore aspetto: la **microlingua** (linguaggio settoriale), che nella metodologia CLIL ricopre un ruolo fondamentale, è caratterizzata da un punto di vista morfosintattico da un'abbondanza di nominalizzazioni, affissi, passivazioni e subordinazioni non così frequenti nella lingua di uso quotidiano. Per i bambini, ma anche per apprendenti più grandi, lo studio della microlingua rappresenta un compito cognitivo oneroso.

Proprio in virtù delle difficoltà intrinseche della microlingua, il docente deve supportare (tramite lo *scaffolding*[8]) e facilitare la comprensione, attraverso tecniche e strategie di semplificazione, anticipazione, ridondanza e semplificazione dell'*input,* prevendendo, nel contempo, l'attivazione di *setting* formativi facilitanti, esperenziali e collaborativi onde rinforzare di continuo la **motivazione**. A titolo esemplificativo l'insegnante potrebbe, nel caso di *input* scritto, fungere da *mediatore* tra il testo e i discenti, apportando le facilitazioni necessarie quali: l'eliminazione di informazioni inutili che potrebbero provocare un effetto di disturbo; la rielaborazione lessicale ottenuta attraverso la sostituzione di termini "difficili" o ambigui con sinonimi già noti ai bambini e la semplificazione del tessuto sintattico.

L'atteggiamento del docente nell'interazione didattica è quindi fondamentale per creare un clima favorevole all'apprendimento e per facilitare l'interazione con i discenti: egli è il regista che può sollecitare, arricchire e adattare l'*input,* moltiplicare gli scambi interazionali, motivare, aprire e coor-

---

[8] Il termine *scaffolding* (letteralmente "impalcatura") comparve per la prima volta nel 1976 in un articolo di psicologia a cura di J. Bruner, D. Wood e G. Ross; esso indica un insieme di *strategie di aiuto* elaborate da un individuo esperto per guidare il processo di apprendimento di un altro individuo. Secondo Maybin, Mercer e Steirer (*"Scaffolding" learning in the classroom,* 1992) lo *scaffolding* rappresenta un supporto che permette agli allievi *di portare a termine un compito che "they would not have been able quite to manage on their own, and it is help which is intended to bring the learner closer to a state of competence which will enable them eventually to complete such a task on their own".*

dinare un dialogo, coinvolgendo gli studenti e fornendo loro *feedback* (di solito correzione incitativa). Per rendere maggiormente comprensibile l'*input* il docente farà largo uso di strumenti non verbali (immagini, schemi, supporti grafici che rendono "visibili i concetti", mappe, video, materiali multimediali); selezionerà i contenuti in modo da alleggerire il carico cognitivo nelle fasi iniziali; utilizzerà idee chiave e glossari della microlingua necessari alla comprensione del testo (sia esso orale o scritto); solleciterà ipotesi anticipatorie attivando la "grammatica dell'aspettativa"[9]; eliciterà pre-conoscenze linguistiche ed encicopledico-contestuali; negozierà infine significati e contribuirà, insieme agli apprendenti tutti, alla elaborazione di nuovi significati.

## 3.2 Le ripercussioni della metodologia CLIL sul curricolo scolastico

Nell'ambito della metodologia CLIL uno degli assunti base è costituito dall'idea che l'*active learner* proceda nell'acquisizione sia linguistica, sia contenutistica spostandosi progressivamente da compiti cognitivamente meno impegnativi verso compiti più complessi, attraverso un supporto guidato. Il docente funge da mediatore degli apprendimenti e facilita il passaggio dall'uso di "strategie di pensiero basso", cosiddette LOTS (*Low Order Thinking Skills*), all'utilizzo consapevole e independente di "strategie di pensiero alto", cosiddette HOTS (*Higher Order Thinking Skills*).[10]

L'interlingua dell'apprendente si sviluppa lungo un sistema triadico[11]:

- *language of learning*: è la lingua necessaria per capire contenuti e per accedere alla informazioni (parole chiave, linguaggio funzionale, grammatica);
- *language for learning:* è la lingua necessaria per interagire in un ambiente di apprendimento (*classroom language*, funzioni linguistiche per chiedere spiegazioni, per scrivere relazioni, per porre domande);
- *language through learning*: è la lingua che emerge da nuovi, specifici contesti (riutilizzo e reimpiego del lessico, *presentation* e *dictionary skills*).

Nel progettare un modulo CLIL che voglia essere efficace, non si possono dimenticare i contenuti, i processi cognitivi e gli aspetti della lingua esempli-

[9] *Expectancy Grammar*: si tratta della grammatica studiata da John W. Oller (1979) e che permette di anticipare, all'interno di qualsiasi situazione comunicativa, cosa accadrà, quale lessico, quale tipo di testo, quale genere comunicativo e quale sintassi si utilizzeranno. La grammatica dell'aspettativa opera su tre parametri: a) *consapevolezza situazionale*; b) *ridondanza*, cioè le ulteriori informazioni reperibili nel contesto, cotesto e paratesto; c) *conoscenza del mondo o enciclopedia*, che permette sia di ipotizzare e di anticipare, sia di disambiguare elementi polisemici.

[10] Tra le strategie LOTS si possono citare ad esempio: compilare una tabella, immaginare, ipotizzare, controllare dati, ecc. Tra le strategie HOTS si possono menzionare: analizzare dei dati, classificare, sintetizzare e interpretare.

[11] Si veda il concetto di *Language Triptych* di D. Coyle, P. Hood, D. Marsh, *CLIL: Content and Language Integrated Learning*, Cambridge University Press (2010).

ficati dalle 4C del Quadro di riferimento elaborato nel 2005 da Coyle:

- ***content***: la disciplina e l'insegnamento disciplinare devono essere presentati in maniera comprensibile, partendo dai bisogni linguistici ed extralinguistici degli apprendenti;
- ***communication***: la lingua da apprendere e la lingua da usare per rendere l'apprendimento significativo;
- ***cognition***: i processi cognitivi per la riflessione metalinguistica, per lo sviluppo del pensiero creativo e per collegare aspetti astratti e concreti;
- ***culture***: lo sviluppo di competenze di cittadinanza attiva per l'esplorazione e la comprensione di culture altre, soprattutto in classi sempre più eterogenee da un punto di vista linguistico e culturale.

All'interno delle istituzioni scolastiche la metodologia CLIL è pertanto accompagnata da un intenso lavoro ciclico di progettazione, revisione, sperimentazione, documentazione, valutazione e formazione in modo da raggiungere obiettivi di sistema che abbiano effetti sia sugli allievi, sia nella scuola nel suo insieme. Nel bambino l'insegnamento CLIL comporta lo sviluppo sintonico: di competenze linguistiche (specifiche della microlingua, generali e periferiche), delle quattro abilità e delle abilità integrate, di competenze metalinguistiche (riflessione sulla lingua e sui processi di apprendimento, di abilità procedurali e di competenze interculturali).

A livello di ampliamento e di miglioramento dell'Offerta Formativa d'Istituto invece l'attenzione, grazie al CLIL, si sposta sulle seguenti finalità:

- garantire opportunità concrete per studiare il medesimo contenuto da diverse prospettive senza utilizzare ore aggiuntive di insegnamento;
- rendere le discipline complementari tra di loro;
- diversificare i metodi di insegnamento e le metodologie didattiche, favorendo l'immersione in contesti d'apprendimento innovativi e stimolanti;
- aumentare la motivazione e l'interesse degli allievi, nei confronti sia della lingua veicolare, sia delle disciplina;
- fornire competenze aggiuntive oltre a quelle comunicative nella lingua di immersione;
- assicurare l'*empowerment* dei bambini;
- progettare moduli o UDA di carattere trasversale (si veda il Cap. 4);
- organizzare il curricolo in maniera flessibile, realizzando il pieno raccordo con gli assi culturali e le competenze chiave;
- promuovere una didattica inclusiva e attenta a tutte le differenze.

Solo attraverso una gestione consapevole, condivisa e sostenibile nel tempo, il CLIL può contribuire a creare un ambiente di apprendimento innovativo e polivalente, attraverso moduli linguistici e contenutistici volti alla promozione di una didattica attiva che solleciti, al tempo stesso, processi di apprendimento basati sull'esplorazione, sulla scoperta, sulla costruzione sociale ed europea delle conoscenze.

## 3.3 La metodologia CLIL: dall'Europa all'istruzione italiana

L'introduzione della metodologia CLIL nella scuola italiana trova la sua cifra connotativa nell'essere pluridimensionale ed estremamente versatile: essa non rappresenta quindi una mera, immotivata imposizione normativa ma rientra, di diritto, in una precisa visione pedagogica e culturale.

Le esperienze didattiche di uso veicolare di una lingua straniera – sempre più spesso osservabili nelle nostre scuole – si inseriscono in una progettazione educativa, culturale e metodologica che deve rispondere alle richieste della società della conoscenza e dell'apprendimento permanente. Il CLIL rappresenta un nuovo modo di apprendere le lingue, integrando metodi di insegnamento innovativi con discipline anche se, già in passato, i progetti europei e gli scambi di classe avevano posto la lingua straniera al di fuori di modelli tradizionali di insegnamento e le avevano attribuito una nuova funzione di *lingua franca* atta a comunicare, a sviluppare e a trattare tematiche non squisitamente linguistiche.

Da oltre un ventennio ormai la didattica di tipo CLIL – cioè un insegnamento in cui le lezioni si svolgono in almeno due lingue diverse – è entrata a far parte dell'offerta formativa a **livello primario** e secondario della maggior parte dei Paesi dell'Unione Europea. Il Lussemburgo e Malta rappresentano due casi davvero peculiari, poiché essi sono gli unici Paesi in cui l'insegnamento CLIL è offerto in tutte le scuole. A livello europeo le combinazioni di lingue sono essenzialmente di due tipi: alla lingua ufficiale si aggiunge una lingua non autoctona, una lingua regionale e/o minoritaria, o entrambe. Attualmente solo sei Paesi impongono ai docenti di avere determinate qualifiche o certificazioni per poter insegnare la propria disciplina tramite una lingua veicolare: Belgio, Repubblica Ceca, Spagna, Lituania, Ungheria e Slovenia (e a breve anche l'Italia).

Nel 2005, durante la presidenza del Lussemburgo, si tenne una conferenza europea sull'apprendimento integrato di lingua e contenuto e, per la prima volta, il CLIL fu portato all'attenzione dei responsabili politici europei; l'anno successivo l'interesse per la didattica CLIL crebbe in maniera esponenziale tanto che la Commissione Europea pubblicò i risultati di un'indagine, "*Apprendimento integrato di lingua e contenuto nella scuola in Europa*"[12], in cui si sottolineava che per una maggiore diffusione tale metodo doveva "*essere accompagnato in gran parte dei Paesi da un notevole sforzo in materia di formazione degli insegnanti*". Infine nel 2007 con la relazione della Commissione sull'attuazione del piano di azione "*Promuovere l'apprendimento delle lingue e la diversità linguistica*"[13] si verificava lo stato dell'arte dell'introduzione dell'apprendimento integrato di lingua e contenuto nei programmi scolastici e si evidenziava come la didattica CLIL fosse utilizzata in misura crescente nelle scuole europee in quanto ritenuta un modo efficace per motivare e per "*potenziare le capacità di comunicazione*" degli studenti. Ed è proprio nell'ottica di operare all'interno di un quadro strategico europeo, creando percorsi di apprendimento flessibili e spendibili

---

[12] La pubblicazione è disponibile al link: *www.bdp.it/eurydice/content/index*.

[13] COM(2007)554 del 25 settembre 2007.

lungo l'arco della vita, che l'introduzione del CLIL nella scuola italiana trova il suo spessore pluridimensionale sia in significativi progetti pilota nel primo ciclo, sia nei recenti *Regolamenti* per il riordino del secondo ciclo[14].

## 3.4 La metodologia CLIL nella scuola primaria

Nella **scuola primaria** e secondaria di primo grado, pur in assenza di una normativa specifica, la metodologia CLIL è largamente utilizzata attraverso il *project-work* (didattica per progetti) o il *cooperative learning*, in particolare con materie creative o ludiche. Ciò permette agli allievi di "utilizzare" la lingua straniera in modo naturale e contestualizzato e favorisce lo sviluppo di un atteggiamento positivo nei confronti dell'apprendimento linguistico. L'uso di una lingua straniera per assimilare contenuti non linguistici richiede, infatti, una forte rielaborazione che si riflette sull'acquisizione della lingua stessa. Inoltre i processi cognitivi attivati durante la decodifica delle informazioni sono molto simili a quelli stimolati nella lingua materna (*Natural Approach*; si veda il paragrafo 3.6).

L'apprendimento integrato di lingua e contenuti favorisce inoltre la motivazione intrinseca poiché i bambini della scuola primaria sono coinvolti in modo naturale in *attività significative,* interessanti e con "pertinenza immediata". I compiti svolti dai discenti e i risultati raggiunti producono gratificazione poiché i bambini imparano nel momento in cui fanno (*learning by doing*), in un contesto naturale di apprendimento e durante un atto comunicativo reale. Agli allievi si offre un *humus* di apprendimento integrato, ove le abilità non sono acquisite in isolamento bensì interiorizzate in modo interdisciplinare. Le conseguenze dirette di tale impostazione metodologica sono rappresentate anche da una maggiore *qualità* dell'apprendimento linguistico, in quanto esso è strettamente interconnesso con lo sforzo cognitivo richiesto dallo studio disciplinare: il bambino impara quindi anche a pensare nella lingua e impara la lingua per pensare. Nel primo segmento formativo, pertanto, la **programmazione integrata** degli apprendimenti, che è una delle caratteristiche del CLIL, si presta allo sviluppo cognitivo dei bambini, attraverso una progettazione di tipo *globale* e *olistico.*

Da un punto di vista operativo, l'applicazione della metodologia CLIL nelle classi di scuola primaria supera di gran lunga le esigenze di un tradizionale insegnamento delle lingue: esso richiede competenze specifiche da parte del docente e materiali didattici adeguati.

---

[14] In base ai nuovi *Regolamenti* (D.P.R n. 88 e n. 89 del 15 marzo 2010), nei licei e negli istituti tecnici, nell'ultimo anno di scuola, l'insegnamento di una disciplina non linguistica sarà obbligatoriamente impartito in **lingua straniera**; nei licei linguistici il CLIL avrà decisamente più spazio: l'insegnamento di una disciplina non linguistica in una prima lingua comincerà già a partire dal terzo anno e, dal quarto anno, una seconda materia sarà veicolata in altra lingua.

Per quanto concerne le competenze richieste all'insegnante esse sono di tre tipi:

- **disciplinari**;
- **linguistico-comunicative**;
- **interculturali**.

Dunque oltre all'abilitazione per l'insegnamento della lingua inglese (si veda il paragrafo 2.15) e a una competenza linguistica pari almeno al livello **B2**, al docente che si cimenta con la metodologia CLIL si richiedono ulteriori competenze quali: la capacità di interagire; la capacità di co-costruire insieme ai colleghi (*team work*) e di elaborare significati insieme ai discenti; la capacità di progettare integrando lingua e contenuti; la capacità di utilizzare materiali autentici[15].

Sul piano organizzativo, invece, i moduli CLIL nella scuola primaria favoriscono l'intensificazione dell'insegnamento dell'inglese (altrimenti limitato, ad esempio, a sole tre ore in una classe quinta). È possibile infatti inserire attività in lingua in qualsiasi disciplina, dato che il docente possiede le competenze necessarie e la preparazione pedagogica per diversi ambiti curricolari.

Oggigiorno, le nuove sfide verso una maggiore internazionalizzazione del sistema scolastico sono rappresentate dal riuscire a formare docenti in grado di usare la metodologia CLIL in modo corretto e consapevole, e che siano capaci di lavorare in un *team educativo*. L'allievo sarà sempre al centro del processo di insegnamento-apprendimento, anche tramite un approccio duale e attraverso opportuni raccordi tra le materie. Le lingue stesse dovranno "*servire da ponte verso altre persone e dare accesso ad altri Paesi e culture promuovendo la comprensione reciproca*"[16].

Solo attivando dispositivi che diventino prassi nella didattica quotidiana e non costituiscano conoscenze specialistiche di pochi, ma competenze diffuse e imprescindibili di tutti, sarà possibile creare una scuola inclusiva che offra a ogni studente eque opportunità di accesso alla formazione di qualità.

## 3.5 La glottodidattica e l'apprendimento delle lingue in Italia

La glottodidattica è una scienza teorico-pratica a carattere interdisciplinare che si sostanzia nel rapporto con altre discipline quali la scienza del linguaggio e della comunicazione, la scienza dell'educazione e della formazione, le scienze psicologiche, la scienza della cultura e della società, e si interseca con gli ambiti di riferimento propri della pedagogia, della psicologia e della linguistica. Essa ha come finalità prima lo studio delle metodologie di insegnamento e apprendimento delle *lingue straniere* o delle *lingue seconde* e supporta i docenti nella pianificazione, progettazione e attuazione dei programmi di *educazione linguistica*.

[15] Per una puntuale descrizione delle competenze del docente CLIL si rimanda al documento *The European Framework for CLIL Teacher Education* (EFCT), scaricabile al link: *http://clil-cd.ecml.at*.

[16] COM(2008)566 del 18 settembre 2008.

Prima di esplicitare alcuni concetti fondamentali da tener presente per un'efficace azione didattica, vale qui la pena di soffermarsi brevemente sulle differenze che intercorrono tra **lingua straniera** (LS) e **lingua seconda o seconda lingua** (L2): a volte infatti, nei documenti del MIUR, i termini sono usati come sinonimi. La lingua straniera è utilizzata soprattutto per comunicare, partendo da livelli di competenza omogenei; l'*input* linguistico è generalmente controllato; le situazioni linguistiche non sono autentiche ma "riprodotte" e usate per scopi fittizi; i riferimenti culturali sono mediati dal docente o dai materiali didattici; la motivazione all'apprendimento deve essere stimolata e rinforzata di continuo[17]. In pratica la lingua straniera è la *lingua che non si apprende nel Paese in cui è lingua d'uso* bensì è studiata in contesto scolastico. È il caso, ad esempio, dell'inglese insegnato nelle aule italiane. La lingua seconda è invece appresa nel contesto in cui è lingua d'uso, o di scolarità (alcune volte è usata per indicare la lingua che si apprende successivamente alla *lingua materna* - LM); è utilizzata sia per comunicare, sia per studiare; la motivazione all'apprendimento è reale, intrinseca, non utilitaristica perché nasce dal bisogno di integrarsi nella comunità che parla la lingua che si apprende; l'*input* linguistico è misto e difficilmente controllabile dal docente in quanto proviene anche dall'esterno della scuola; le situazioni linguistiche sono autentiche e caratterizzate da scopi reali; gli aspetti culturali, infine, sono vissuti direttamente dagli studenti e sperimentati nella vita quotidiana. È dunque la *lingua imparata nel Paese in cui essa è lingua d'uso* ed è la situazione in cui si trovano i bambini stranieri iscritti nelle nostre scuole e che vogliono o devono imparare l'italiano.

Nell'ambito della ricerca glottodidattica si evidenziano, come sottolineato in precedenza, una *componente teorica* (che mira a conoscere il meccanismo dell'acquisizione linguistica per individuare gli approcci) ed una *componente operativa*, nota anche come "glottodidassi" (che porta alla definizione di metodi, tecniche e tecnologie).

Con il termine **metodologia** si fa riferimento alla teoria dei metodi, che esemplifica come ogni metodo sia calato in un determinato contesto culturale e rispecchi, a sua volta, una teoria linguistica. La metodologia può essere incentrata sul docente, sul programma, sulla programmazione curricolare o sullo studente.

Il lemma **approccio** introduce un'ulteriore declinazione rispetto al termine "metodologia": esso rimanda a una dimensione teorica della glottodidattica e permette la focalizzazione degli obiettivi dell'educazione linguistica. Un approccio dà vita a uno o più metodi che ne garantiscono l'applicazione nelle varie situazioni.

Il **metodo** invece trasforma l'approccio in prassi operativa e può essere adeguato o non adeguato per la realizzazione dell'approccio. Il metodo solitamen-

---

[17] In genere si classificano due tipi di motivazione: a) *strumentale* (tipica dello studio della LS; è il mezzo di contatto negli incontri con stranieri o in viaggio all'estero); b) *integrativa* (tipica dello studio della L2, essa rimanda alla volontà dei non italofoni di inserirsi, per esempio nel gruppo-classe).

te parte dall'analisi dei bisogni dell'apprendente per giungere alla enucleazione delle situazioni comunicative, degli argomenti da trattare, delle strategie o delle tecniche da adottare nell'azione didattica.

Da ultimo, le **tecniche** rappresentano le attività e gli strumenti che mettono in pratica le prescrizioni del metodo e le finalità dell'approccio.

Il processo glottodidattico è caratterizzato dalla presenza di un **soggetto** (l'apprendente e a volte lo stesso docente), di un **oggetto** (la lingua), di una **situazione** (il contesto socio-culturale) e dei **mezzi** (le strategie messe in atto per lo sviluppo e l'apprendimento linguistici). Il fine ultimo dell'intero processo è quello di perseguire le cosiddette "mete glottodidattiche" ossia: lo sviluppo delle abilità linguistiche; il rafforzamento (nella LM) e lo sviluppo (nelle LS o L2) della competenza socio-pragmatica; il rafforzamento o lo sviluppo delle grammatiche.

Da alcuni decenni i metodi glottodidattici generalmente utilizzati in Italia per l'insegnamento delle lingue sono quelli accomunati dall'**approccio umanistico-affettivo**, che vanta quali teorie di riferimento la psicologia umanistica di A. Maslow e C. Rogers, gli studi di psicodidattica, le ricerche di H. Gardner sull'intelligenza emotiva, la NPL (*Neuro-Linguistic Programming* – Programmazione neuro-linguistica) e la linguistica acquisizionale. Un'influenza non certo irrilevante sullo sviluppo della glottodidattica umanistico-affettiva fu esercitata dai metodi elaborati da J. Asher (*Total Physical Response* – TPR Risposta fisica totale), C. Gattegno (*Silent Way* – Metodo silenzioso), G. Lozanov (*Suggestopaedia* – Metodo suggestopedico), T. Terrell e S. Krashen (*Natural Approach* – Approccio naturale).

La glottodidattica umanistica-affettiva odierna è frutto anche dell'influsso dell'**approccio comunicativo**, essendone insieme recepimento e integrazione e avendo entrambi il comune obiettivo di sviluppare la *competenza comunicativa*[18]. Secondo i principi di quest'ultimo approccio l'apprendente deve essere immerso in una situazione autentica e concreta, che riproduce le situazioni della vita quotidiana in modo da sviluppare una competenza comunicativa.

Vale la pena ricordare come negli anni Settanta, sotto la spinta di una crescente internazionalizzazione e con l'aumento della mobilità delle persone, il prestigio delle lingue straniere crebbe e gli influssi di insigni studiosi tra i quali D.A. Wilkins e M.A.K. Halliday portarono l'insegnamento e lo studio delle lin-

[18] La competenza comunicativa è un concetto estremamente dinamico che implica un processo di negoziazione di significati tra due o più persone. Prevede una competenza di tipo *produttivo* e una di tipo *ricettivo*; comprende sistemi di simboli e codici dei linguaggi *(oralità, scrittura, mimica, tonalità, prossemica);* dipende da un contesto e presenta differenze di *stile, registro, intenzione comunicativa;* dipende da fattori *individuali* e da componenti *affettive* (*motivazione, autostima, identificazione,* ecc.); è costituita essenzialmente da quattro elementi: *grammaticale* (dominio del codice linguistico e aspetti formali della LS o L2), *sociolinguistico* (comprensione del contesto sociale*), discorsivo* (capacità di interagire captando e producendo testi sensati, coerenti e adeguati alla situazione e al contesto), *strategico* (conoscenza di strategie da usare quando mancano altre competenze o in reazione a situazioni impreviste, ad esempio parafrasi, riformulazione, richiesta di aiuto, cambiamento di registro).

gue verso una vera e propria "virata comunicativa". La profonda rivoluzione introdotta dal *Communicative Approach* consisteva nel selezionare le funzioni comunicative necessarie secondo le esigenze degli apprendenti e non, come in passato, in base a una progressione di difficoltà crescente. Mai prima di allora i **bisogni comunicativi** degli allievi erano stati presi in considerazione dagli altri approcci glottodidattici; infatti era prassi comune presentare gli argomenti della programmazione con una successione standard di regole e di accumulazione di lemmi.

D'altro canto sul finire degli anni Ottanta la filosofia umanistico-affettiva, etichetta che comprendeva una serie di metodi a volte estremamente diversificati tra di loro, giunse in Italia sotto forma di unico approccio glottodidattico. Sul fronte comunicativo avveniva pertanto il passaggio dalla nozione di "insegnamento-apprendimento" alla diffusione del concetto di "**educazione linguistica**" in un contesto di cambiamento sociale in cui ci si rendeva conto che la lingua da utilizzare era quella dell'*uso reale*. I bisogni di apprendimento non si limitavano più a una conoscenza teorica della lingua, bensì appariva urgente una conoscenza dell'uso linguistico per poter *agire* con la lingua nelle diverse situazioni, anche attraverso l'uso di *materiale autentico*[19]. Inoltre la competenza linguistica acquisiva nuove connotazioni e si arricchiva: non solo dunque aspetti *comunicativi* e *formali* ma anche aspetti *socio-linguistici, pragmatici, socio-culturali* ed *extralinguistici*. La comunicazione infine si trasformava anch'essa in "interazione".

Sul fronte umanistico-affettivo, la glottodidattica spostava la sua attenzione completamente verso lo studente e poneva le relazioni docenti-apprendenti al centro di ogni interesse, contrapponendosi all'innatismo di N. Chomsky e al cognitivismo. La lingua si faceva *strumento pragmatico di comunicazione* e *relegava la correttezza formale a un ruolo* secondario, aumentando, nelle contempo, il valore della cultura. Lo scopo ultimo coincideva con lo sviluppo della comunicazione verbale e non verbale, con un'attenzione all'accrescimento dell'autonomia del discente in fase di apprendimento.

Nell'approccio-umanistico affettivo il vero *focus* dell'azione didattica è, di conseguenza, l'apprendente nella sua totalità e con i suoi interessi e le sue caratteristiche psicologiche, emotive, cognitive che gli permettono di agire e di interagire in un *setting* formativo simile all'ambiente reale. Egli è il protagonista del percorso di apprendimento e deve essere adeguatamente motivato e stimolato. Il punto di partenza dell'azione didattica è rappresentato dai bisogni comunicativi dell'allievo e dal conseguente ruolo primario svolto dall'affettività, dalla necessità di relazioni, dai fattori che influenzano la capacità di apprendimento e dal desiderio di autorealizzarsi. Il bambino è così svincolato dall'essere una mera *tabula rasa* su cui scrivere, tramite una serie

[19] L'espressione fa riferimento all'uso didattico di materiali in origine non didattici: articoli di giornale, menù del ristorante, biglietti aerei. Tali materiali erano già utilizzati dai docenti che si rifacevano al *Direct Method* e al *Reading Method*, ma è sicuramente con l'avvento del *Communicative Approach* che essi acquistano rilevanza.

continua di *pattern drill*[20], un insieme di regole grammaticali. Il meccanicismo dei metodi strutturali è ampiamente superato da una visione globale, autentica e rivolta soprattutto a esplorare il rapporto tra insegnante e discente, che per molti versi richiama la relazione tra paziente e psicoterapeuta.

Dal canto suo al docente spetta il compito di collegare lo sviluppo dell'interlingua a contesti vicini all'esperienza diretta del bambino, pur nella consapevolezza dell'esistenza di rapporti e connessioni anche con contesti più lontani; egli deve **selezionare** attività e materiali in base a bisogni linguistici e formativi; deve contribuire alla co-costruzione della conoscenza creando un microcosmo d'apprendimento facilitante e significativo; deve attivare eventi comunicativi circolari; deve indurre alla riflessione sulle modalità di apprendimento; deve promuovere funzioni di responsabilizzazione; deve considerare l'*errore* come occasione di *riflessione, apprendimento, promozione* del sapere; deve ricostruire la *biografia linguistica* del bambino; deve provvedere alla riduzione o all'eliminazione del filtro affettivo; deve coinvolgere l'apprendente in ogni fase del processo di apprendimento attraverso la negoziazione continua. Dovrebbe infine tenere presente che insegnare una o più lingue in ambito scolastico implica anche saper creare relazioni con apprendenti diversi ed eterogenei tra loro. Da ultimo l'insegnante deve sempre rendere l'apprendente il vero fulcro emotivo, il protagonista indiscusso del processo di insegnamento-apprendimento attraverso la stimolo del LAD (*Language Acquisition Device*), trasformando la lingua in strumento pragmatico di comunicazione, fornendo opportune sollecitazioni e facendo notare strutture; deve scientemente arricchire, modificare o rendere ridondante l'*input*; deve essere altresì in grado di sviluppare una *didattica dell'errore* ove la deviazione dalla norma diventi risorsa e strumento di indagine sia per il docente (è fattore di dinamismo), sia per l'apprendente (permette di confrontare la propria evoluzione dell'interlingua con la lingua obiettivo). In estrema sintesi, l'insegnante deve essere in grado di trasformare la propria azione didattica in *significativa esperienza di apprendimento*: laddove "significativo" rimanda a un contenuto vissuto dal bambino come rilevante poiché soddisfa i suoi bisogni personali e concorre alla realizzazione dei suoi obiettivi.

## 3.6 Gli approcci e i metodi più diffusi

L'ambiente considerato ideale per l'apprendimento delle lingue dovrebbe possedere delle caratteristiche precise quali: la considerazione e il rispetto per tutti gli allievi; la motivazione dell'azione didattica mossa da dovere ma anche piacere e bisogno; la gradualità sintonica delle attività linguistiche volte a "generare" acquisizione duratura e un *setting* formativo sereno. A fondamento di

[20] I *pattern drill* sono tipici dell'approccio strutturalista e sono costituiti da una serie di stimoli seguiti da uno spazio vuoto in cui l'apprendente deve fornire la risposta, che viene poi confermata o corretta; se si usa un laboratorio linguistico-multimediale è possibile riascoltare l'esercizio ottenendo un *feedback*.

ogni prassi didattica vi è pertanto l'idea che il bambino non si limiti a immagazzinare nozioni nella memoria a breve termine (MBT), ma arrivi a interiorizzare delle abilità linguistiche che andranno a collocarsi nella memoria a lungo termine (MLT) per divenire parte stabile del suo patrimonio di competenze. È pur vero che la decisione sul metodo da utilizzare in una classe di lingua dipende dall'approccio didattico proprio del singolo insegnante, cioè dalle sue convinzioni riguardo a come si apprende e a come l'insegnamento possa aiutare ad acquisire una lingua; inoltre l'insegnante deve fare precise scelte metodologiche concernenti gli obiettivi e gli scopi di un'attività didattica, di un modulo o di un corso; deve selezionare le tecniche e le strategie di insegnamento; deve elaborare il modo con cui relazionarsi con i bambini e deve predisporre i criteri e le modalità di valutazione e di retroazione. Non esiste pertanto un metodo che possa adattarsi univocamente a ogni situazione, a ogni docente, a ogni allievo, e la tendenza attuale è quella di integrare e fondere diversi metodi per definire un modello glottodidattico precipuo per ogni singolo processo di insegnamento-apprendimento linguistico.

Di seguito si riportano in modo schematico gli approcci e i metodi oggigiorno più diffusi per aiutare i docenti a orientarsi nella elaborazione del proprio modello formativo.

> **The Communicative Approach** (CA) o **Communicative Language Teaching** (CLT): si è affermato in Italia a partire dagli anni Ottanta ed è forse il metodo che la maggior parte dei docenti tende oggi a scegliere. L'assunto di base è il seguente: l'apprendente impara meglio se coinvolto in un processo comunicativo significativo (*meaningful communication*) che lo rende il protagonista e ne enfatizza i bisogni comunicativi. Il bambino è al centro dell'azione didattica, interagisce tramite *pair-work* o *role-play*, simulazioni e drammatizzazioni con i compagni e con il docente, e usa la lingua per scopi precisi, reali. Il *focus* è dunque sul significato e sulla funzione comunicativa del linguaggio piuttosto che sulla struttura o sulla forma, con un forte accento sulla *componente pragmatica*. Nella lezione di lingua inoltre si fa largo uso di materiale autentico che permette una maggiore interazione con le realtà extra-scolastiche e favorisce il confronto con situazioni di vita reale. La conseguenza diretta dell'uso dell'approccio comunicativo nella scuola è un curricolo sempre più attento al singolo e alla sua autoresponsabilizzazione.

> **The Natural Approach**: sviluppato da S. Krashen negli anni Settanta, rappresenta una *summa* di metodi e tecniche derivate da più fonti ed è basato su cinque ipotesi che caratterizzano la *Second Language Acquisition Theory* – SLAT: 1. *acquisizione / apprendimento*, 2. *monitor*, 3. *ordine naturale*, 4. *input comprensibile* e 5. *filtro affettivo*. 1. Nell'apprendente coesistono due sistemi conoscitivi diversi, *acquisition* e *learning* (l'uno inconscio, spontaneo, veloce; l'altro conscio, razionale, lento). Il primo conduce verso la lingua madre, il secondo invece verso una lingua obiettivo (*target language*). Chi impara una lingua ha una sorta di accesso "innato" a dei meccanismi che guidano l'acquisizione della lingua madre; lo studio delle lingue in ambiente scolastico deve, perciò, riprodurre le condizioni dell'acquisizione,

ripercorrendo il processo naturale verificatosi in fase di acquisizione della lingua materna. 2. L'apprendimento ricopre la funzione di *monitor*, ovvero di controllo interno della lingua da produrre ed entra in funzione gradatamente. 3. Le regole della lingua, in particolare la morfologia, sono acquisite secondo un *ordine* ben preciso o *naturale*, sia che si tratti di lingua madre sia che si tratti di lingua straniera (*Natural Order Hypothesis*). 4. L'apprendente va esposto a un *comprehensible input*, che rispetti l'ipotesi dell'ordine naturale e che contenga *"i+1"* cioè che sia basato su strutture di poco più complesse rispetto alla lingua già acquisita. L'*input* può essere orale, scritto o audiovisivo. 5. I fattori psicologici influenzano l'acquisizione della lingua: in determinate condizioni (ansia, mancanza di autostima) può attivarsi il filtro affettivo (una sorta di barriera difensiva) e l'apprendente si blocca. In presenza di un filtro affettivo attivo non si può avere acquisizione, ma soltanto apprendimento. Alle summenzionate ipotesi Krashen aggiunge la *rule of forgetting*: l'apprendente acquisisce facilmente solo se dimentica che sta imparando la lingua, concentrandosi così sul contenuto pragmatico.

> **Total Physical Response** (TPR): è un metodo sviluppato da J. Asher negli anni Settanta, solitamente utilizzato con apprendenti principianti, e si basa su compiti esecutivi, sulla comprensione e sul movimento. Per il TPR non esiste un'elaborazione teorica di riferimento ed esso si fonda prioritariamente sulla ricezione orale e solo in una fase successiva sulla produzione orale. I bambini ascoltano le istruzioni e i comandi (*imperative drills*) del docente (ad esempio: "*Open the door!*","*Pick up your pen!*"), li decodificano e svolgono le azioni richieste, senza necessità di parlare sino a quando sono davvero in grado di farlo (*Delayed Oral Practice - DOP*). La lingua è quindi collegata al movimento (che porterebbe all'assimilazione di *chunks*, macrostrutture linguistiche) e le abilità di comprensione hanno un ruolo privilegiato. La scelta dei lemmi e delle strutture linguistiche si basa sul mero significato. Gli obiettivi principali del TPR sono: 1. la comprensione specifica della lingua obiettivo; 2. lo scambio dei ruoli (*role reversal*) e la produzione; 3. la fluenza linguistica. Dopo un periodo di preparazione basato sulla *comprensione-esecuzione* dei comandi impartiti dal docente, il discente dovrebbe prendere la parola per dirigere, nella *target language*, la risposta dei compagni e dello stesso insegnante. Un'applicazione pratica del TPR prevede l'uso del famoso gioco per bambini *"Simon says"*: con questa formula d'avvio un bambino invita i compagni a eseguire i suoi ordini e a compiere le azioni menzionate (ad esempio: *Simon says: "Sit down!"* oppure *Simon says: "Yawn!"*). Per Asher dunque il coinvolgimento globale del discente (a livello uditivo, cinestetico, visivo) conduce a un apprendimento stabile e permanente.

> **The Creative Language Approach** (CLA): nella scuola primaria è solitamente conosciuto come *approccio ludico*. È molto diffuso poiché motivante per l'allievo, sia dal punto di vista cognitivo, sia da quello emotivo. Al centro di tale approccio vi sono le attività ludiche e il gioco, cui qualsiasi bambino è naturalmente portato. È dal gioco che egli impara regole e codici di comportamento, costruisce le proprie esperienze, conquista e organizza i concetti di spazio e di tempo, si relaziona con gli altri, acquista fiducia, sviluppa la propria personalità, raggiunge traguardi e autonomia. Nelle attività didattiche in lingua è fondamentale che il

bambino possa liberamente disegnare, manipolare oggetti, recitare filastrocche (*rhymes, nursery rhymes, chants* e *jazz chants*), ascoltare e inventare racconti (*tales*), mimare, ripetere, drammatizzare, usare i cinque sensi, essere insomma *attivo* e *creativo*. È tuttavia indispensabile che giochi e attività offrano sempre una sfida linguistica e abbiano il lessico come punto di riferimento costante. All'interno dell'approccio ludico è possibile annoverare la metodologia multisensoriale dello ***storytelling*** o *narrazione*: essa riveste un ruolo di primaria importanza nell'insegnamento precoce della lingua straniera, in quanto è attività motivante e divertente, oltre che un esercizio di condivisione sociale. Attraverso il *format narrativo* il bambino sviluppa le capacità ricettive (*listening*) e la concentrazione, apprendendo la lingua straniera in modo naturale e analogalmente ai processi di acquisizione del linguaggio materno. La mimica, i gesti, i suoni e la musica che solitamente accompagnano le parole del docente e la ripetizione di ritornelli (*refrains*) favoriscono l'introiezione, utilizzando un riferimento già noto e caro al bambino: il mondo delle favole (*fairy-tales*). L'insegnante, tramite attività di *pre-reading* e *post-reading*, può introdurre lessico nuovo oppure fissare lemmi e strutture apprese in precedenza. Inoltre la facilità dei bambini di memorizzare e la loro plasticità fonica nell'imitare fonemi e tonalità della lingua straniera permettono agli allievi di sviluppare successivamente anche le abilità di *speaking*. In sintesi, anche un docente NNS (*non-native speaker*) funge, negli approcci che presuppongono un ruolo rilevante degli aspetti affettivi, da modello estremamente positivo per lo studio di una lingua straniera.

- **Teaching Proficiency through Reading and Storytelling** (TPRS): versione peculiare del TPR, sviluppato da Blaine Ray nel 1990, è ancora poco conosciuta. I presupposti teorici del TPRS sono le ipotesi sull'acquisizione della lingua seconda sviluppate da S. Krashen. A differenza del più noto TPR, la focalizzazione si sposta dai comandi e dalle formule imperative sulla *narrazione* e sulla creazione di semplici *drammatizzazioni*. Anziché l'imperativo – *golden tense* di Asher – si utilizzano forme dichiarative. L'azione didattica inizia con la presentazione di lemmi (attraverso traduzione e mimica) e di strutture sintattiche relativamente complesse. La spiegazione grammaticale si riduce a brevi chiarimenti, in "finestre" apposite, chiamate *pop-up grammar*. Il docente poi, avvalendosi di racconti e intrecci semplici, crea familiarità tra gli allievi e la lingua obiettivo, e tramite risposte a varie domande personalizzate sul contenuto della storia, stimola la creazione interattiva e la flessibilità comunicativa (questa tecnica è detta *circling*). La lettura (in classe e come attività di *follow-up*) e la ripresa delle medesime strutture linguistiche usate nella *spoken class story* completano lo sviluppo delle varie abilità linguistiche.
- **Presentation, Practice and Production** (PPP): tramite questo approccio il docente letteralmente "presenta" la lingua ed esemplifica particolari strutture curando, nel contempo, il controllo della comprensione. L'apprendente si esercita con ogni nuovo argomento (sia semantico, sia grammaticale) sino a che egli è in grado di produrre lingua in un contesto controllato. L'idea è di aiutare ad acquisire confidenza e autonomia utilizzando una lingua che "emerge". Nella fase "produttiva" agli allievi si offre la possibilità di sperimentare e di verificare quan-

to è stato effettivamente appreso. Le attività specifiche da utilizzare in questa fase sono, senza dubbio, le discussioni, i giochi e il *role-play*.

- **Task-based Learning** (TBL): è considerato una variante dell'approccio comunicativo ed è basato sullo svolgimento di compiti strutturati che implicano l'uso funzionale della lingua e che riflettono bisogni reali. L'apprendimento diviene esperienza totalizzante per il bambino che attraverso un determinato *task* (compito) si impossessa delle competenze comunicative necessarie per interagire con il mondo esterno. Il docente rispetta l'autonomia, la libertà e la responsabilità individuale; sono gli allievi a decidere gli sviluppi del progetto secondo le proprie inclinazioni e i propri interessi, elaborando un percorso peculiare e alla velocità richiesta dal livello effettivo di competenza linguistica. La collaborazione permette di interagire con altri individui, imparando e trasmettendo vicendevolmente competenze sociali nel microcosmo scolastico, valorizzando il cambiamento di prospettive. Si sviluppa in tre fasi: *pre-task, task* e *post-task.* Le attività *pre-task* servono principalmente per motivare al compito e omogeneizzare il più possibile le conoscenze presenti in classe. Esse si incentrano sull'attivazione del lessico che servirà durante l'esecuzione del compito e sulla presa di coscienza della tematica e dei contenuti che preludono al compito vero e proprio. Le attività *on-task* sono quelle che svolgono concretamente il compito stabilito dal docente (ad esempio un esercizio di *problem solving*) e che dovranno portare alla soluzione da esporre all'intero gruppo-classe in forma scritta o orale. Le attività *post-task* hanno lo scopo di focalizzare l'attenzione sugli obiettivi specifici che l'insegnante si è posto, al fine di favorirne l'acquisizione, e prevedono una fase di riflessione sugli aspetti linguistici evidenziati durante l'esecuzione del compito (*language focus stage*). È un approccio che si avvale di una metodologia didattica a "tutto tondo" poiché implica abilità non esclusivamente verbali, pur riservando sempre attenzione all'aspetto linguistico.
- **The Lexical Approach**: sviluppato negli ultimi decenni da M. Lewis, scardina l'idea erronea che considera la grammatica la base dell'apprendimento linguistico[21]. La grammatica deve invece essere appresa insieme e contestualmente al *lessico (lessicogrammatica);* in altri termini la regole grammaticali sono presentate all'interno di frasi naturali. Secondo Lewis la lingua è costituita non da strutture e vocaboli bensì da diverse tipologie di unità lessicali (verbi fraseologici, espressioni formulaiche, *idioms*, parole composte, proverbi...) il cui significato non è riconducibile alla somma dei significati dei loro singoli componenti. Tali elementi lessicali devono perciò essere acquisiti insieme. Quattro categorie principali di unità lessicali costituiscono un punto di riferimento per lo sviluppo della *lexis awareness:* 1. *words* (ad esempio: *table, water, market*) e *polywords* (ad esempio: *on one hand*); 2. *collocations* o *word partnership* (ad esempio: *traffic jam, on-the-spot decisions*); 3. *institutionalized utterances* o *fixed expressions* (ad esempio: *I hope you don't mind, It's not the*

[21] Scrive testualmente Lewis in *The Lexical Approach* (1993): "*The basis of language is lexis. It has been, and remains, the central misunderstanding of language to assume that grammar is the basis of language and that the mastery of the grammatical system is a prerequisite for effective communication*".

*sort of thing you think will ever happen to you*); 4. *sentence frames* o *heads* (ad esempio: *rumour has it, it goes without saying*). L'approccio lessicale invita quindi a concentrarsi sui lemmi immersi in contesti e cotesti che ne rimodellano di continuo i contorni semantici, cercando di abbandonare il concetto che la lingua sia "grammatica lessicalizzata", per abbracciare l'idea che essa sia "lessico grammaticalizzato". In vero i *chunks* (elementi lessicali composti) e le collocazioni offrono agli apprendenti un'ancora di salvezza per poter comunicare efficacemente anche in assenza di conoscenza delle strutture linguistiche soggiacenti. I vocaboli insegnati in isolamento tendono invece ad essere facilmente dimenticati. A livello di scuola primaria, di solito, i lemmi sono introdotti singolarmente, attraverso *campi semantici* e con l'uso di supporti iconografici che facilitano la comprensione e la memorizzazione.

> **Cooperative Learning** (CL): è un metodo di insegnamento-apprendimento in cui la variabile significativa è rappresentata dalla cooperazione tra gli allievi atta a realizzare, a piccoli gruppi, un compito. I discenti si aiutano reciprocamente e si sentono corresponsabili del comune percorso compiuto. In estrema sintesi, secondo D.W. Johnson e R.T. Johnson (1986), un apprendimento di gruppo si connota come CL se sono presenti i seguenti fattori: 1. *interdipendenza positiva:* gli allievi del gruppo fanno affidamento gli uni sugli altri per raggiungere lo scopo. È condizione che favorisce gli scambi comunicativi; 2. *responsabilità individuale e verso gli altri membri:* in un gruppo cooperativo tutti i membri sono responsabili della propria parte del lavoro e di quanto hanno appreso; 3. *interazione faccia a faccia:* gli apprendenti lavorano in modo interattivo, confrontandosi di continuo e fornendosi *feedback* con comportamenti che incoraggiano e sostengono; 4. *uso delle competenze sociali*: i discenti sono incoraggiati ad utilizzare le abilità sociali (*soft-skills*) come ad esempio la capacità di gestione dei conflitti, la *leadership*, saper prendere decisioni, ecc; 5. *valutazione del lavoro svolto*: gli apprendenti valutano l'efficacia del loro lavoro e il funzionamento del gruppo con cadenza periodica in modo che la riflessione favorisca la rielaborazione cognitiva e metacognitiva.
> I vantaggi del CL sono: risultati migliori da parte degli allievi e sviluppo di maggiori capacità di ragionamento e di pensiero critico; relazioni più positive tra i bambini e rispetto reciproco; aumentato senso di autoefficacia e di autostima. Nel CL l'interazione sociale si fa così strumento per facilitare l'apprendimento.

In ultima analisi è possibile asserire che la glottodidattica contemporanea è testimone dell'uso di metodi che, seppur collocati all'interno dell'approccio comunicativo, sono classificati come "integrati" e si fondono nel **Principled Ecletism** che presuppone l'uso flessibile dei vari approcci, sulla base di teorie linguistiche condivise. La metodologia più idonea da usare sembra essere quella che si adatta e si modella in base al principio della *individualizzazione* e *personalizzazione* dei percorsi di apprendimento, sostituendo al concetto di "programma" la più ampia idea di "programmazione", così come ampiamente rimarcato nelle *Indicazioni Nazionali* 2012 (si veda il paragrafo 2.13).

La flessibilità degli approcci presuppone un'attenzione particolare al bambino, al gruppo-classe, alle variegate personalità e ai diversi stili di apprendimento, alla tipologia di attività da svolgere in base alle esigenze linguistiche e comunicative (*role-play*, *task* performativo, *project-work*, esercizio meccanico per fissare e rinforzare strutture, giochi linguistici...) e una capacità di lavorare in team per poter creare materiali, per progettare, per condividere e per disseminare conoscenza. Solo in questo modo la classe di lingua diverrà un vero e proprio "*spazio di costruzione identitaria per tutti*"[22] rappresentando altresì un punto di partenza per ogni azione didattica volta alla definizione dei bisogni, della motivazione, delle capacità, del *target* formativo. Il *sito educativo* si trasforma così in spazio fisico e insieme metaforico ove il docente elabora percorsi tematici inter e trans-culturali propri di una **didattica plurilingue** e **pluriculturale**: allargamento delle prospettive e degli orizzonti, attivazione delle abilità pregresse, valorizzazione della lingua e delle differenze culturali, gestione dei conflitti e delle alterità, eliminazione di gerarchie linguistiche, scardinamento di pratiche etnocentriche, per approdare infine a una vera e propria "educazione alla cittadinanza attiva".

## 3.7 Didattica delle lingue e intelligenze multiple

Nell'ottica di una riflessione per gli insegnanti che operano o che opereranno in prospettiva pluriculturale è importante rilevare come uno dei tratti della funzione docente sia rappresentata dalla capacità di mediare tra conoscenze, saperi, culture, stili cognitivi, microlingue delle discipline e varietà standard di una lingua. Il compito educativo assume pertanto "*il carattere specifico di mediazione fra le diverse culture di cui sono portatori gli alunni: mediazione non riduttiva degli apporti culturali diversi, bensì animatrice di un continuo, produttivo confronto fra differenti modelli*"[23]. L'insegnante dovrebbe pertanto badare, sia in contesto monolingue, sia in situazione di plurilinguismo, alla difficoltà della lingua utilizzata in classe, controllandone la *comprensibilità*, adattando i sussidi alle reali esigenze formative, adeguando il proprio parlato ai variegati **stili di apprendimento** dei discenti. Soprattutto nella scuola primaria insegnare una lingua straniera implica un'attenzione particolare a come i bambini apprendono: ci sono allievi analitici, riflessivi; altri richiedono stimoli iconici; altri ancora memorizzano tramite l'ascolto. In altri termini, il docente è responsabile della pianificazione di interventi pedagogici mirati che possano condurlo anche a riflettere sull'efficacia della propria azione didattica, che deve essere volta all'acquisizione *in primis* della competenza comunicativa da parte dei bambini. Un primo passo in questa direzione può provenire dall'analisi accurata di alcuni elementi riscontrabili, secondo gradazioni diverse, nei discenti; si tratta ad esempio di verificare l'*attitudine all'apprendimento* delle LS o L2, i

22 Cfr. "*La via italiana per la scuola interculturale e l'integrazione degli alunni stranieri*", MIUR (2007).

23 Cfr. C.M. n. 205/1990.

tratti della personalità e il tipo di motivazione, la tipologia di stili cognitivi, d'apprendimento e di intelligenza. Un secondo passo potrebbe essere la rilevazione sistematica dei comportamenti linguistici degli apprendenti tramite la stesura di una *biografia linguistica* e una registrazione delle *pratiche linguistiche* usate in classe.

Da ultimo va sottolineato che per favorire l'acquisizione linguistica non sono sufficienti, da parte del docente, solo evidenze positive (*input*) ma è necessaria che l'azione didattica preveda anche evidenze negative (*feedback correttivo*).

L'insegnante deve quindi saper identificare le tipologie di intelligenze presenti nella propria classe, onde prevedere attività differenziate per tutti i bambini, in funzione dei vari stili cognitivi e al fine di valorizzare le individualità e favorire l'auto-valutazione.

La teoria delle intelligenze multiple *(Multiple Intelligences Theory - MIT),* elaborata da H. Gardner nel 1983, funge pertanto da supporto al docente che deve affrontare un gruppo classe con abilità miste (*mixed-abilities*). La MIT, sviluppata a fronte di ricerche in campo neurologico effettuate sia su bambini con lesioni celebrali, sia con bambini "prodigio", ha avuto, e continua ad avere, una forte influenza sulla pedagogia e sulla glottodidattica contemporanee. La mente di ognuno, secondo Gardner, non è costituita da un'unica facoltà unitaria ma è la somma di facoltà intellettive interagenti che determinano la compresenza di molteplici intelligenze. Inoltre, la sola, tradizionale teoria sull'intelligenza fondata sui test del quoziente intellettivo (QI) appare troppo limitante, poiché non rispecchia il potenziale umano. Ne consegue che l'apprendimento diviene il prodotto di variegati approcci al medesimo argomento e lo sviluppo della competenza linguistica deriva dall'uso della lingua in differenti contesti comunicativi.

Dal punto di vista pratico, diversi tipi di intelligenza e differenti *stili d'apprendimento* si riflettono nella concreta realtà di classe nell'adozione di *strategie di apprendimento* personalizzate che rappresentano il modo più o meno sistematico con il quale una persona percepisce, struttura cognitivamente, organizza e richiama alla memoria le informazioni e le conoscenze. Individuare i punti deboli e i punti di forza degli allievi, rivolgersi a ciascuno secondo le modalità più congeniali allo scopo di abbassare il filtro affettivo e modulare lo stile d'insegnamento sono tutte scelte educative che possono implementare la didassi e il clima di classe. Un insegnante che programma attività didattiche sulla base della MIT dovrebbe cercare di mantenere sempre un equilibrio tra le diverse abilità possedute dai bambini del gruppo classe. A tal fine si rende necessario enucleare alcune caratteristiche dell'apprendente sulla base di determinati *tipi di intelligenze.*

- Il bambino dotato di predominante *intelligenza linguistica* (**The Word Player**) predilige la comunicazione e costruisce il significato del mondo attraverso il linguaggio e soprattutto attraverso l'uso esteso di elementi paralinguistici, ha facilità ad apprendere tramite l'ascolto e presenta un elevato sviluppo delle abilità mnestiche e una spiccata sensibilità per la fonologia. Verbalizza efficacemente sia in forma orale, sia in forma scritta; presenta sensibilità per la semantica, ossia possiede un modo intuitivo di percepire le regole grammaticali; sa usare la lingua in modo pragmatico e utilizza consapevolmente registri stilistici appropriati alle condizioni narrative del testo. Le attività in lingua adatte per questo tipo di intelligenza sono: giochi di parole (ad esempio: *Hangman, Stop*), creazione di testi e storie, duelli linguistici, *scrambled sentences* da ricostruire, *word grids, memory games.*

> Nell'*intelligenza logico-matematica* (**The Questioner**) si evidenzia una propensione mentale a contare e una capacità di astrarre, di elaborare e di classificare; ogni problema viene analizzato attentamente prima di verificare la soluzione in modo sistematico. Le attività in lingua adatte per questo tipo di intelligenza sono: *problem-solving*, giochi strategici, riordino in sequenze, studio della matematica in lingua (CLIL), uso di modelli matematici per lavorare con le idee, *puzzles.*
> Nell'apprendente con preminente *intelligenza visivo-spaziale* (**The Visualiser**) si denota una forte capacità di desumere informazioni dall'osservazione attenta dell'ambiente circostante e di rappresentare graficamente l'informazione spaziale; egli è in grado di ricreare immagini visive tratte dalla memoria e sintetizza *input* tramite mappe concettuali; ha la capacità di percepire volumi e spazi. Le attività in lingua adatte per questo tipo di intelligenza sono: illustrazioni, *drag and drop, matching* al pc o sulla LIM, creazione di mappe concettuali o diagrammi, *picture dictation,* uso di *flashcards.*
> L'*intelligenza musicale* (**The Music Lover**) è caratterizzata dall'imparare attraverso la melodia, il tono, il timbro e il ritmo, dal comprendere il fraseggio e dall'essere in grado di classificare schemi e strutture legati al linguaggio sonoro. Le attività in lingua adatte per questo tipo di intelligenza sono: *chants*, le canzoni, esercizi *drilling*, individuazione del ritmo delle parole, trasformazione di un testo in una canzone.
> Con lo stile di apprendimento *corporeo-cinestetico* (**The Mover**) l'apprendente ha bisogno di un legame tra l'aspetto concettuale e l'attività pratica che svolge; usa il proprio corpo per creare o per risolvere problemi; abbisogna di toccare oggetti e di essere in movimento; non riesce a concentrarsi se immobile per lungo tempo e necessita di essere coinvolto in varie attività durante le lezioni e di fare pause frequenti. Purtroppo nella scuola questa modalità viene poco considerata e, anzi, è spesso causa di interpretazioni scorrette e diagnosi funzionali errate. Le attività in lingua adatte per questo tipo di intelligenza sono: drammatizzazioni, mimi, *running dictations, role-plays,* creazione di oggetti, *action songs.*
> L'*intelligenza intrapersonale* (**The Loner**) tende molto all'autoanalisi e all'autovalutazione e caratterizza un soggetto che ha cognizione di sé e impara meglio in situazione di indipendenza, seguendo istruzioni modellate su di lui e operando su attività individualizzate. Le attività in lingua adatte per questo tipo di intelligenza sono: risposte personali a problemi, lavori individuali, descrizioni personali.
> L'*intelligenza interpersonale* (**The Socialiser**) caratterizza alunni che mirano alla socializzazione e alla conoscenza dell'altro, discenti che nel processo cognitivo riescono meglio in situazione di cooperazione-collaborazione e attraverso diversità emotive interindividuali. Le attività in lingua adatte per questo tipo di intelligenza sono: *pair-work, team work e peer tutoring.*

- L'*intelligenza naturalistica* (**The Nature Lover**) è tipica di bambini dotati di capacità di comprendere ciò che si incontra nel mondo della natura e di percepire la relazione tra gruppi di oggetti e persone. Le attività in lingua adatte per questo tipo di intelligenza sono: progetti che si svolgono all'aperto o coinvolgono lo studio della natura, osservazione, raccolta, classificazione di materiale proveniente da ambienti naturali, scienze integrate e geografia in inglese (CLIL).
- L'*intelligenza esistenziale* (**The Philosopher**) riguarda sia la capacità di riflettere su questioni fondamentali afferenti tematiche esistenziali sia l'attitudine al ragionamento astratto per categorie concettuali universali. Le attività in lingua adatte per questo tipo di intelligenza sono: presentazione multimediali della propria vita, racconto personale dei cambiamenti fondamentali della propria esistenza tramite video o podcast[24].

Da ultimo, la vera meta educativa si rafforza intorno alla prassi didattica di rendere gli allievi il più possibile in grado di utilizzare un ampio spettro di strategie, pur nei limiti imposti dal loro stile d'apprendimento personale e dallo stile di insegnamento adottato. Solo tramite la continua negoziazione di contenuti e significati si favorisce inoltre lo svilupparsi di competenze linguistiche e interculturali, laddove si consideri il rispetto quale asse portante dello scambio comunicativo sino a farlo includere nella personale *Weltanschauung* degli apprendenti, a completamento della loro identità.

## 3.8 Didattica delle lingue e sussidi multimediali

Il binomio tecnologia e apprendimento delle lingue non è certamente solo frutto dei recentissimi sviluppi dei mezzi multimediali ma ha radici più lontane nel tempo, precisamente negli anni Sessanta-Settanta quando per la prima volta si iniziò ad attribuire nomi alle prassi didattiche multimodali: dapprima CALI (*Computer Assisted Language Instruction*) e poi CALL (*Computer Assisted Language Learning*). Successivamente la didattica adiuvata dal computer - CALL - attraversò diverse fasi: la comportamentista, la comunicativa, sino a giungere alla contemporanea integrativa multimediale (*Integrative CALL: Multimedia*) e alla recentissima MALL (*Mobile Assisted Language Learning*).

La filosofia che funge da sostrato alla didattica integrativa CALL e alla didattica tramite dispositivi mobili MALL, ancora una volta, pone il discente al centro del processo di acquisizione, rendendolo indipendente e in grado di monitorare il proprio apprendimento, personalizzandolo e individualizzandolo, attraverso materiali interattivi. L'aggettivo "multimediale" implica la simultaneità e l'uso combinato di internet, filmati, video, musica, podcast e diapositive che

[24] Inzialmente il modello proposto da H. Gardner in *Frames of Mind. The Theories of Multiple Intelligences* (1983) riconosceva sette intelligenze: 1. *Linguistic intelligence*; 2. *Logical-mathematical intelligence*; 3. *Musical intelligence*; 4. *Bodily-kinesthetic intelligence*; 5. *Spatial intelligence;* 6. *Interpersonal intelligence*; 7. *Intrapersonal intelligence*. A queste intelligenze, nel tempo, se ne aggiunsero altre due: 8. *Naturalist intelligence*; 9. *Existential intelligence*.

riproducono, per l'allievo, un ambiente di apprendimento autentico e un'esposizione alla lingua quasi naturale. Significa anche utilizzare nuovi supporti quali proiettori video, lettori CD e DVD, cellulari smartphone, PDA (*Personal digital assistant*), ipod, palmari, tablet e molto altro ancora. Lo scopo principale dell'utilizzo della tecnologia durante una lezione di lingua è rappresentato dal calare l'apprendente in un ambiente cognitivo il più vicino possibile al *target language* tale da sviluppare competenze linguistico-comunicative in maniera efficace. L'insegnante, con l'aiuto di internet e dei nuovi media, ad esempio, non ha più bisogno di estenuanti *drill* o di *task* ripetitivi per far acquisire una buona pronuncia, ma ha infinite possibilità metodologiche. Egli può infatti portare "la lingua vera, la lingua parlata dai madrelingua" direttamente in classe tramite podcast didattici (*www.a4esl.org/podcasts e www.bbc.co.uk/podcasts*); può far leggere o ascoltare storie (*www.learnenglishkids.britishcouncil.org/en/short-stories*); può far ascoltare suoni, fonemi e la pronuncia corretta (*www.soundsofenglish.org*); può far apprendere il lessico di base tramite supporti video e audio (*www.kindersay.com)*; oppure ha la possibilità di svolgere attività varie in classe (*reading, writing, spelling, grammar: www.bbc.co.uk/cbeebies*), che potranno anche essere svolte dai bambini autonomamente a casa tramite i loro pc o tablet e grazie ai test e alle autocorrezioni. Gli alunni, a loro volta, potranno scaricare applicazioni didattiche sui propri tablet, potranno consultare dizionari illustrati online (*www.enchantedlearning.com* e *www.giraffian.com/dictionary*), potranno leggere e-book in lingua (*www.ebooks-for-all.com*) oppure potranno svolgere gli esercizi interattivi allegati ai propri manuali scolastici[25].

Rispetto al più recente passato, al docente è pertanto oggi richiesta una determinata competenza nell'utilizzo degli strumenti tecnologici (*digital literacy*) al fine di stimolare e indirizzare al meglio il processo di apprendimento[26].

A titolo esemplificativo basti evidenziare come l'uso dei motori di ricerca (*search engine*) dovrebbe essere effettuato dopo aver insegnato ai bambini a navigare in rete in modo sicuro. A seguire, il confronto in remoto, magari con

---

[25] Si ricordi che, ai sensi dell'art. 15 della Legge n. 133/2008, a partire *"dall'anno scolastico 2008-2009, nel rispetto della normativa vigente e fatta salva l'autonomia didattica nell'adozione dei libri di testo nelle scuole di ogni ordine e grado, tenuto conto dell'organizzazione didattica esistente, i competenti organi individuano preferibilmente* ***i libri di testo disponibili, in tutto o in parte, nella rete internet****. Gli studenti accedono ai testi disponibili tramite internet, gratuitamente o dietro pagamento a seconda dei casi previsti dalla normativa vigente"*.

[26] Già nell'ormai trascorso 2001, nella Relazione del Consiglio (Istruzione) al Consiglio europeo n. 5980/EDUC 23 denominata *"Gli obiettivi futuri e concreti dei sistemi di istruzione e di formazione"* si evidenziava che entro la fine del 2002 tutti i docenti avrebbero dovuto conoscere internet e le risorse multimediali poiché gli Stati membri avevano riconosciuto l'importanza di fornire agli insegnanti una buona formazione. L'obiettivo fondamentale risultava essere quello di *"incoraggiare gli individui a sviluppare competenze specifiche per utilizzare le nuove tecnologie nel processo di apprendimento, vale a dire la capacità di selezionare informazioni importanti, analizzarle e successivamente trasformarle in nozioni e competenze"*. Per quanto riguarda i docenti non si trattava meramente di una questione *"di connettività e formazione"*, bensì significava *"fornir loro una scelta di software di qualità elevata per integrare le TIC nella loro pratica quotidiana"*.

bambini stranieri di un altro Paese o di un'altra cultura, potrebbe essere avviato in classe e facilitato dall'insegnante (ad esempio tramite la piattaforma *www.etwinning.net*); l'uso di programmi specifici non dovrebbe essere fine a se stesso ma promosso senza perdere di vista gli obiettivi didattici. Presentazioni in powerpoint, letture sugli e-book, blog di approfondimento con contenuti video o audio, spazi di condivisione come forum, pagine facebook dedicate a una iniziativa didattica o attività di microblogging inserite in un percorso formativo sono tutti esempi di trasmissione della conoscenza e di modalità di interazione abituali degli apprendenti odierni. I mezzi multimediali offrono spesso situazioni comunicative efficaci in quanto la lingua è presentata in un contesto autentico che permette di analizzare, in classe, anche gli elementi paralinguistici e sociolinguistici della comunicazione (modelli linguistici, timbri di voce, differenze tra *American English* e *British English* e via discorrendo) nonché gli aspetti culturali ed extralinguistici (aspetti prossemici e vestemici, distanza sociale, linguaggio deverbale).

Per i *digital native* la scoperta, l'approfondimento e la rielaborazione dei percorsi proposti dal docente sono diventati paradigmi conoscitivi consueti. Per i discenti è pertanto prassi quotidiana fare scoperte tramite i motori di ricerca, confrontarsi in remoto attraverso *social network* e rielaborare creativamente materiali attraverso programmi di grafica, montaggio video o audio.

Il digitale e i suoi tempi sono mobili e differibili: l'interazione allievo-interfaccia digitale favorisce così l'autonomia, l'individualizzazione del compito e l'abbassamento del filtro affettivo. La consapevolezza pedagogica e la metodologia che accompagnano il CALL o il MALL hanno fatto propri i traguardi delle più diffuse teorie sull'apprendimento (comportamentismo, cognitivismo e costruttivismo) e sull'acquisizione delle lingue seconde ma la tecnologia diviene strumento utile solo se il docente è in grado di facilitare "il farsi e il disfarsi della lingua"[27] del discente, attraverso una gestione consapevole che sappia guidare il bambino all'interno dell'ambiente di apprendimento, modificando significativamente i processi cognitivi.

## 3.9 Didattica delle lingue e LIM

Tra i sussidi didattici multimediali più innovativi entrati nelle scuole italiane in questi ultimi anni un ruolo privilegiato è svolto dalla LIM (Lavagna Interattiva Multimediale – *Interactive Whiteboard* – IWB). Il piano di diffusione delle lavagne interattive, avviato dal MIUR nel 2009, ha permesso infatti di distribuire migliaia di LIM nelle aule e nei laboratori linguistici, rendendo tale sussidio strumento tanto indispensabile quanto versatile. La LIM è un elemento didattico rivoluzionario che rende più immediata e naturale la comunicazione multimediale: l'ampia dimensione visivo-tattile sollecitata dal trascinamento delle icone proiettate sulla superficie resistiva coinvolgono gli apprendenti in una percezione sensoriale nuovissima che facilita la vera e propria "immersione"

---

[27] Cfr. R. Jakobson, *Il farsi e il disfarsi del linguaggio*, Einaudi, 1971.

nel percorso formativo, agendo sui diversi sistemi di rappresentazione (VAK – *Visual Auditory Kinesthetic*). Il potenziale della LIM è in vero rappresentato dal suo essere, oltre a un supporto per i processi di insegnamento e apprendimento, un oggetto di mediazione comunicativa e didattica che permette allo studente di imparare, anche con l'aiuto del gruppo-classe, attraverso apprendimenti senso-motori, imperniati su procedimenti che si sviluppano per *tâtonnement* sperimentale e per tentativi ed errori (*trial and error*). Nel progettare un'attività didattica o un modulo in lingua con il supporto della LIM, il docente deve tenere presente alcune idee guida quali:

- la multimedialità deve essere presente in tutte le fasi del processo insegnamento-apprendimento;
- gli argomenti presentati devono essere sempre coerenti e tra loro contigui in quanto sono espressione di una pluralità di codici e di significati;
- le tematiche possono essere segmentate ma tra di loro devono essere connesse;
- l'*input* deve essere ridondante;
- si deve prestare attenzione alla differenze individuali e alla personalizzazione.

In rete esistono numerosi materiali già pronti per la didattizzazione tramite LIM: si tratta solo di adattarli alle esigenze formative dei propri apprendenti. Ad esempio, per attività da svolgere con alunni della scuola primaria si può scaricare materiale da *www.teacherled.com*; per moduli CLIL di geografia-scienze integrate si può consultare il sito *www.education.nationalgeographic.com*; per giochi in arte e matematica in ambito CLIL è utile il sito *www.pbskids.org*; per la scuola primaria e secondaria di primo grado si può consultare il sito *www.topmarks.co.uk/interactive.aspx*; al link: *www.exchange.smarttech.com* si possono effettuare ricerche di UDA in base alla classe e alle discipline; infine tramite *www.scholastic.com/teachers* è possibile trovare moduli adatti a tutti i livelli linguistici.

Come punto di riferimento per qualsiasi modulo in lingua supportato dalla LIM è bene tenere sempre presente e rendere disponibile una metabibliografia come quella visualizzabile al link *www.fredriley.org.uk/call/langsite*, che include dizionari online, siti per l'insegnamento della grammatica e della letteratura, forum docenti e thesaurus. Infine, un ulteriore vantaggio della LIM, anche non esclusivamente durante una lezione di lingua, è dato dalla possibilità di utilizzarla quale strumento compensativo e dispensativo per gli studenti portatori di bisogni educativi speciali (BES - *Special Needs Students*) attraverso, ad esempio, la proiezione di mappe concettuali costruite con il sistema *Cmaptools*; la condivisione di e-book con sintetizzatore vocale; la creazione di campi semantici iconici, l'uso del *tool spotlight* per focalizzare l'attenzione su specifiche aree della LIM; la fruizione di calcolatrici e dizionari online in modo da ridurre gradualmente l'aiuto del docente (*fading*) e per favorire lo sviluppo dell'autonomia e aumentare il senso dell'autoefficacia e dell'autostima del discente[28].

[28] Lo scopo ultimo, come evidenziato dalla legge sugli studenti DSA, è quello di "*assicurare eguali opportunità di sviluppo delle capacità in ambito sociale e professionale*", art. 2, Legge n. 170/2010.

La LIM si rivela uno strumento didattico fondamentale per la diffusione all'interno e all'esterno delle scuola di una cultura educativa attenta alla diversità e in grado di strutturare approcci personalizzati per tutti gli allievi, instillando nelle famiglie atteggiamenti positivi e di fiducia e migliorando, nel contempo, le conoscenze, capacità e competenze degli insegnanti tutti.

La sfida per il futuro prossimo consiste nel garantire che scuole e centri di formazione possano disporre sempre più di risorse multimediali di qualità, per l'apprendimento delle lingue straniere e per l'arricchimento culturale dell'individuo.

## 3.10 Didattica delle lingue e formazione a distanza

Negli ultimi anni lo scenario pedagogico-educativo ha raccolto e capitalizzato le numerose opportunità offerte dalle nuove tecnologie. In particolare, i principi di collaborazione e interazione propri dei nuovi media hanno dato vita a modelli di apprendimento e insegnamento a distanza (*e-learning*) in cui alla progettazione e trasmissione dei contenuti è affiancata un'esperienza significativa di confronto in rete, possibile grazie a piattaforme tecnologiche sviluppate all'uopo (*Docebo, Moodle, Blackboard, Wimba*). Un esempio interessante ai fini della nostra trattazione è rappresentato dalla piattaforma "Puntoedu Formazione linguistica" (*www.indire.it*), messa a disposizione da INDIRE (ex-ANSAS) per la formazione dei docenti della scuola primaria privi dei requisiti per insegnare inglese. Essa si basa su principi cardine quali la centralità dell'apprendente, la valorizzazione del sapere esperto dei docenti, l'utilizzo della didattica laboratoriale e di metodologie partecipate. Per lo sviluppo delle competenze linguistico-comunicative le attività formative si svolgono sia in presenza, sia *online* con una modalità di *e-learning* integrato. Numerosi sono i materiali linguistici e metodologici scaricabili e consultabili tramite diversi link (ad esempio: *www.ild.rai.it* e *sviluppo.indire.it/area_bambini/inglese/toyland.htm*) e che accompagnano i docenti nella riflessione sul processo formativo e nella preparazione delle lezioni. Due sono invece le aree di formazione: una linguistica-comunicativa e l'altra metodologica.

È evidente come la scelta di strumenti tecnologici per formare a livello nazionale i docenti abbia un risvolto didattico non indifferente sugli allievi che saranno a loro volta istruiti da quegli stessi docenti, e sia responsabile, in gran parte, del successo di queste azioni *blended*, capaci cioè di integrare apprendimento in aula e interazione in ambienti virtuali. Una piattaforma di *e-learning* deve garantire l'efficacia e la semplicità di gestione dell'intero processo formativo: permettere ai formatori di progettare e creare i contenuti, consentire la trasmissione degli stessi ai discenti, favorire il monitoraggio dei tutor e facilitare la valutazione delle competenze acquisite (*assessment*) nonché dell'intero percorso formativo (*evaluation*).

Gli strumenti multimediali sono efficaci per l'apprendimento sia per gli adulti, sia per i bambini in quanto influenzano la motivazione e la rinforzano, stimolando i sensi a più livelli in modo sinestetico, così come evidenziato dalle teorie dell'apprendimento multimediale[29].

Più che un "deposito" di materiali *online*, la piattaforma di *e-learning* è quindi un vero e proprio ambiente di apprendimento ove ogni momento del processo formativo è supportato dalla tecnologia: sistemi di *instant messaging* (IM o chat), aree di confronto (forum), aree per la collaborazione creativa (wiki e blog), aree per lezioni in sincrono, software per la condivisione di documenti e strumenti integrati come videocamere e microfoni aiutano l'interazione tra formatore e corsisti e tra i corsisti stessi; *repository* di contenuti testuali, video e audio supportano invece lo studio individuale. Non ultimo, il formato standard internazionale di una piattaforma di *e-learning* (SCORM) assicura l'adeguamento metodologico e didattico e lo scambio di contenuti fra enti formativi diversi (università, centri di ricerca, scuole). L'interfaccia *user-friendly* garantisce infine l'utilizzo, la fruibilità e l'apprendimento eliminando il senso di frustrazione che spesso una piattaforma poco usabile ingenera negli apprendenti.

Dal punto di vista della reperibilità sul mercato, è utile ricordare che accanto alle proposte commerciali sviluppate da *software house* esistono piattaforme *open-source*, cioè accessibili gratuitamente a tutti e con codice libero e modificabile. Quest'ultima caratteristica è di particolare interesse per università e scuole perché consente di adattare e personalizzare la piattaforma in vista della sperimentazione di nuovi modelli di apprendimento e formazione.

È bene ricordare che la scelta della piattaforma di *e-learning* dovrebbe privilegiare *in primis* i bisogni formativi degli apprendenti e, nel contempo, soddisfare le specificità metodologiche dell'area disciplinare oggetto dell'intervento formativo. I docenti, nel fondere la propria azione didattica in presenza a una didassi *online*, dovranno tenere presente che ciò non significa trasferire in digitale materiali cartacei già pensati e sperimentati; tale prassi metodologica richiede, invece, l'adozione di un punto di vista completamente nuovo e per molti versi affascinante. Costruire un percorso di apprendimento ricco di stimoli e in grado di sfruttare le capacità uniche dell'ambiente di *e-learning* è una sfida per ogni insegnante, di prima esperienza o con alle spalle una consolidata attività formativa. Ancor più che in un'aula di scuola, la classe virtuale pone al centro dell'azione formativa la capacità collaborativa e di interazione sia del docente, sia degli allievi. In più, l'ambiente virtuale chiede all'insegnante di ripensare il rapporto non solo tra alunni e contenuto ma anche fra questi e il "contenitore", per creare connessioni significative, personali e dunque efficaci cognitivamente. Il modello lineare di trasmissio-

[29] La più nota tra queste è la *Dual Code Theory* (DCT) di Allan Paivio (1986). In base alla teoria della doppia codifica esistono due sistemi per l'elaborazione delle informazioni: uno verbale (linguaggio) e uno non-verbale (immagini). Secondo Paivio le figure si ricordano meglio non tanto per una maggiore potenza della codifica immaginativa ma perché nella elaborazione delle immagini si attiva un duplice codice (verbale e immaginativo) e l'*item* viene codificato due volte. Infatti, le parole concrete legate a immagini si ricordano più facilmente dei lemmi astratti.

ne del sapere è sostituito da un modello reticolare, di matrice collaborativa, che sollecita la costruzione di percorsi di apprendimento. L'insegnante è ora chiamato a esplorare, gestire e proporre contemporaneamente immagini e testi, tracce audio e filmati all'interno di un percorso formativo flessibile e personalizzabile.

Gli studi e le sperimentazioni indicano quindi nell'approccio socio-costruttivista la matrice ideale per un corso *blended* di lingua inglese che porti anche alla progettazione e alla creazione di "oggetti didattici" (LO – *Learning Objects*) facilmente caricabili, in un secondo momento, sul sito della scuola per la massima accessibilità, condivisione e fruibilità.

In ultima analisi, tutto il percorso di apprendimento è centrato sui tempi, modi e interessi del discente (*learner centred*) tramite un modello di comunicazione a due vie da cui traggono beneficio sia i docenti, sia gli allievi e che tiene sicuramente conto delle competenze di cittadinanza europee, in quanto sviluppa negli studenti le capacità di interagire in gruppo rispettando i diversi punti di vista, valorizzando le proprie e le altrui capacità, gestendo la conflittualità, favorendo l'apprendimento comune e lo sviluppo di attività collettive, nel riconoscimento dei diritti fondamentali degli altri.

## 3.11 Sitografia ragionata

Lungi dal voler essere un elenco esaustivo di siti, portali e link afferenti la didattica della lingua inglese nella scuola primaria, la seguente sitografia ragionata si pone quale strumento utile per avere semplici suggerimenti, per la ricerca di materiale e risorse, per l'approfondimento di tematiche, per l'aggiornamento professionale e per un primo accompagnamento del docente nella preparazione di UDA e di moduli didattici.

- *www.education-world.com*
- *www.primaryresources.co.uk*
- *www.primarylanguages.org.uk/resources.aspx*
  Siti in lingua inglese con numerose proposte didattiche per docenti del primo e del secondo ciclo di istruzione.
- *www.ild.rai.it*
  Sito specifico per docenti della primaria: vi si accede con password. Vi si possono trovare *script*, materiale didattico, giochi e attività da svolgere in classe.
- *www.learnenglishkids.britishcouncil.org/en/*
  Sito del *British Council* per l'apprendimento della lingua inglese a misura di bambino.
- *www.education.gov.uk/schools/teachingandlearning/curriculum/primary*
  Sottolink del sito del Ministero dell'Istruzione inglese (*Department for Education*) con indicazioni delle discipline comprese nel curricolo di scuola primaria.

> *www.sviluppo.indire.it/area_bambini/inglese/toyland.html*
Sito istituzionale dedicato ai bambini e all'apprendimento della lingua inglese tramite giochi ambientati in un paese dei balocchi.

> *www.funbrain.com*
Sito con numerosissime proposte di giochi per diverse discipline: geografia, arte e immagine, matematica... . Per docenti della scuola dell'infanzia e della primaria.

> *www.bbc.co.uk/schools/primary/history/famous people*
Sottolink del sito della BBC dedicato all'apprendimento della storia e della civiltà di vari popoli attraverso la vita di alcuni personaggi famosi (fornisce materiale didattico per attività sul lessico, di ascolto e altre attività ludiche).

> *www.bbc.co.uk/cbeebies*
Sottolink del sito della BBC dedicato a giochi, canzoni, video, storie, disegni per la scuola primaria.

> *www.perpetualpreschool.com/preschool_themes*
Sito dedicato a risorse per docenti della scuola dell'infanzia e della primaria; propone giochi, canzoni e musica, istruzioni per attività ludiche e manuali.

> *www.pclandia.it*
Sito che fornisce materiale didattico specifico per docenti della scuola primaria (esperienze, giochi, suggerimenti operativi...).

> *www.english-to-go.com*
Sito che fornisce materiale didattico (*lesson plan, worksheet*).

> *www.onestopenglish.com*
Sito con numerose risorse per lo sviluppo delle abilità linguistiche.

> *www.bancadelleemozioni.it/inglese/inglese01.html*
Sito per imparare a scrivere in lingua attraverso tavole dinamiche.

> *www.1-language.com*
> *www.discoveryeducation.com/free-puzzlemaker/*
> *www.kidscom.com*
Siti ricchi di giochi linguistici per lo sviluppo del lessico.

> *www.vocabulary.co.il/idioms/idioms-game-slang-game/*
Sito che presenta selezioni di giochi di parole (in *flash*) utili per l'approccio lessicale.

> *www.kids-pages.com/folders/flashcards*
Sito per docenti della scuola primaria e secondaria di primo grado, con ampia selezione di idee per la costruzione di *flashcard*, suddivise per argomenti grammaticali, lessicali e fonetici.

> *www.learningchocolate.com*
Sito specifico per l'apprendimento dei lemmi, tramite associazione vocabolo-immagine, suono-immagine, suono-vocaboli. Utile anche per bambini con DSA.

- *www.kindersay.com*
  Sito specifico per l'approccio lessicale con il supporto audio-video
- *www.soundofenglish.org*
- *www.jollylearning.co.uk*
  Siti dedicati alla fonetica: esercizi per migliorare la pronuncia e anche per adottare il metodo *jolly phonics.*
- *www.funsongs.co.uk*
  Sito specifico per la didattica ludica: numerosi sono i pacchetti di *Action songs* scaricabili con relativi campi semantici.
- *www.apples4theteacher.com/songs-dances*
  Sito per docenti della scuola primaria, con ampia scelta di canzoni e suggerimenti per danze, suddivise per tema.
- *www.englishexercises.org/makeagame/viewgame*
  Sito dedicato all'apprendimento dell'inglese attraverso il gioco e la drammatizzazione.
- *www.magickeys.com/books*
  Sito che contiene oltre 33 storie illustrate per bambini di tutte le fasce d'età.
- *www.songsforteaching.com*
  Sito che presenta selezione di canzoni per un approccio creativo e divertente.
- *www.jarmies.com*
  Sito interattivo per l'apprendimento lessicale in compagnia di Jarmies, personaggio fittizio del canale JimJam di Sky.
- *www.kids-pages.com/folders/flashcards*
  Sito per docenti della scuola primaria e secondaria di primo grado, con ampia selezione di idee per la costruzione di *flashcard,* suddivise per argomenti grammaticali, lessicali e fonetici.
- *www.multilingualliving.com*
  Sito dedicato al bilinguismo e all'apprendimento bilingue.
- *www.onelook.com*
- *www.giraffian.com/dictionary*
- *www.enchantedlearning.com*
  Dizionari online e illustrati corredati di attività specifiche per bambini e adolescenti.
- *www.a4esl.org/podcasts*
- *www.bbc.co.uk/podcasts*
  Siti dedicati a podcast didattici per numerose attività da svolgere in classe.
- *www.ebooks-for-all.com*
  Sito per scaricare e-book in lingua straniera.

- *www.writeboard.com*
  Sito che permette di creare una lavagna condivisa utile, in particolare, per la scrittura collaborativa.
- *www.pimpampum.net/bubblr*
  Sito per la creazioni di fumetti online, permette di selezionare immagini e di abbinarle a *speechbubble*.
- *www.halfbakedsoftware.com*
  Sito per scaricare "Hot Potatoes", strumento utile per creare quiz interattivi.
- *www.teacherled.com*
- *www.education.nationalgeographic.com*
- *www.ase.org.uk/resources/primary-upd8/*
  Siti utili per eleborare moduli CLIL di geografia e scienze.
- *www.education.nationalgeographic.com/*
- *www.topmarks.co.uk/interactive.aspx.*
- *www.exchange.smarttech.com*
- *www.scholastic.com/teachers*
  Siti che permettono di effettuare ricerche di UDA in base alla classe, al livello linguistico e alle discipline.
- *www.piccolimatematici.it*
- *www.ddrivoli.it/PORTOMATE/giochi-di-matematica.htm*
- *www.funnymathforkids.com*
- *www.coolmath4kids.com*
- *www.bbc.co.uk/bitesize/ks2/maths*
- *www.pbskids.org*
  Siti specifici per l'apprendimento della matematica nella scuola primaria: ampia gamma di risorse per docenti e per alunni.
- *http://learningideasgradesk-8.blogspot.it/2011/09/geometry-2-d-shapes*
  Sito specifico per l'apprendimento della geometria tramite immagini, canzoni e video. Da consultare anche i numerosi link.
- *www.clilcompendium.com*
  Sito in inglese per l'approfondimento della metodologia CLIL
- *www.fredriley.org.uk/call/langsite*
- *www.eslgold.com*
  Aggregatori utilissimi per la ricerca e per la redazione della metabibliografia.
- *www.tefl.com*
- *www.english-forum.com*
- *www.sitesforteachers.com*
  Siti per l'aggiornamento professionale e per il confronto con altri docenti.

- *www.coe.int/t/DG4-Portfolio/documents/Framework*
  Sito ufficiale CoE ove reperire il testo completo del Quadro Comune Europeo di Riferimento in tutte le lingue comunitarie.
- *www.europa.eu.int/DG4/education*
  Sito ufficiale UE con descrizione e istruzioni per la partecipazione ai programmi d'azione europei.
- *www.culture.coe.int/portfolio*
  Sito ufficiale CoE con la descrizione del Portfolio e delle sue finalità.
- *www.coe.int/t/dg4/education/elp*
  Sito ufficiale CoE contenente tutti i modelli di Portfolio validati.
- *www.eaquals.org*
  Sito ufficiale EAQUALS: *European Association for Quality Language Services.*
- *www.alte.org*
  Sito ufficiale ALTE: *Association of Language Testers in Europe.*

# 4 Capitolo Quarto
# Esempi di UDA per la scuola primaria

## 4.1 Programmare UDA secondo le linee guida del QCER

Tutti i docenti della scuola primaria, essendo abituati a lavorare in team, sono in grado di programmare una unità di apprendimento. Ci sono momenti nel loro orario settimanale dedicato alla programmazione, quindi molte osservazioni che seguiranno risulteranno superflue o una conferma al loro operato. Tuttavia la programmazione di una UDA per l'apprendimento della lingua straniera e, nella fattispecie della lingua inglese nella scuola primaria, presenta aspetti che è bene mettere a fuoco con la massima chiarezza possibile. Presenta difficoltà in quanto si tratta di un'attività di recente introduzione; inoltre per apprendere una LS occorre mettere in campo strategie più complesse di quanto richieda l'uso della lingua materna. In particolare si ricorda ai docenti che la programmazione deve essere coerente con le linee guida del QCER, che riassumiamo qui di seguito.

> Considerare la *situazione di partenza* degli alunni dal punto di vista dei contenuti (Cosa già conoscono gli alunni? Cosa sanno già fare? Concetto di sapere e saper fare) e tenendo conto di altri fattori quali i dati oggettivi (da quanto tempo gli alunni studiano la lingua, in quali contesti hanno appreso la lingua), gli stili di apprendimento (rispettare una pluralità di stili per non mettere in difficoltà nessun alunno), la motivazione e gli interessi, le loro preferenze nel modo di lavorare, le difficoltà relazionali.
> Focalizzare *il livello di arrivo* (quali conoscenze, abilità e competenze si intende sviluppare).
> Formulare *obiettivi raggiungibili* e declinarli con opportuni *descrittori* controllando che siano congruenti con il livello di riferimento del QCER.
> Predisporre una scelta di *contenuti* consoni alla preparazione pregressa degli alunni (legati alle materie di studio e atti a stimolare interesse e suscitare curiosità, riferibili al dominio personale - famiglia, scuola, amicizie, sport) e debitamente *contestualizzati*.
> Prevedere un margine di *flessibilità* nell'organizzazione complessiva del lavoro, nei contenuti e negli obiettivi da raggiungere.
> Valutare gli *strumenti* e la *tecnologia* di cui si può disporre.
> Predisporre materiale di *monitoraggio* (griglie di osservazione, questionari).

- Definire degli strumenti di *valutazione* prevedendo, quando possibile, momenti di *autovalutazione* e *co-valutazione*.
- Prevedere momenti condivisi di *feedback*.

Le UDA che proponiamo ora sono meramente e volutamente esemplificative, poiché si fa riferimento a ipotetiche classi e a livelli di preparazione nella media. Ogni docente deve aver presente la realtà in cui opera e fare riferimento, in ogni passaggio dell'attività didattica, ai propri alunni e al loro massimo coinvolgimento. L'unità di apprendimento deve essere rivolta al destinatario e deve rispondere ai suoi bisogni formativi. Sebbene nella scuola primaria il docente abbia un ruolo ancora predominante, egli non deve mettere al centro le sue motivazioni e i suoi interessi, ma quelli dei bambini, che, anche se necessitano di essere opportunamente indirizzati, devono sentirsi partecipi e attivamente coinvolti nel lavoro scolastico.

Speriamo che i lettori possano prendere qualche spunto per il loro lavoro quotidiano e rimodellarlo per dare concretezza, significatività ed efficacia alla loro didattica.

## 4.2 Conosciamo meglio le popolazioni indigene del Nord America

Questa UDA è stata pensata per alunni delle classi terminali della scuola primaria (5ª), come attività CLIL, in cui possono intervenire più docenti. Poiché tutti i docenti della scuola primaria, qualunque disciplina o gruppo di discipline insegnino, sono stati formati alla conoscenza della lingua inglese per scopi didattici, si può ipotizzare con buona approssimazione che più docenti possano partecipare per veicolare conoscenze relative alle materie di insegnamento e per rafforzare abilità comunicative usando la lingua straniera. Perché è stato scelto proprio questo tema? Tutti i bambini, fin dall'età pre-scolare, conoscono le vicende dei "pellerossa", per aver visto film, più o meno aderenti alla realtà, sanno della loro lotta contro l'uomo bianco, quasi sempre vincente, per aver letto fumetti o libri, come i classici di J.F. Cooper; tuttavia molti hanno una conoscenza vaga circa la loro provenienza, i loro usi e costumi e loro vere relazioni con i bianchi. I testi di storia si concentrano sui popoli e sulle civiltà fiorite nel Mediterraneo o nell'Asia Minore, ma raramente si occupano delle civiltà sviluppatesi negli altri continenti. Indagare su altri mondi porta ad allargare le vedute dei bambini e nella fattispecie ad approfondire una civiltà legata alla lingua straniera oggetto di studio. Partendo da storia allarghiamo il panorama coinvolgendo inglese, educazione linguistica, drammatizzazione, musica, possibilmente geografia e scienze, informatica, comunicando in lingua madre e il più possibile nella lingua straniera.

**Insegnamenti coinvolti**[1]: inglese, educazione linguistica, storia, educazione motoria, musica, arte e immagine, scienze, geografia, informatica.

**Situazione di partenza**: gli alunni hanno già acquisito, a più livelli:

- capacità di studio e di esposizione di nozioni storiche, di civiltà, di geografia e così via, quindi sono in grado di comprendere un semplice testo descrittivo, narrativo, informativo e riflessivo;
- capacità di redigere una breve relazione su un tema noto e sono stati introdotti alla scrittura creativa;
- per quanto riguarda la lingua inglese:
  - sono in grado di riconoscere espressioni di uso frequente relative alla sfera personale e dei loro interessi (A1)/capiscono semplici espressioni o frasi che contengono lessico noto e relativo alla sfera personale (A1+/A2[2]);
  - sanno leggere e capire frasi molto semplici se si usa un lessico noto o se il testo è supportato da immagini (A1)/sanno leggere e comprendere brevi testi se si usano semplici strutture; sanno capire il significato globale di un testo con lessico nuovo o sanno inferire le informazioni o il significato dal contesto, per analogia con conoscenze pregresse o dalle immagini (A1+/A2);
  - sono in grado di interagire in semplicissime conversazioni rispondendo a domande precise (A1+);
  - sono in grado di esporre semplici frasi descrittive (A1)/sono in grado di esporre informazioni relative a un tema e descrivere fatti, persone, luoghi anche se talora necessitano dell'aiuto del docente (A1+/A2);
  - sono in grado di scrivere brevi frasi significative (A1)/sanno scrivere un breve testo per narrare, descrivere ed esprimere le proprie impressioni o i propri sentimenti (A1+/A2);
  - conoscono e sanno usare il tempo presente e passato del verbo *to be*, *to have*, dei verbi regolari, il verbo *can*, *there is/there are*, il plurale dei sostantivi (+ *s*), *Wh- questions*, *I like/I don't like;*
  - conoscono il lessico di base relativo alle persone, alla famiglia, i nomi di alcuni animali, cibi, mezzi di trasporto;
  - conoscono il *classroom language* e i comandi utili per interagire in classe in lingua[3].

---

[1] Parliamo di insegnamenti e non di docenti, poiché più materie possono essere di competenza di uno stesso docente.

[2] A1 indica il livello minimo e A1+/A2 il livello da consolidare o da raggiungere (per chi parte da A1). Si pensi ad esempio alle scuole primarie ove è attiva la sperimentazione *Bilingual Education Italy* (B.E.I).

[3] Per aiutare i docenti a gestire la classe in una situazione reale si forniscono esempi di *classroom language*, indicati nel testo con l'abbreviazione CL. Un elenco di comandi utili è reperibile nel paragrafo 5.1.

**Obiettivi:**
- conoscere una civiltà nuova, attraverso il suo sviluppo storico, usanze e costumi, attività economiche, rapporti con altre popolazioni (storia);
- confrontare il passato e il presente (storia);
- saper esporre oralmente le informazioni salienti (ed. linguistica);
- saper scrivere un beve testo descrivendo, narrando ed esponendo le proprie sensazioni (ed. linguistica);
- saper leggere un breve testo in lingua (inglese);
- saper trovare informazioni online (se gli alunni sanno usare Internet) (informatica e inglese);
- arricchire il lessico nella lingua straniera (animali, case, abbigliamento, descrizione fisica, termini geografici) (inglese);
- confrontare il proprio ambiente con quello della civiltà oggetto di indagine (geografia/inglese/scienze)[4];
- saper creare una storia inerente al tema, con semplici fumetti in lingua straniera (ed. linguistica/inglese);
- saper creare una storia inerente al tema scelto, creare una semplice scenografia con un programma di immagini, recitarla in lingua (ed. linguistica /informatica, inglese).

**Materiali e contenuti**: predisporre una serie di testi (scritti, siti Internet per bambini, filmati o video-clip di breve durata...) in quantità superiore a quelli che si prevede di usare, per poter assicurare la flessibilità necessaria (scartare quelli troppo banali o difficili, sostituirli con altro materiale più rispondente alla curiosità e all'interesse dei bambini, rimpiazzarli o integrarli con materiale immediatamente reperibile in caso di mancato funzionamento dei mezzi tecnologici, per evitare inutili attese e non deludere le aspettative dei bambini. Prevedere materiale che deve essere prodotto dagli alunni).

**Strumenti e tecnologia informatica**: stilare un elenco di quello che serve e assicurarsi di averlo a disposizione al momento dell'uso.

**Monitoraggio**: indispensabile adottare griglie di osservazione delle reazioni dei bambini nel corso delle attività. Tali griglie sono necessarie per verificare che l'attività sia gradita e susciti interesse nei bambini, che essi non siano disorientati di fronte a richieste che non capiscono o che vanno oltre le loro capacità, che tutti possano partecipare secondo le proprie attitudini e le proprie abilità, evitando di suscitare frustrazioni e isolamento negli alunni più fragili. Le voci delle schede devono fornire al/i docente/i indicazioni per la fase di *feedback*, in cui si dovrà riflettere sull'efficacia dell'intervento educativo.

**Valutazione**: chiarire se l'UDA serve per una valutazione formale o come

[4] Questo obiettivo potrebbe far parte di una ulteriore UDA, collegata alla presente, come espansione o *follow-up*. Potrebbe altresì rappresentare un raccordo, in un'ottica di verticalizzazione del curricolo, con il primo anno della scuola secondaria di primo grado, magari tramite l'assegnazione, come lettura estiva, del testo di. J.F. Cooper, *The Last of Mohicans* in italiano e in inglese (versione facilitata, livello A2).

momento di crescita. Sebbene gli utenti siano molto giovani, non è escluso che in una classe quinta gli alunni siano in grado di auto-valutarsi e di esprimere le loro impressioni sulla propria performance, anche se sotto la guida del docente. Come auspica il QCER, eventuali errori o debolezze non vanno penalizzati, ma usati con sapienza per far intravedere agli alunni la possibilità di migliorare in future prove e per spronarli a correggere le imperfezioni.

***Feedback***: prevedere un momento di riflessione comune docente/i e alunni. Si rafforzi l'autostima degli alunni, sottolineando i pregi senza trascurare di evidenziare eventuali difetti, impegnandosi a una maggiore attenzione in futuro.

Il seguente schema illustra a grandi linee il piano di lavoro generale e le discipline coinvolte.

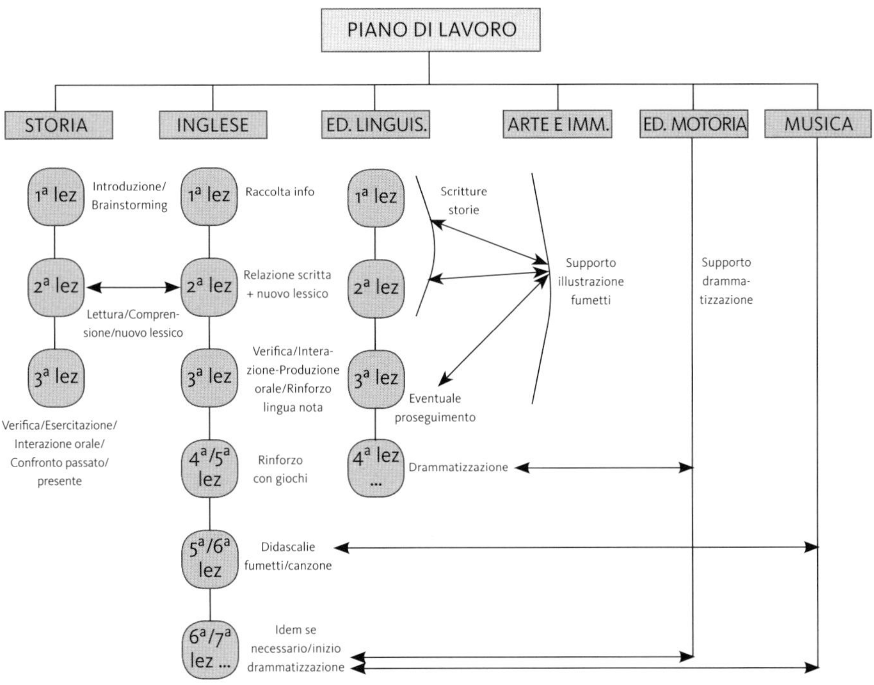


Eventuali verifiche + Monitoraggio + Valutazione + Feedback

## PRE-TEACHING
# 1ª LEZIONE DI STORIA

Nella sezione "Storia" del testo in adozione, dopo alcuni capitoli dedicati alle civiltà mediterranee e del vicino Oriente, l'autore guida gli alunni a chiedersi cosa stesse succedendo nel resto del mondo nello stesso periodo e in un breve paragrafo si legge: "Nel Nord America, fra le Montagne Rocciose e il fiume Mississippi, abitavano tribù delle pianure che cacciavano i bisonti. Con le pelli di questi animali fabbricavano tende e indumenti. Inoltre, praticavano l'agricoltura, anche se a livello molto rudimentale"[5]. L'insegnante chiede agli alunni di trovare il Nord America sulla cartina, sul libro o chiede a un alunno di trovarlo sull'atlante di classe e di indicarlo ai compagni, in modo che comincino ad orientarsi (25'). Quindi chiede agli alunni se conoscono il nome delle popolazioni che abitavano in quel vasto territorio. Alcuni non sapranno rispondere, qualcuno dirà "gli americani", altri, guardando l'immagine di una tenda a fianco del testo, diranno "gli indiani".

A questo punto l'insegnante chiederà loro di dire cosa sanno degli indiani e dal *brainstorming* si raccoglieranno diverse informazioni che verranno raccolte in una tabella come la seguente.

| | VERO | FALSO | NON SO |
|---|---|---|---|
| Non sono gli indiani, gli indiani vivono in India | sì | | |
| Anche in America si chiamano indiani | sì | no | ✓ |
| Si chiamano "pellerossa" | non tutti | no | |
| Vivono in tende | | | ✓ |
| Sono cattivi e uccidono gli uomini bianchi | sì | no | |
| Sono i bianchi che li uccidono | qualche volta | no, sono gli indiani che li attaccano | |
| Rubano i cavalli | sì | | ✓ |
| Sono cacciatori | sì | | |
| Sono agricoltori | | non sanno coltivare, è scritto anche sul libro | |
| Le donne hanno i vestiti di pelle di animali | | | ✓ |
| Gli uomini hanno i capelli lunghi e hanno una specie di corona con penne di uccelli | | | |
| ........................................................................ | ..................... | ..................... | ..................... |

L'insegnante dice che alcune affermazioni sono vere, altre solo parzialmente vere. C'è un po'di confusione e tutti vogliono raccontare i film che hanno visto o le storie che hanno letto (25').

L'insegnante chiede se sono interessati ad approfondire l'argomento anche in inglese. La risposta è affermativa, perché si tratta di qualcosa che già conoscono e che non percepiscono come un compito scolastico (10').

[5] Tratto da: *Sussidiario*, Cetem, vol. 4.

# 1ª LEZIONE DI INGLESE

**Attività 1:** In laboratorio gli alunni si siedono alle loro postazioni e l'insegnante ordina loro in lingua di ricercare in Internet il sito: bbc.co.uk/schools/primary/history/famous people/Pocahontas.
(*"Please, children, click on the browser and type the site you read/see on the blackboard"*)

> È un'occasione per rinfrescare lo *spelling* e l'alfabeto e per ricordare il linguaggio usato al computer (*dot/slash/to browse/to google...*). Per assicurarsi che tutti abbiano capito l'insegnante scrive alla lavagna l'indirizzo, lo ripete ad alta voce e lo fa ripetere a qualche alunno. Quando tutti sono collegati, l'insegnante assegna i compiti: un gruppo si studenti si occuperà di raccogliere informazioni utili nella parte: *FUN FACTS.* Altri piccoli gruppi si occuperanno di raccogliere informazioni dalla sezione: *LIFE IN AN INDIAN VILLAGE.*

È necessario l'intervento dell'insegnante per semplificare e suggerire le informazioni utili.

Nel caso in cui la classe non sappia usare adeguatamente Internet, l'insegnante collega tutti i computer e sarà il docente a gestire i passaggi, a leggere e a soffermarsi sulle parti che interessano(60').

# 2ª LEZIONE DI INGLESE

**Attività 1:** L'insegnante aiuta gli alunni dei gruppi a scrivere un breve e semplice brano con le informazioni raccolte, come segue, e pregandoli di evidenziare le parole nuove (60').

| |
|---|
| **a)** ***Native Americans*** *covered their body with* ***bear grease****, to keep cool in summer and warm in winter. Native American farmers put* ***dead fish*** *in the* ***soil,*** *to make* ***corn*** *grow better. On lakes and rivers Native Americans* ***paddled canoes*** *made from* ***birch trees.*** |
| **b)** *Pocahontas was a Native American. She was like a princess. Her father was the leader of a* **tribe.** *Her people were* **hunters** *and farmers. They hunted* **deer** *for food in the forests. They fished in rivers and lakes. Pocahontas lived in a 'long house' made of wood and bark. Inside was a fire in the middle of the floor. An Indian village had several houses, with a fence around them all. Pocahontas and her friends played in the village and in the forest. Boys learned to hunt with* ***spears*** *or* ***bows*** *and* ***arrows****. Girls learned to cook, make baskets, and make clothes from* ***animal skins****.* |
| **c)** *Native Americans are sometimes called "American Indians". When Christopher Columbus first* **sailed** *to America in 1492, he called the people he met 'Indians' because he believed he was in 'the Indies' in Asia.* |
| **d)** ................................................................... |

Prima della lezione l'insegnante avrà preparato una scheda con le nuove parole, da distribuire in copia a ogni allievo (l'immagine sostituisce la traduzione).

**NEW WORDS**

Native Americans

bear grease

dead fish

soil

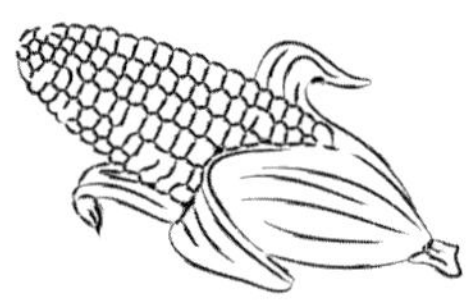
corn

to paddle a canoe

birch tree

tribe

hunters

deer

spear

bow and arrow

animal skin

to sail

## 3ª LEZIONE DI INGLESE

**Attività 1:** Come prima attività l'insegnante verifica se gli alunni hanno memorizzato il nuovo lessico con un esercizio di riempimento (vi sono parole nuove e alcune che già dovrebbero conoscere).

*Fill in with the missing words* (circa 25').

**FILL IN WITH THE MISSING WORDS**

.............................................  *live in North America between the Rocky*

................  *and the Mississippi* .............  .

*They live in* ...........  *and they are farmers and grow* ............. 

*They are also* .....................  *and hunt* ............................ 

*They use* ......................... *and* .........................  *to hunt.*

*They* ........................... *a* ........................... .  .

*Their* .....................  *are made from* .....................  .

**Attività 2:** Dopo la verifica in comune, segue un'esercitazione di lettura, come consolidamento della corretta pronuncia e del ritmo della frase. Gli alunni intervengono per correggere e suggerire (circa 15').

**Attività 3:** Segue un'esercitazione di *Spoken Interaction*, prima fra l'insegnante e un alunno, in modo che tutti capiscano la consegna, poi tra alunno e alunno. Si possono scegliere diverse modalità: a coppie, con il compagno di banco o vicino, con gli alunni che possono girare fra i banchi scegliendo liberamente chi coinvolgere, oppure organizzando una gara fra due squadre (20').

Teacher: "*Where do the Native Americans live?*"
Pupil 1: "*In North America*"
T: " *Where exactly?*"
P1 or another P: *"Between the Mountains and the river".*
T: " *What's the name of the river?*"
P1: *"Rocky river".*
T: *"Are you sure? Is that true? Who knows?"*
P2: *"It isn't the Rocky river. It's the Mississippi"*
T: *"Good ! They live between the Mississippi river and the ...................... Mountains".*
Ps: *"Rocky, Rocky Mountains".*
T: "*Well done! Let's say that again: They live ........................ ".*
Ps: (repeat)
T: *"Let's go on: how do they travel?"*
P3: *"They go by boat".*
T.: *"Do you know the name of the boat?"*
P4: *"I know. A canoe".*
Ecc.

L'insegnante propone una semplice conversazione autentica, non ripetitiva e meccanica, cercando di recuperare vocaboli e strutture che già conoscono, come le *Wh- question words, classroom language* già noto, in modo che gli alunni imparino a parlare con scioltezza in contesti significativi.

# 2ª LEZIONE DI STORIA

**Attività 1:** L'insegnante (se è il medesimo continua il suo percorso; se è un collega, prima della lezione, in sede di programmazione, i due docenti avranno concordato il percorso da seguire) chiede agli alunni di esporre in lingua quello che hanno imparato a proposito delle popolazioni autoctone americane. Quindi presenta (al computer o sulla LIM) un testo in inglese con ulteriori informazioni sugli Indiani e il loro rapporto con i coloni bianchi (60') e ne distribuisce una copia agli alunni.

The Native Americans are an important part of the culture of the United States. They lived there for centuries, today there are not many of them. Once, the Native Americans were well fed, happy and their life in villages was simple but organized in tribes. The men were hunters, farmers and warriors while the women looked after the children, their homes, and farmed. In some tribes, the men made baskets and blankets. They had natural foods: they hunted deer, buffalo and various birds, they fished fish in the rivers and lakes. Corn, beans, squash, berries, nuts, and melons were their fruits and vegetables. Berries were also often used as a natural dye for fabric.

Most colonists came to America in the 17th century. They were English, but there were also Dutch, Swedes and Germans, slaves from Africa. Many travelled to America because they were very poor.

The Pilgrim Fathers were persecuted because their religion was different from the rest of the English people so they sailed from England and landed on the American coast in 1620. Native Americans lived there and they welcomed the new people.

The Native Americans taught the Pilgrims how to plant wheat, Indian corn, and peas. Later that year, in autumn, the Pilgrims celebrated the harvest. They invited their Native American friends to join them. This was the first *Thanksgiving Day*.

In the 1800's and the 1900's the colonists wanted to take the land from the Native Americans so they started a battle because the Native American Indians wanted to protect their land. Finally the Native American Indians were forced out of their homeland. Many Natives adopted the European way of dress and converted to the Christian religion. Today, there are approximately 560 Native American tribes in the United States and they live on reservations. They have many problems: they are poor and drink too much alcohol.

Warrior = soldier

blanket = .............

buffalo = .............

bean = .............

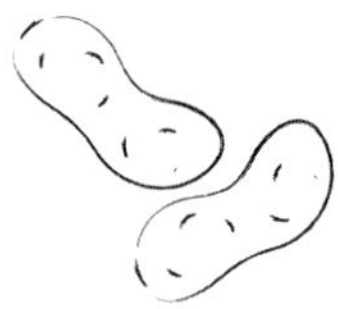

nut = .............

squash = .............

berry = .............

peas = .............

wheat = .............

harvest = .............

slave = .............

Dutch people come from The Netherlands =

................................

................................

................................

Swedes come from Sweden =

................................

................................

Compito per la lezione successiva: saper ripetere in italiano e saper esporre in inglese rispondendo a semplici domande (CL: *For next time: study and repeat the main ideas in Italian. Try to answer the questions in English. Is that clear for everyone? Shall I say that again? Well, study…*):

- *What did the men do in an Indian village?*
- *What did the women do?*
- *What was their food?*
- *What was their life like?*
- *Were the Native Americans friendly with the Pilgrim Fathers?*
- *What did they do in the autumn?*
- *Why did the White Men kill the Natives?*
- *Why did European people travel to America?*
- ..............................

L'insegnante (o le insegnanti), se lo ritengono opportuno, possono espandere l'attività fornendo ulteriore lessico utilizzando *flashcard, spidergram, mind map*, presentazioni *powerpoint*. Ad esempio parlando di *nuts*: *chestnut/hazelnut/peanut/coconut/walnut…*; parlando di animali della prateria: *bison/prairie wolf/eagle/hawk…*; tipi di bacche: *strawberry/blackberry/blueberry/gooseberry/raspberry…* Proponiamo alcuni esempi a titolo orientativo.

**Es. 1:**
This is a ................
I like ................
I don't like ................

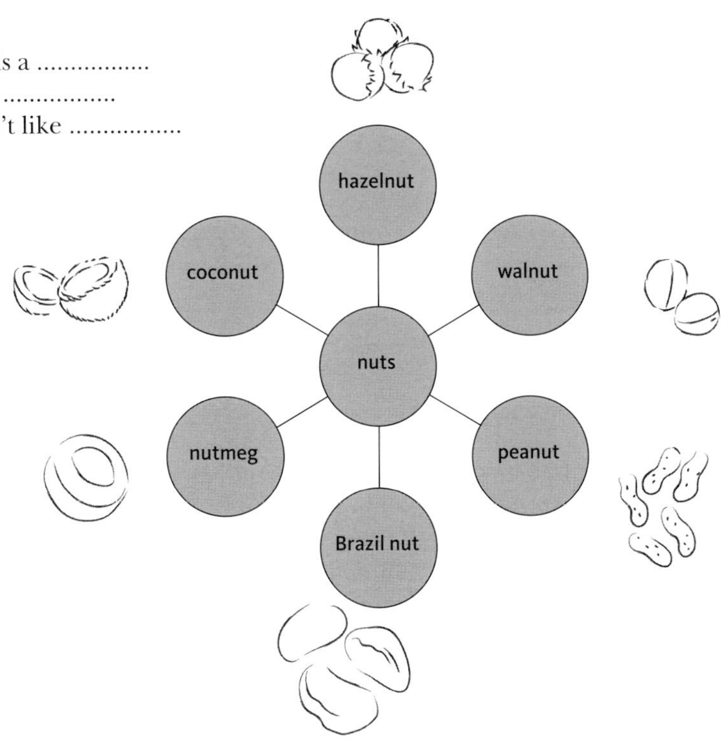

**Es. 2:** Diapositiva powerpoint che permette di inserire animazioni e audio per fissare la corretta pronuncia.

Un'altra attività potrebbe essere un approfondimento della festività del Ringraziamento, degli usi e delle tradizioni (ulteriore occasione per ampliare il lessico riferito a piatti tradizionali, frutta e verdura, dolci) e dell'importanza che il *Thanksgiving Day* riveste negli Stati Uniti.

## 3ª LEZIONE DI STORIA

**Attività 1:** L'insegnante chiede se ci sono state difficoltà nell'eseguire il compito e aiuta a superare le *impasse*, occasione per un'ulteriore revisione comune. (15'). Poi chiede ad alcuni alunni di ripetere in italiano e ad alcuni bambini scelti fra i migliori di esporre in inglese. Poi gli studenti si fanno domande e rispondono fra di loro (15').

Mentre lavorano l'insegnante gira fra i banchi, li osserva e compila la griglia di cui diamo un esempio di seguito.

## GRIGLIA DI OSSERVAZIONE DEL DOCENTE

**Attività n° .............: lavoro a coppie** **data: ...............................**

| Coinvolgimento e partecipazione | 1 | 2 | 3 | 4 | 5 | 6 | 7 | 8 | 9 | 10 | 11 | 12 | 13 | 14 | 15 | 16 | 17 | 18 | 19 | 20 | 21 | 22 | 23 | 24 | 25 | 26 | 27 | 28 |
|---|---|---|---|---|---|---|---|---|---|---|---|---|---|---|---|---|---|---|---|---|---|---|---|---|---|---|---|---|
| L'alunno è entusiasta dell'attività | | | | ✔ | ✔ | ✔ | ✔ | ✔ | | ✔ | | | | | | | | | | | ✔ | | | | | | | |
| Collaborativo | | | | ✔ | ✔ | ✔ | ✔ | ✔ | ✔ | | | | | | | | | ✔ | | | | | | | | | | |
| Comprende la domanda | | ✔ | | ✔ | ✔ | ✔ | ✔ | ✔ | ✔ | ✔ | | ✔ | | ✔ | | | | ✔ | ✔ | | ✔ | ✔ | | | | | | |
| Risponde con prontezza | ✔ | | | | | | | | | | ✔ | | | | | | | | | | | | | | | | | |
| Risponde a monosillabi | | | | | | | | | | | | | | | | | | | | | | | | ✔ | | | | |
| Risponde con singole parole | | | | | | | | | | | | | | | | | | | | | | | | | | | | |
| Si sforza di comporre frasi complete | | | | | | | | | | | | | | | | | | | | | | | | | | | | |
| Chiede conferma al docente | | ✔ | | ✔ | ✔ | ✔ | ✔ | ✔ | ✔ | ✔ | | ✔ | ✔ | ✔ | | | | ✔ | ✔ | ✔ | ✔ | ✔ | | | | | | |
| Non vuole aiuti, vuole fare da solo | | | | | | | | | | | ✔ | | | | | | ✔ | | | | | | | | | | | |
| Non capisce, quindi rifiuta di partecipare | | | | | | | | | | | | | | | | | | | | | | | | | | | | |
| Si stanca del compagno | | ✔ | | | | | | | | | | | ✔ | | | ✔ | | | | | | ✔ | | | | | | |
| Disturba e non risponde al compagno | | | | | | | | | | | | | | | ✔ | ✔ | ✔ | | | | | | | | | | | |
| Perde tempo e lo fa perdere | | | | | | | | | | | | | | | ✔ | | ✔ | | | ✔ | | | | | | | | |
| Lo rifiuta | | | | | | | | | | | | | | | | | | | | | | | | | | | | |
| Si demotiva perché troppo facile | ✔ | | | | | | | | | | | | | | | | | | | | | | | | | | | |
| Si demotiva perché troppo difficile | | | | ✔ | ✔ | ✔ | ✔ | ✔ | | ✔ | ✔ | ✔ | | ✔ | | | | | ✔ | | ✔ | | | | | | | |
| Non ha il materiale | | ✔ | | | | | | | ✔ | | | | ✔ | | ✔ | ✔ | ✔ | ✔ | | ✔ | | ✔ | | | | | | |
| Non sa di cosa si sta parlando | | | | | ✔ | | | | | | | | | | | | | | | | | ✔ | | ✔ | | | | |

I risultati serviranno al docente per la formazione di gruppi di lavoro, per mettere a fuoco le difficoltà di alcuni alunni e per tentare di superarle. Concorreranno alla valutazione e al *feedback.*

**Attività 2:** Alla conclusione dell'osservazione, l'insegnante propone un'altra attività: dalla lettura del testo emerge che la vita degli Indiani d'America è molto cambiata. Perché non provare a schematizzare le differenze? Gli alunni, con l'aiuto del docente, potrebbero stilare una tabella come quella che segue (30') e, se lo desiderano, arricchirla con dei disegni.

| 300 years ago | Today |
|---|---|
| *The Native Americans lived in villages in the prairie.*<br>*They hunted and farmed.*<br>*They had clothes made of animal skin.*<br>*They travelled on horseback.*<br>*They had meat from bison, deer and had fish.*<br>*They liked squash, corn and other vegetables.*<br>*Their favourite fruits were berries and nuts.*<br>*They had fresh water from rivers and lakes.*<br>*They were happy and free.* | Now they live on reservations like animals.<br>They can't work so they are poor and drink too much alcohol.<br>They buy food at supermarkets and shops.<br>They travel by car or vans.<br>They are sad and they don't like living separated from other people. |

Tutto il materiale prodotto viene raccolto in un apposito raccoglitore.

## 1ª E 2ª LEZIONE DI ED. LINGUISTICA (60'+ 60')

**Attività 1:** L'insegnante chiede se le attività fatte sono state interessanti e propone agli alunni di creare una breve storia ambientata in un villaggio indiano alcuni secoli fa oppure in una riserva oggi. Di seguito viene fornito un esempio.

Alcuni indiani abitavano in un villaggio con molti animali (bovini, bufali, cavalli, conigli ecc.) vicino a un lago e non lontano da un fiume. Gli uomini cacciavano e pescavano, le loro donne cucinavano e preparavano le pelli degli animali per fare vestiti e utensili. Gli animali erano liberi e felici perché potevano correre, bere acqua fresca e mangiare della buona erba. Anche gli uomini erano felici: la loro vita era semplice, ma non avevano problemi, vivevano a contatto con la natura in un ambiente pulito senza pericoli. Un giorno sentirono dei rumori che si avvicinavano e tutti corsero fuori dalle loro tende per vedere: due uomini bianchi su dei cavalli neri si fermarono e chiesero del capo tribù. Avevano una lettera da consegnargli, ma il capo non sapeva leggere, così uno dei due gli lesse quello che c'era scritto: tutti gli animali che venivano trovati nella prateria sarebbero diventati proprietà dei bianchi. Se volevano potevano costruire uno steccato intorno alla loro fattoria e rinchiudervi alcuni animali. Quelli sarebbero stati di loro proprietà. Se non obbedivano entro dieci giorni, non avrebbero potuto avere nessun animale. Se ne andarono dicendo che sarebbero ritornati presto.

La sera stessa il capo riunì tutta la tribù: era un ricatto, ma come potevano opporsi? Chi li avrebbe difesi? Così decisero di obbedire e il giorno dopo si misero a costruire uno steccato di legno e alcuni recinti per i diversi animali. Altri uomini andarono a prendere gli animali e li portarono nei recinti. Lo spazio era poco e non sufficiente per tutti, così dovettero abbandonare molti dei loro cavalli e delle loro mucche.

Iniziava per loro una nuova vita, ma erano tutti molto tristi: gli uomini avevano perso la libertà e il controllo del loro territorio, e gli animali si sentivano in prigione, pigiati gli uni agli altri. Addio lunghe corse nella prateria, addio erba tenera e acqua in abbondanza. Ora il loro cibo sarebbe stato il fieno e l'acqua razionata. Anche gli indiani dovevano lavorare molto di più per raccogliere il cibo per gli animali e portare l'acqua dal fiume. Anche i bambini e le donne dovevano lavorare tutto il giorno per colpa dell'avidità dei bianchi.

La storia deve essere raccontata in un fumetto di almeno 8-10 "nuvolette". Gli alunni vengono divisi in gruppi e ognuno sceglierà liberamente l'ambientazione. Alla fine del lavoro la classe sceglierà le due migliori (una per periodo storico) che verranno messe in scena. Mentre gli alunni lavorano, l'insegnante passa fra i banchi, aiuta, suggerisce e li osserva mentre sono all'opera, compilando l'apposita scheda di osservazione.

Gli alunni devono seguire i seguenti consigli:

- ispirarsi a quello che hanno studiato, ma essere creativi;
- scegliere frasi semplici per i dialoghi;
- scrivere un breve riassunto per introdurre la storia;
- far emergere la vita a contatto con la natura o la tristezza della vita da segregati;
- le illustrazioni dovranno essere semplici e saranno sottoposte al docente di Arte e Immagine (se diverso) per gli opportuni aggiustamenti e consigli. A questo proposito, se l'insegnante è formata per l'insegnamento della lingua inglese, sarebbe opportuno dare le istruzioni in inglese (CL: "*use pale colours*", "*draw some more trees*", "*remove one or two houses*", "*why don't you draw some animals near the river?*" "*the horse can be bigger, can't it*", "*try to be neat*").

## 4ª E 5ª LEZIONE DI INGLESE

Se supponiamo che gli alunni non abbiano completato la loro storia, l'insegnante organizzerà una lezione interlocutoria in cui potrà rivedere con la classe quello che è stato fatto sotto forma di gioco. Ad esempio:

> quale squadra ricorda più vocaboli? (l'insegnante mostra un'immagine, chi alza prima la mano ha diritto di rispondere; se la risposta è corretta, la squadra accumula un punto, se c'è un suggerimento il punto è annullato; se la risposta, viceversa, è sbagliata, il gioco passa all'altra squadra (5').
> bingo o tombola (i numeri sostituiti da cartoncini): vince chi scopre le sue carte per primo (5').
> i componenti di due squadre, a turno, devono rispondere a una domanda dell'insegnante. Chi non sa rispondere o risponde in modo incomprensibile viene eliminato. Vince la squadra che termina con maggiori componenti (10').
> l'insegnante proietta per pochi secondi sulla LIM un'immagine con più oggetti/persone/animali studiati. Gli alunni ne devono ricordare il maggior numero (5').
> Poiché le lezioni precedenti hanno presentato tempi presenti alternati a tempi storici, l'insegnante potrebbe approfittare del gioco come rinforzo per l'apprendimento consapevole del tempo passato, senza dire agli studenti che stanno ripassando i tempi. Semplicemente enuncia una frase e chiede a un alunno di continuare partendo da espressioni di tempo (suggerite dall'insegnante) (5'). Ad es.:

T: *"Now the Native Americans travel by car; many years ago they* .......................... .
P1: *"They travelled on horseback"*.
T: *"In their villages they had clothes from animal skin, but now* .................... .
P2: *"Now... they... How do you say «indossano», please"*.
T: *"They wear, repeat ... they wear ...*
P2: *"Now they wear jeans and T-shirts"*.
........................................
........................................

Il gioco è accattivante se non dura eccessivamente e se è vario, quindi si consiglia di scegliere alcune tipologie che piacciono e di continuare per non oltre 20'.

Se si dispone del laboratorio e di computer e la classe desidera apprendere altri vocaboli, l'insegnante può ritornare sul sito citato all'inizio[6], alla sezione *games*. Oltre alla presentazione di altri vocaboli, c'è la possibilità di attività di ascolto con o senza didascalie e per apprendere altre espressioni come:

T: *"<u>What</u>'s an arrow <u>for</u>? <u>To kill</u> animals"*.
T: *"What are seeds for? To make flour"*.

Queste espressioni, in parte semplificate, sono presenti nelle didascalie. Possono essere trascritte sulla LIM (basta anche una lavagna tradizionale) e ricopiate dagli alunni (40').

---

[6] *bbc.co.uk/schools/primary/history/famous people/Pocahontas.*

Se gli alunni hanno terminato di scrivere le loro storie, nel corso della lezione di inglese possono cominciare a completare i fumetti con semplici espressioni in inglese e a scrivere un riassunto semplificato per introdurre la storia. (60').

Si fornisce qui di seguito un esempio di riassunto (che potrebbe eventualmente essere il testo del narratore, durante la drammatizzazione).

> Some Native Americans live in a village in the prairie, near a lake and a river. They have many animals: they live free and they are happy because thcy havc fresh water to drink and grass to eat. They can run and play. Life in the village is simple but quiet: the men go hunting and fishing, their women make clothes from animal skin and children play and help their Mum and Dad. One day two white men on horseback arrive at the village and say: "make a fence around the village and put the animals inside. We'll take all the animals in the prairie". The chief of the tribe says: "Our animals live free in the prairie, we can't take them inside. They'll die". The white man is angry: "Do what I say or we'll take all the animals and we'll kill you". That night all the tribe sit around the fire and decide to do what the white men want".
>
> They are very sad: the children are unhappy, the women cry: "We are no more free, our animals are not free and our children are not free. What a terrible life!"

In alternativa si fornisce un esempio di fumetto.

This letter is for you.
I can't read. Please, tell me what it says.
Please make a fence and a gate around your place and put animals inside. If some animals are free, we will take them.
Oh, dear! Why?
There are many animals and we can't keep them here. And then, they will die, they live free in the prairie.
Do what we say or we will take all the animals and we will kill you!

Brothers, let's do what they say.
I want to live in peace or they will kill us and our families
It's not right: they are our animals.
They are enemies: let's fight them!

We are worried for our children and our animals.
Come with us, cows and horses! We want to protect you!
What a sad day!

## 6ª LEZIONE DI INGLESE /ED. LINGUISTICA/ ED. MOTORIA

(stesso docente o più docenti, se possibile in compresenza)

Iniziano le prove della drammatizzazione. L'insegnante di inglese ripete con gli "attori" le loro battute e gli altri docenti suggeriscono come muoversi sulla scena, la gestualità, la prossemica. Continuano finché gli alunni non acquisiscono padronanza della lingua e della recitazione nel complesso.

Si può prevedere anche l'eventuale partecipazione del docente di musica per una semplice canzoncina con cui iniziare la drammatizzazione e per concluderla. Proponiamo un breve e facile canto alla natura, che gli alunni sono in grado di apprendere senza sforzo[7]:

CALL TO THE FLOWERS
**Hither come, come to me, flowers!**
**Wake from your sleep.**
**Oh, hither come, hither come, flowers!**
**Hear me calling,**
**Wake from your sleep, O flowers!**
**Hark! some one comes.**

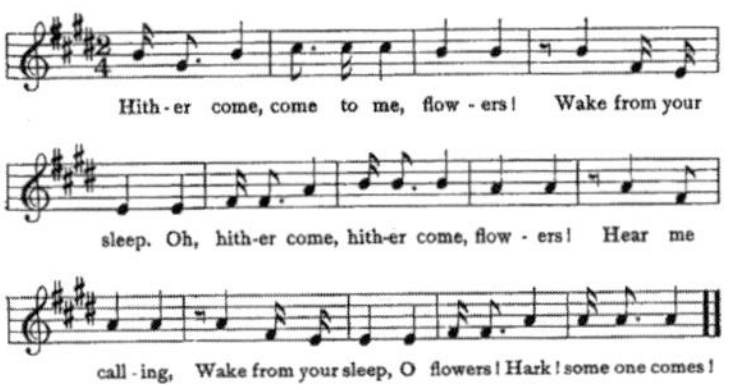


L'insegnante avrà cura di farla ascoltare più volte, anche mentre gli alunni svolgono altre attività manuali, in modo che familiarizzino con la melodia e il ritmo. La canzone può essere accompagnata da semplici gesti (in questo caso i fiori che si risvegliano, si muovono e si avvicinano a un altro alunno o a qualche punto di riferimento).

La fase conclusiva è ovviamente la drammatizzazione con un pubblico costituito da altre classi o dai genitori e dal personale della scuola (in caso di ricorrenze e feste).

Infine tutto il materiale viene conservato negli appositi raccoglitori. Se nella classe è stato adottato un portfolio, tutti i prodotti vengono conservati come testimonianze del lavoro svolto.

Può seguire un momento di verifica "formale" orale e/o scritta sulla falsariga delle esercitazioni effettuate nel corso del progetto.

### 4.2.1 Monitoraggio dell'UDA e valutazione finale

I docenti partecipanti si riuniscono per una valutazione dell'esperienza e della partecipazione degli alunni, ricorrendo anche alle schede delle osserva-

[7] Tratto da: *http://www.apples4theteacher.com/native-american/songs-dances/calling-the-flowers.html.*

zioni effettuate dai docenti e prove di verifica (se applicabile). Si riflette sul raggiungimento degli obiettivi e sulle ragioni che hanno impedito di raggiungere i risultati attesi. Si stila un verbale da cui devono emergere le varie osservazioni e, in caso di elementi di criticità, si indicano le iniziative che dovranno essere prese in futuro per evitarli e migliorare l'offerta formativa.

È necessario prevedere un momento di discussione con gli alunni. Si ascoltano i loro commenti ed eventualmente viene distribuito un semplice questionario su diversi aspetti dell'esperienza. Trattandosi di alunni delle classi terminali, dovrebbero essere in grado di esprimere giudizi. Le domande potrebbero essere del tipo:

| | ☺☺☺ molto | ☺☺ abbastanza | ☹☹ poco o nulla |
|---|---|---|---|
| Secondo te, questa attività è stata utile? | | | |
| È stata divertente? | | | |
| È stata faticosa e difficile? | | | |
| Hai migliorato le tue abilità nella lingua straniera? | | | |
| Conosci più parole nuove? | | | |
| Sai parlare con maggior scioltezza? | | | |
| Capisci un semplice testo in lingua, anche se hai bisogno dell'aiuto dell'insegnante? | | | |
| Ti è piaciuto recitare usando la lingua straniera? | | | |
| Ti è sembrato opportuno coinvolgere altre materie, come storia o ed. musicale, ed. linguistica ecc.? | | | |
| ..................................................................... ..................................................................... | | | |
| ..................................................................... ..................................................................... | | | |
| Scrivi altre tue osservazioni ........................................................................................................ ........................................................................................................ ........................................................................................................ ........................................................................................................ ........................................................................................................ ........................................................................................................ ........................................................................................................ ........................................................................................................ | | | |

Gli esiti della discussione integreranno il verbale redatto dai docenti.

### 4.2.2 Suggerimenti per eventuali approfondimenti

- Il docente di geografia potrebbe essere interessato a riprendere l'argomento per lo studio di diversi ambienti e paesaggi. Forniamo solo alcuni spunti:
  - confronto fra il paesaggio montano negli USA e il paesaggio alpino;
  - la prateria americana e le pianure italiane ed europee;
  - gli animali e il loro allevamento;
  - gli insediamenti umani;
  - ...

È evidente che il lavoro dovrebbe essere svolto tutto o in parte in lingua straniera.

- I docenti di inglese e di ed. linguistica/storia, come già accennato, potrebbero approfondire la Festa del Ringraziamento. È un'occasione per fissare elementi tipici di un'altra civiltà e la si potrebbe sfruttare per effettuare un paragone con la principale festività della nostra civiltà (il Natale): "Cosa si fa in America durante la festa del Ringraziamento? È una festività religiosa? Cosa si mangia? Dove si trascorre la festa? Con chi? E tu come festeggi il Natale?". Gli alunni scopriranno che le due festività hanno aspetti comuni (si addobba la casa, riunione di famiglia, si trascorre la festa in casa, si gioca insieme...) e differenze (data, cibo, addobbi e come si prepara la tavola...).
- Il docente di inglese potrebbe mostrare un video tratto dal film d'animazione Pocahontas[8], da cui emerge la sensibilità della protagonista verso la natura e il rispetto provato per essa, tipico chi è sempre vissuto a contatto con ambienti incontaminati; e poi sentimenti di pace e il desiderio di convivere in armonia con tutti gli esseri umani, da qualunque paese provengano. Potrebbero essere coinvolti i docenti di scienze e di ed. linguistica.

## 4.3 That's a cheat!

**Classe di riferimento**: 3ª/4ª
**Livello di partenza in inglese**: A1

- L'alunno conosce le seguenti strutture linguistiche: *singular forms and plural forms with s and common irregular plural forms; personal, subject and direct object pronouns; this, that; interrogative: who? what? where?; it (+ be) in impersonal expressions; articles: a, an; the or zero + noun (phrase); cardinal numbers (also as pronouns): 1 - 100; simple adjectives (attributive and predicative); verbs: present of be, have, have got; there is/are; positive imperative forms; positive, negative and question forms; short answers; present simple; can for ability and permission; let's ...; conjunctions and, but, or to join words, phrases, clauses; simple one-clause sentences; two clauses joined with and, but or or.*
- Possiede un bagaglio lessicale di almeno 200 parole riferibili al dominio personale (famiglia, scuola, amicizie, sport).

[8] *I colori del vento*: *www.youtube.com/watch?v=kBzmPILLmIU*.

- Sa capire il messaggio(o il senso globale) di un parlante purché pronunci lentamente, scandisca bene semplici espressioni o brevi frasi in cui sia presente lessico prevalentemente noto e strutture che già usa[9].
- Sa leggere e capire un breve testo purché vi ritrovi strutture e lessico noti.
- Sa porre semplici domande e rispondere in modo appropriato, purché la conversazione verta su argomenti noti e riferibili alla sfera delle sue esperienze.
- Sa scrivere un semplicissimo testo, composto da una sola frase o da due legate dai connettori più semplici (*and, but, or*).

**Obiettivi**: A1+

- Apprendere e saper usare le seguenti strutture linguistiche: *why? to...; two clauses joined with because; direct speech: noun/pronoun + say/ask; these, those; negative imperative forms and negative simple present.*
- Rivedere e consolidare la conoscenza e saper usare in modo naturale le strutture note e il lessico noto (specialmente relativo a: animali, colori, numeri).
- Ampliare il lessico con circa 20/30 vocaboli nuovi.
- Saper interpretare dei ruoli.
- Saper leggere un breve e semplice testo composto da più frasi.
- Saper scrivere una storiella a fumetti composta da semplici espressioni o frasi.

**Metodo**: giochi, *role-play,* attività manuali, disegno, canzoncine.
**Strumenti**: prevalentemente, *realia* siti web, materiale cartaceo.
**Monitoraggio**: griglia di osservazione.
**Verifica**: qualche semplice verifica formativa *in itinere* per giungere ad una valutazione globale.

**Valutazione e *feedback***: considerando la maturità degli alunni, essi potranno essere parzialmente coinvolti in questa fase. I loro commenti saranno limitati al gradimento o alla risposta che sapranno dare alle domande dell'insegnante (es.: Questa attività vi è sembrata troppo lunga? Perché? Cosa avreste tolto? Cosa avreste aggiunto?...). L'insegnante dovrà riflettere sulla qualità dell'unità, sulla base anche dei dati raccolti durante l'osservazione e degli esiti delle prove di verifica. Potrà, inoltre, avvalersi di una griglia in cui indicare quali parti hanno funzionato bene ai fini dell'apprendimento e quali sono state le criticità da evitare in eventuali ripetizioni dell'unità o in future unità simili. Di seguito forniamo un esempio di griglia.

| | 😊😊😊 | 😊😊 | 😐 | ☹ | ? |
|---|---|---|---|---|---|
| motivazione iniziale | | ✔ | | | |
| interesse | | ✔ | | | |
| coinvolgimento | ✔ | | | | |
| motivazione *in itinere* | ✔ | | | | |

[9] Per questo obiettivo e per i successivi si veda QCER-livello A1.

| | ☺☺☺ | ☺☺ | 😐 | ☹ | ? |
|---|---|---|---|---|---|
| tempo impiegato | | | ✔ | | da calibrare meglio: prevedere attività aggiuntive per i più veloci e capaci (aiutare il compagno in difficoltà?) |
| materiale usato | | ✔ | | | Occorrerebbe poter disporre di … Chiedere alla scuola l'acquisto di … |
| conoscenza e uso strutture note | | ✔ | | | |
| apprendimento nuove | | | ✔ | | Occorrono attività ulteriori di rinforzo |
| conoscenza e uso lessico noto | | | | | |
| apprendimento lessico nuovo | | | | | |
| comprensione comando orale e sua esecuzione | | | | | |
| abilità di lettura | | | | | |
| capacità di interazione orale | | | | | |
| abilità di scrittura | | | | | |
| ..................... | | | | | |
| ..................... | | | | | |
| ..................... | | | | | |

## LEZIONE 1

***Pre-teaching***: prima di introdurre una breve storiella i cui protagonisti sono delle tartarughe, l'insegnante prepara la classe con attività per rinforzare la conoscenza del lessico riguardante gli animali e le strutture note e nuove che serviranno per comprendere la storia e per svolgere le attività successive. Viene presentata una scheda con le modalità con cui gli animali si proteggono.

ANIMALS AND THEIR CLOTHES
*We put on warm clothes in winter* ***because*** *it is very cold.*
*In summer we wear light clothes* ***because*** *it is hot.*
*Animals have clothes, too.*
*Sheep have wool, lions and camels have hair.*
*A pussy cat has beautiful soft fur.*
*Crocodiles have thick skin* ***to*** *cover them.*
*Birds have feathers.*
*Snails live in shells to be warm.*

Gli alunni cercano di leggere e riconoscono alcune parole note (es. *clothes, put on, winter, summer, cold, warm, sheep, have* ecc.) e inferiscono il significato di altre (es. *cover, lion*). Non riescono, tuttavia, a comprendere tutto il testo (15'). Quindi l'insegnante propone un primo esercizio.

**Attività 1:** l'insegnante distribuisce un secondo foglio e dà la seguente consegna: "*Please write the name of the animals, then colour them as you like it*". Vengono scritti i nomi degli animali che non conoscono. Lo scopo di questa attività è duplice: a) aiutare a comprendere il testo b) potenziare il lessico (colori, animali, numeri) e le strutture note (20')*.

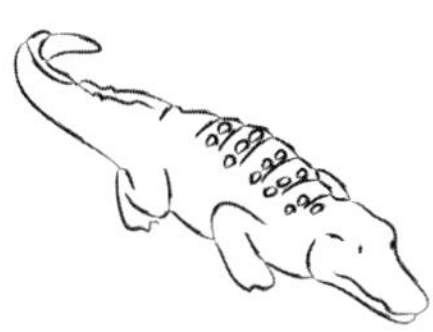

crocodile

..........................

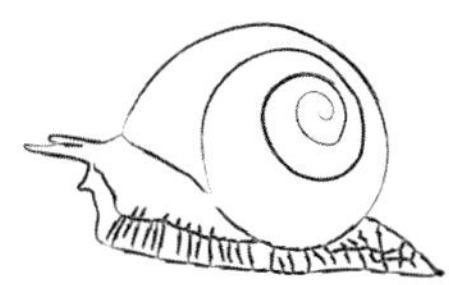

snail

..........................

..........................

..........................

..........................

*Nelle schede contrassegnate con l'asterisco viene usato lessico nuovo o incontrato di recente e vocaboli già conosciuti da tempo, per abituare gli alunni a usare con naturalezza la lingua, senza archiviare quanto appreso in passato.

**Attività 2:** controllo del lessico e dei colori. L'insegnante dà una nuova consegna: *"Now, answer my question, please"* (15'/20').

Es:

T: *"Sara,* ***what's*** *number one?"*

P: *"****It's*** *a crocodile".*

T: *"Good, Sara,* ***what colour*** *is your crocodile?"*

P: *"It's green".*

T: *"Dark green or light green?"* **

T: *"Now you, William, please tell me: is number five a lion?"*

P: *"No, it isn't a lion, it's a bird".*

T: *"A bird? Is it a bird? Are you sure? Who knows?"*

P: *"It's a camel".*

T: *"Thank you Elisa, now after me: a camel... it's a camel" etc.*

Se c'è altro tempo a disposizione, l'insegnante può chiedere agli alunni di lavorare in coppia, mentre il docente osserva e prende nota sull'apposita griglia.

** Se gli alunni non conoscono le sfumature dei colori, questa è l'occasione per introdurre *"dark"* e *"light"*, facendo una breve parentesi: si mostrano agli alunni alcuni oggetti e si chiede il colore.

Es. T: *"Is this cap dark blue or light blue?"* P: *"light blue" etc.*

## LEZIONE 2

L'insegnante distribuisce una scheda, simile alla precedente, con i "vestiti". Questo esercizio è più difficile perché è più probabile che il lessico presentato sia nuovo. L'insegnante lo esegue con gli alunni stimolandoli a inferire il significato tramite associazioni quali *sheep–wool*; poi scrive sotto il gomitolo *wool*. Qualora risulti troppo laborioso o richieda un tempo eccessivamente lungo, gli alunni copieranno la parola che l'insegnante scriverà sulla lavagna o sulla LIM (se disponibile) (20')*.

| | | |
|---|---|---|
|  |  |  |
| .......................... | light ............. | heavy ............. |

**Attività 1:** dopo essersi assicurato che tutti abbiano copiato esattamente e dopo aver ripetuto insieme i nuovi vocaboli per fissarne la pronuncia (10'), l'insegnante assegna il seguente esercizio (5'): "*Now match the two pictures; look at the example*".

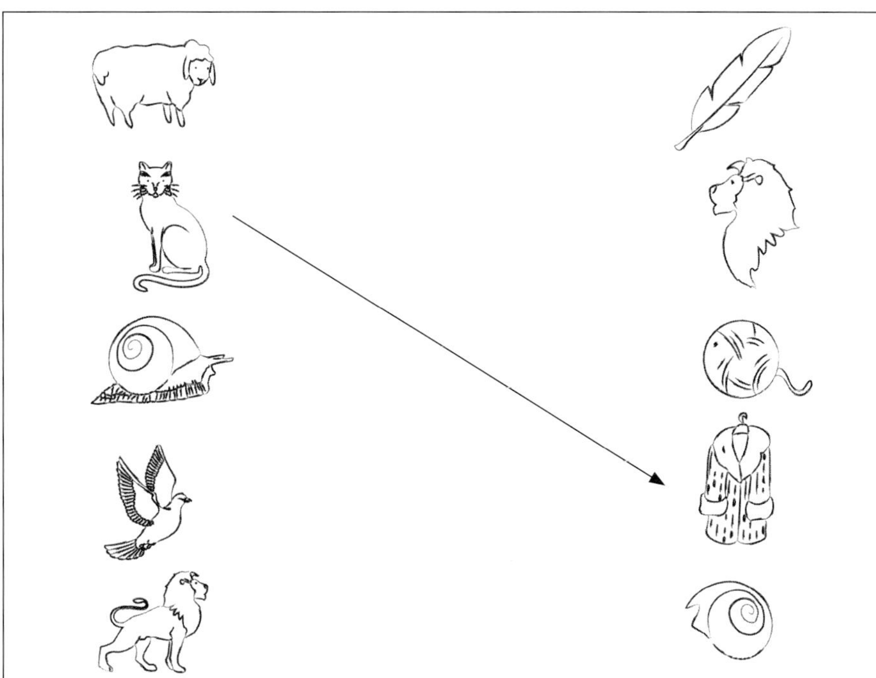

**Attività 2:** segue un esercizio di rinforzo orale del lessico (conoscenza e pronuncia) e del verbo *to have* come segue (10'):

T: "*Now, listen to me, please. I'll ask you some questions. Please answer my questions. Is that clear? Do you understand me? Well, Tommy,* ***Has*** *a cat* ***got*** *a shell?*

P: "*No, a cat has got a fur*".

T: "*Alessia, what have snails got?*

P: "*A shell*".

T: "*They have got a shell. Repeat after me, please. They have got a shell*".

P: "*They have got a shell*".

T: "*And the lion? What has a lion got, Barbara?*"

P: "*A lion has wool*".

T: "*A lion hasn't got wool, a lion has...????*"

Ps: "*Hair*".

T: "*Good, a lion has hair. Barbara, please, say that again: "A lion has got hair*".

E via di seguito. Quando la classe dimostra di saper rispondere convenientemente o quando gli alunni sono stanchi della ripetizione, si interrompe, promettendo di continuare la volta successiva.

**Attività 3:** nel tempo rimanente, gli alunni ascoltano la registrazione del testo (se possibile) o l'insegnante che legge. Viene chiesto agli alunni di ripetere singole frasi e quindi tutto il brano.

È possibile iniziare in coro *("Repeat after me/All together say that again")* o cominciare con gli alunni migliori.

## LEZIONE 3

Come *warm-up activity* l'insegnante distribuisce 10 carte (con disegni legati al lessico appreso; possono essere distribuite anche carte doppie) per ciascun alunno. Inizia un gioco simile al *bingo*. L'insegnante pronuncia un vocabolo e l'alunno copre la carta se la figura rappresenta la parola pronunciata. Vince chi copre per primo tutte le sue carte purché siano esatte (10').

Se il docente lo ritiene o se si dispone di un docente di madrelingua nella scuola, invece di pronunciare, si può far ascoltare una registrazione delle parole (ripetute due volte, se il livello di preparazione degli alunni non è molto alto).

**Attività 1:** prima di procedere con la presentazione di un nuovo pronome interrogativo (*why*), l'insegnante vuole assicurarsi che gli alunni riconoscano e sappiano usare con naturalezza quelli che già conoscono, quindi propone alla classe ancora un'attività di *spoken interaction* a coppie o permettendo ai bambini di girare per la classe e intavolare una semplice conversazione con un compagno usando *"what"*, *"who"*, *"where"*, *"what colour"*, meglio se usando i nuovi vocaboli, come già abituati a fare (vedi attività 2 lezione 1 e attività 2 lezione 2) (10'). L'insegnante ascolta, osserva e registra i dati sulla griglia di osservazione.

**Attività 2:** ulteriore lettura del brano (5'); poi l'insegnante attira l'attenzione degli alunni sulle parole in grassetto (*because* e *to*) e scrive sulla lavagna la parola sconosciuta "*WHY?*". Chiede alla classe di dire cosa può essere. Alcuni alunni assoceranno immediatamente le lettere "W e H" alle parole che già conoscono *"what/who/where"* perché iniziano allo stesso modo. La presenza del punto interrogativo conferma che è una parola usata per porre una domanda.

L'insegnante approva (*Very good/Right/You've got it/Exactly...*) e scrive sulla lavagna:

> ***Why*** *has a bird got feathers?*
> *It has got feathers* ***to be*** *warm.*
>
> ***Why*** *have you got wool gloves?*
> ***I*** *have gloves* ***because*** *it is very cold.*

Poi chiede agli alunni cosa spiegano, secondo loro, le risposte. Molti non sapranno rispondere, qualcuno farà ipotesi stravaganti, ma altri diranno che le risposte spiegano il perché. L'insegnante completerà il concetto dicendo che la domanda chiede perché e la risposta spiega la ragione, il motivo. Anche se sono due forme diverse, le risposte esprimono entrambe il motivo per cui un'azione viene fatta.

Gli alunni evidenziano le frasi che nel brano contengono le parole nuove*:

> **ANIMALS AND THEIR CLOTHES**
> *We put on warm clothes in winter* ***because*** *it is very cold.*
> *In summer we wear light clothes* ***because*** *it is hot.*
> *Animals have clothes, too.*
> *Sheep have wool, lions and camels have hair.*
> *A pussy cat has beautiful soft fur.*
> *Crocodiles have thick skin* ***to*** *cover them.*
> *Birds have feathers.*
> *Snails live in shells* ***to be*** *warm.*

Quindi l'insegnante scrive una tabella*:

| | |
|---|---|
| | **to** + *verbo* |
| **WHY** ..........................? | |
| | **because** + *frase* |

Quest'attività conclude la lezione.

## LEZIONE 4

Questa lezione non introduce nulla di nuovo, ma serve per consolidare quanto dovrebbe essere stato appreso nella prima parte dell'unità. Il docente ha preparato una serie di attività che gli alunni dovranno svolgere in coppia o in piccoli gruppi.

**Attività 1:** l'insegnante ha preparato varie schede* che distribuisce a ogni coppia. Gli alunni devono completare (5') semplicemente inserendo una spunta se l'immagine è corretta rispetto alla domanda o una crocetta se è sbagliata come nell'esempio:

A) *Write a tick (✔) if it is **true** or a cross (✘) if it is **false**.*

| Has Sonia got …? | | |
|---|---|---|
|  |  | ✔ |
| |  | |
| |  | |
| |  | |
| |  | |
| |  | |

B: *Tick (✓) A, B, C when it is true* (5'):

| | | | |
|---|---|---|---|
| 1. *Who has got hair?* | <br>A ✔ | <br>B ☐ | <br>C ✔ |
| 2. *Have they got a soft fur?* | <br>A ☐ | <br>B ☐ | <br>C ☐ |
| 3. *What animals are white?* | <br>A ☐ | <br>B ☐ | <br>C ☐ |
| 4. *Who has light clothes?* | <br>A ☐ | <br>B ☐ | <br>C ☐ |
| 5. *Have they got a thick skin?* | <br>A ☐ | <br>B ☐ | <br>C ☐ |

**Attività 2:** le risposte date sono controllate insieme e si coglie l'opportunità di usare la lingua come rinforzo delle abilità orali (*spoken interaction and production*) (15').

T: *"Let's revise together. Who wants to start? You, Sofia? Well, who has got hair?"*

P: *"Lions and girls have hair".*

T: *"Very well, their hair is different, but people and some animals have hair. Francesco, has a crocodile a soft fur?"*

P: "*No, but a cat and a rabbit has a soft fur*".

T: "*That's right, but a cat and a rabbit have... have a soft fur*". *Say that again, please*".

P: "*A cat and a rabbit have a soft fur*".

T: *"Now, all together after me. A cat has a soft fur, cats have a soft fur".*

L'insegnante non si sofferma a spiegare l'errore, ma lo corregge con la ripetizione dell'enunciato corretto (più volte se necessario) ed eventualmente con la gestualità. In questo caso può usare le dita per contare. In altri casi può mostrare un oggetto e più oggetti. In tal modo il concetto viene fissato, senza ricorrere a spiegazioni di regole grammaticali. La riflessione sulla lingua vera e propria avverrà solo quando lo consentirà la maturità degli alunni, in genere, quando ci si avvicina al traguardo finale della scuola primaria.

**Attività 3:** ora l'insegnante chiede agli alunni di riunirsi in piccoli gruppi (*"Now work in small groups of four"*) e consegna a ognuno due schede (una alla volta) da completare* (10'+ 10') come segue:

A. *Fill in with a word:*
*1. Why has Peter got shorts? Peter ................. got shorts because it ................. hot.*
*2. A sheep has got .......................... to protect it.*
*3. ........... have you got a fur? ....................... it is winter and I .......... cold.*
*4. ...............................................................................................................*
*5. ...............................................................................................................*
...............................................................................................................
...............................................................................................................

B. *Fill in with: why/because/to ...*
1. *Why has a snail got a shell? ..................... keep warm.*
2. *I have a snack at 11.00 ........................ I am hungry.*
3. ..................... *have you got glue? ................. paste this dragon on the poster.*
4. ..................... *have you got blue water colours? ............... paint the lake and the river.*
5. *Why aren't there flowers in the garden? ........................ it is winter.*
.........................................................................................................

Prima di concludere la lezione, l'insegnante chiede ai gruppi di scegliere un animale e di scrivere alcune frasi (15') come nel seguente esempio:

> **This is my cat. Her name's Pussy.**
> **She is black and white and her eyes are green.**
> **She has a soft fur. She is small because she is young.**
> **She has a wool ball to play with it.**

Qualora si disponga di computer in quantità sufficiente, molte delle attività proposte potrebbero essere esposte sotto forma di presentazioni powerpoint, prevedendo le dovute animazioni (ad esempio in fase di correzione, dopo aver sentito le versioni degli alunni, con un clic del mouse far entrare la parola esatta o il collegamento opportuno) e predisponendo il programma per attività di *drag and drop*.

## LEZIONE 5

Con questa lezione inizia la seconda parte dell'Unità di Apprendimento, che prevede attività ludiche e manuali con cui si trasmettono comandi in inglese e si riusano il linguaggio e le strutture note. Inoltre, lo scopo principale è quello di consolidare le abilità di lettura e di scrittura (lettura e comprensione di una storiella, creazione di un fumetto) e quelle orali tramite una canzoncina e un *role-play*.

Come *warm up* l'insegnante chiede ai gruppi di leggere la loro composizione e la corregge (15') poi presenta la sua composizione (una scheda o su una presentazione di powerpoint) (15'). L'esempio seguente è in formato presentazione.ppt con animazioni (numerate) a entrata con un clic del mouse, al momento opportuno. In questo modo le immagini sostituiscono quasi completamente il ricorso a spiegazioni o alla traduzione. Prima di continuare, l'insegnante si accerta che tutti abbiano capito. Viste le lezione precedenti non dovrebbero avere grosse difficoltà.

A tortoise has a big hard beautiful shell **(1)**. If you try to catch it, it hides inside the shell **(2)**. Tortoises have thick short legs **(3)**, a long neck and small eyes **(4)**. They eat salad **(5)**, but they don't eat meat. In winter they sleep in the ground.

**Attività 1:** ora l'insegnante chiede alla classe di disegnare le parti di una tartaruga, di unirle per ricostruire l'animale e di incollarle nel loro quaderno (o poster) (*"Now, children, take a sheet of drawing paper, have you got your album? Right, now draw the parts of a tortoise (legs, head, shell) and colour them as you like; choose the colours you like. You can start now*) (20'). Durante l'attività possono chiedere aiuto all'insegnante, che li sollecita a esprimersi in inglese (nei limiti delle loro possibilità) ad es.:

P1: *"Can I draw salad in its mouth?*

T: "*Sure, you can, go ahead"*.

P2: *"Excuse-me, Miss, is this leg small?"*

T: *"It's a bit too small, draw a bigger one"*.

P3: "*Can I paint the shell red and yellow?"*

T: *"Why not, if you like those colours"*.

Non importa se gli alunni non comprendono tutto quello che l'insegnante dice, basta che ne colgano il senso globale in modo da poter eseguire la consegna. L'insegnante si aiuterà con l'intonazione e la gestualità per rendere chiaro il suo messaggio.

Scaduto il tempo, viene data la seconda consegna: "*Done it? Excellent, now cut them and paste them in your workbook. Join the parts to make a tortoise and write its name. Do you remember how to introduce your pet? This is..., who can help me?*

Ps: *"This is Tortie"*.

T: "*Good children: This is ... It's my tortoise or It*'s *my pet*".

Gli alunni iniziano a lavorare (20'). L'insegnante, eventualmente, aiuta i bambini in difficoltà. Se c'è qualcuno più svelto di altri, che finisce il suo compito prima dei compagni, l'insegnante lo coinvolge: "*Matteo, please, help Rita, will you? Good boy, thank you"*.

**Attività 2:** esercitazione sulle abilità orali degli alunni (*speaking production and interaction*). L'insegnante chiede a un alunno di dire qualcosa sulla sua tartaruga ("*Please, tell us about your tortoise"*). Invita gli altri a prestare la massima attenzione perché in seguito dovranno intervenire ( *"Please, listen carefully because I'll ask you some questions later*) (20').

T: *"Silvia, please tell us about your tortoise"*.

P: *"This is my tortoise. My name's Sissy..."*.

T: *"Its name is Sissy; your name's Silvia, its name is Sissy. Say that again, please"*.

L'uso del possessivo costituisce spesso un problema, perché gli alunni memorizzano *"My name's..."*. Senza insistere sull'apprendimento mnemonico dei possessivi, occorre abituarli a usarli in modo spontaneo ripetendo la forma corretta e facendola ripetere quando si presenta l'occasione).

P: *"This is my tortoise. Its name's Sissy. It has short legs, a long neck and small eyes. The shell is green and yellow. It likes vegetables"*.

T: *"Excellent, Silvia, now Federico, tell us about Silvia's tortoise, please"*.

P1: *"The shell is yellow and green. It name is Sissy. It like salad".*
T: "*Well, Federico, you can listen more carefully. Repeat after me: Its name is Sissy...*".
P1: *"Its name is Sissy".*
T: *"Now, repeat: Sissy like**s** vegetables.*
P1: *"Sissy like**s** vegetables".*
T: *"Good, now tell us about **your** tortoise, please".*
P1: "*It is big and the shell is brown and red. I like it*".
T: *"What's its name?".*
P1: *"It's Uga".*
T: "*What a nice name! Does it like meat?*".
P1: *"No".*
T: "*All together. Say after me: No, it **doesn't** like meat*".
Ps: *"No, it **doesn't** like meat".*
T: *"Now, you Gloria, has Federico got a tortoise?".*
P2: *"Yes, Its name is Uga".*
T: "*Excellent, what does Federico's tortoise like?*".
P2: *"It likes vegetables".*
T: *"Do **you** like vegetables?*
P2: *"Yes, I like carrots".*

E così via fino alla fine della lezione. Ponendo domande non immediatamente prevedibili e ripetitive, gli alunni apprendono a rispondere *non meccanicamente,* ma dimostrando di saper sostenere una conversazione *autentica,* sebbene elementare.

L'uso del grassetto in alcune parole del testo indica che l'insegnante, nel pronunciarle, dovrebbe enfatizzare l'intonazione, per sollecitare l'attenzione. L'uso della forma negativa sarà ripresa in seguito, se l'insegnante riterrà di dover in questa sede procedere a una riflessione grammaticale.

## LEZIONE 6

Dalla presentazione di una storiella (abilità ricettiva di lettura e comprensione) alla rappresentazione (abilità produttiva orale).

**Attività 1:** *"Reading comprehension"* della seguente storiella ed eventuale lettura ad alta voce da parte di alcuni alunni (25').

**THAT'S A CHEAT!**

*Four tortoises, Billy, Gilly, Silly and Trilly, decide to go on a picnic. They prepare their food (bread, apples, watermelon, egg shells, salad) and start for their picnic place. After two years, because they are very slow animals, they arrive, put their food on a cloth but they see they don't have a bottle of water.*

*Trilly, the old tortoise, says: "I am too old, I can't go back home. Silly can go. He is so young!"*

*Silly doesn't want to go because he thinks that the other tortoises eat up all the food when he is away.*

*Billy, Gilly and Trilly promise they will wait for him.*

*After four years, Silly isn't back and the three tortoises are very hungry so they decide to eat a bit of bread. Nobody can notice it.*

*So they begin to eat, but look! The head of the young tortoise appears: he has always been there.*

*"That's a cheat! I know you don't keep your promises".*

La storiella contiene per la maggior parte lessico e strutture note, ma nel caso di difficoltà, l'insegnante può decidere di favorire la comprensione con l'aggiunta di immagini, di oggetti presenti in classe, per analogia ricordando persone, personaggi o situazioni note o con la mimica.

Ad esempio se gli alunni non ricordano la parola *young*, l'insegnante può ricorrere a un esempio quale: "*Father Christmas is old,very old, you are young*", oppure, per spiegare *cheat*, l'insegnante può riprodurre la tipica situazione di una verifica in cui un alunno cerca di copiare: "*What are you doing? Don't cheat!*"

**Attività 2:** l'insegnante invita gli studenti a formare dei gruppi e consegna dei fumetti con le "nuvolette" in bianco. Gli alunni devono completarle ( "*You see this strip, children, the speech bubbles have no words. Please write a few words in each bubble)* (30').

Mentre gli alunni lavorano, l'insegnante osserva e registra i suoi commenti e aiuta gli alunni con alcune espressioni che non conoscono (il futuro, per esempio) o li aiuta a semplificare frasi troppo complesse. Di seguito si propone un esempio.

## Esempio di scheda vuota

## Esempio di scheda compilata

L'insegnante ritira i lavori per rivederli e scegliere il migliore, anche sostituendo o integrando parti con quelle di altri lavori. Nel tempo rimanente, l'insegnante "negozia" con gli alunni la possibilità di recitare la storiella. Se gli alunni si dimostrano entusiasti, nella lezione successiva si concorderanno modi e tempi. Nel frattempo gli alunni possono pensare a suggerimenti. Si crea così l'aspettativa di un'attività divertente e motivante: un altro gioco in cui tutti sperano di essere coinvolti.

## LEZIONI 7-8-9-10

L'insegnante esprime soddisfazione per i lavori svolti e chiede agli alunni cosa pensano di fare. Qualcuno suggerisce di interpretare le quattro tartarughe, qualcuno di aggiungere una canzoncina, qualcuno vorrebbe vestirsi da tartaruga, ma come?

L'insegnante raccoglie tutti i suggerimenti con entusiasmo e propone di lavorare in questo modo:

1) propone il fumetto migliore e suggerisce di integrarlo con qualche altra frase, meglio se presa dai lavori degli altri, in modo che nessuno si senta escluso. A questo proposito lo schema completato, riportato a pagina precedente, potrebbe essere un modello già rivisto e integrato, che gli alunni dovranno imparare per recitarlo. Poiché il *role-play* coinvolge solo 4 alunni, la scenetta sarà ripetuta più volte, in modo che tutti possano partecipare.
2) consiglia che ci sia un narratore, quindi c'è bisogno che alcuni alunni si prestino a stendere un breve testo di introduzione e di conclusione. Alcuni alunni che parteciperanno come narratori preparano le battute, sempre con l'aiuto dell'insegnante. Di seguito si fornisce un esempio:
   N1: "*In the garden of a beautiful house there live four tortoises: Trilly, the oldest, Billy and Gilly, a brother and sister, and the young tortoise Silly. One day, a wonderful summer day, they decide to do something new*" (poi entrano in scena le tartarughe).
   N2: (dopo la partenza della tartaruga più giovane) "*After four years…*".
   N3: (alla fine) "*So children, don't cheat and always remember to keep your promises*".
   N4: "*Now let's sing all together*".
3) fornisce lo spunto per i vestiti. Solo come suggerimento forniamo un esempio tratto da uno dei molti siti dedicati alla didattica prescolare e per gli alunni dai 7 ai 10 anni[10]:
   "*make a 'turtle shell' out of an empty paper box by turning it upside down, cutting out a large space for the neck to pass through in one end, and small indentations along the bottom sides for arms and legs to go through for larger children. Ask the children to paint it so as to look like an actual shell. The pupils wear the shell*".
4) sempre dallo stesso sito[11] è stata tratta la seguente canzoncina che deve essere cantata mimandola con semplici gesti[12]:

---

[10] *www.perpetualpreschool.com/preschool_themes/turtles/turtle_games.htm.*

[11] *www.perpetualpreschool.com/preschool_themes/turtles/turtle_songs.htm.*

[12] La canzoncina originale è al passato, ma poiché si suppone che alunni di terza elementare non abbiano ancora affrontato l'argomento, è stata leggermente modificata e resa al presente.

**There is a little turtle**
*There is a little turtle (make a small circle with your hands)*
*He lives in a box (make a box with both hands)*
*He swims in a puddle (move hands up and down and from side to side)*
*He climbs on the rocks (climb fingers of one hand up over the other)*
*He snaps at a mosquito (clap hands)*
*He snaps at a flea (clap hands)*
*He snaps at me (point to yourself)*
*He catches the mosquito (mimic catching a mosquito)*
*He catches the flea (same action)*
*But he doesn't catch me! (point to yourself)*

Nelle successive tre lezioni, gli alunni sono suddivisi secondo le attività loro assegnate, seguendo quando possibile i loro *desiderata* (i narratori scriveranno i loro testi, altri, più interessati al lavoro manuale, ritaglieranno i "vestiti" delle tartarughe, ecc.) e vi lavorano per metà del tempo a disposizione (30'). Nel tempo rimanente (30') cercano di memorizzare le battute delle tartarughe (visto che tutti dovranno poi recitare le stesse parti) e impareranno la canzoncina.

Anche se non sarà sempre possibile, l'insegnante stimolerà gli alunni ad usare la lingua inglese almeno utilizzando le espressioni di *classroom language* che conoscono. Il docente stesso cercherà di usare sempre la lingua inglese per comunicare con loro.

Quando sono pronti, si potrà organizzare la recita di fronte ad altre classi o nel corso di qualche manifestazione prevista dall'organizzazione scolastica.

Se l'insegnante lo ritiene opportuno, dopo aver concluso tutte le attività, potrà aggiungere una lezione di riflessione grammaticale sull'uso di *don't/doesn't*, che è già stato ripetutamente usato nelle varie attività. Poiché è già stato introdotto l'uso di *do/does* e gli alunni già conoscono la forma interrogativa e negativa del verbo *to be/to have/can*, sarà piuttosto facile memorizzare questa nuova struttura.

Le esercitazioni di supporto possono essere quelle già ripetutamente illustrate:

– per la produzione e interazione orale si usano i verbi *to like, to eat, to drink, to play…*, cioè verbi associabili all'ambito della personale esperienza di vita degli alunni, chiedendo loro di parlare dei loro gusti, di quello che amano fare o non fare o ponendo domande dirette (sia da parte dell'insegnante che da parte dei compagni);

– per la scrittura si propongano esercizi di completamento o brevi composizioni, che seguono esercizi di preparazione come quelli indicati di seguito.

*Fill in the table, then write sentences:*

| Who ? | What? | Yes ✔ | No ✗ |
|---|---|---|---|
| I | sleep long hours? | ✔ | |
| Mum | watch TV in the morning? | | ✗ |
| Dad | smoke? | | ✗ |
| Bob and Tom | play football? | | ✗ |
| I | play with dolls? | ✔ | |
| .............. | ..................... | | |
| .............. | ..................... | | |

I sleep long hours.
Mum doesn't watch TV in the morning (because she works).
Dad doesn't smoke.
Bob and Tom don't play football (They don't like it).
I play with my dolls.

Prima di concludere e di passare a un'altra Unità di Apprendimento, l'insegnante non dovrà dimenticare le fasi conclusive: una verifica sommativa (se la ritiene opportuna), una riflessione sulle osservazioni raccolte e sul monitoraggio fatto nelle varie fasi, una valutazione dei dati oggettivi di apprendimento (frutto di verifiche *in itinere*) e della valutazione globale dell'esperienza (che tiene conto anche di elementi personali dei singoli alunni: il progresso nelle abilità comunicative, nella relazione con i suoi pari e con il docente, la partecipazione e gli eventuali interventi più maturi ecc.). Valuterà altresì la sua gestione del lavoro di classe, dove e come è stata/o di aiuto o viceversa di intralcio al processo di apprendimento degli alunni e si chiederà il perché di alcuni errori ricorrenti e come evitarli in futuro.

Se l'insegnante sarà stato egli stesso oggetto di osservazione da parte di qualche collega (pratica che si sta diffondendo) la riflessione sarà facilitata dall'intervento e dal sostegno del collega. Infine scriverà un "verbale-promemoria" da consultare in futuro.

## 4.4 Maths in English is easy!

**Classe di riferimento**: 2ª (seconda parte dell'anno)

**Insegnamenti coinvolti**: matematica e inglese, supponendo che il docente sia il medesimo. L'unità è uno dei primi tentativi di insegnare una materia in lingua, iniziando da esperienze semplicissime, usando la lingua straniera per dare consegne, suggerire procedimenti, apprendere nuovi vocaboli e per presentare o rinforzare abilità matematiche di base quali le addizioni e le sottrazioni, avviare gli alunni a semplici tentativi di *problem solving* e introdurre un primo approccio alla geometria piana.

Se abbinato alla lingua straniera e proposto in modo ludico si dovrebbe raggiungere uno dei traguardi previsti per lo sviluppo delle competenze al termine della classe terza della scuola primaria: "sviluppare un atteggiamento positivo rispetto alla matematica, attraverso esperienze significative, che gli (all'alunno) hanno fatto intuire come gli strumenti matematici che ha imparato e che sa utilizzare siano utili per operare nella realtà"[13].

**Livello di partenza in inglese**: A1

- L'alunno sa riconoscere e usare oralmente le seguenti strutture linguistiche: *singular names and plural forms with s; this, that; interrogative: who? what?; it (+ be); articles: a, an, the + noun; cardinal numbers: 1 – 50; simple adjectives (attributive and predicative); verbs: present of be, have, have got; there is/are; positive imperative forms; let's...; conjunctions and, but, or to join words; simple one-clause sentences.* Possiede un bagaglio lessicale di almeno 50/80 parole riferibili al dominio personale (famiglia, scuola, amicizie, sport)[14].
- È in grado di comprendere un semplice messaggio (o il senso globale) di un parlante purché pronunci lentamente, scandisca bene semplici espressioni o brevi frasi in cui sia presente lessico prevalentemente noto e strutture che già usa.
- Sa leggere e capire un breve testo purché vi ritrovi strutture e lessico noti.
- Sa rispondere con un nome o una semplicissima frase ad una domanda, purché essa si riferisca ad argomenti noti e riferibili alla sfera delle sue esperienze.
- Sa scrivere le parole note.

**Obiettivi**: consolidamento A1

- Ampliare il lessico con circa 10/20 vocaboli nuovi.
- Saper usare oralmente la forma negativa di *to be* e *to have.*
- Consolidare il *classroom language (CL).*
- Percepire e comunicare la posizione degli oggetti usando termini adeguati (preposizioni e *where?*).

**Livello di partenza in matematica**:

- L'alunno sa contare fino a cento.
- Sa eseguire semplici operazioni con i numeri naturali.

**Obiettivi**:

- Percepire e comunicare la posizione degli oggetti usando termini adeguati (preposizioni).
- Riconoscere, denominare e disegnare figure geometriche.
- Saper usare misure di grandezza, sia con misure arbitrarie (es. quadretti) sia strumenti convenzionali (es. metro).

Questi obiettivi sono la naturale prosecuzione dei traguardi per lo sviluppo della competenza previsti per la scuola dell'infanzia, nell'ottica di verticalizzazione del curricolo.

---

[13] Cfr. le Indicazioni nazionali per il curricolo della scuola dell'infanzia e del primo ciclo di istruzione 2012 - Matematica.

[14] Vedi QCER, descrittori Livello A1.

**Metodo**: giochi, *role-play*, attività manuali, disegno. In una classe seconda le attività svolte sono prevalentemente orali (*spoken interaction e listening)*. Le attività di lettura e di scrittura sono limitate alla lettura di vocaboli nuovi e al loro corretto *spelling*.

**Strumenti**: prevalentemente *realia*, siti web, materiale cartaceo.

**Monitoraggio**: griglie di osservazione e rilevazione dati.

**Verifica**: ai fini di una valutazione globale, è basata su test (tratti dai testi in adozione, prodotti dal docente e reperibili in rete).

**Valutazione e *feedback***: questa fase è compito esclusivo del docente, poiché gli alunni non sono in grado di esprimere un giudizio motivato. Al massimo si terrà conto delle risposte tipo "mi è piaciuto/non mi è piaciuto perché...".\

*Piano di lavoro*:

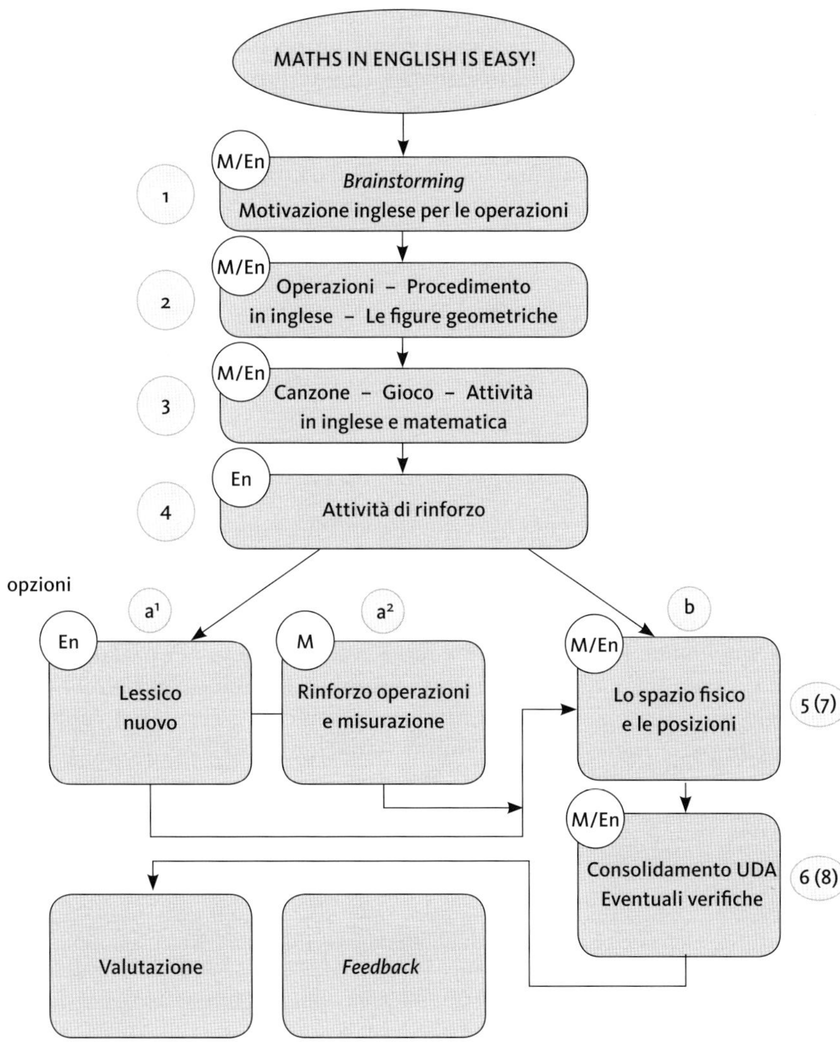

## LEZIONE 1 - MATEMATICA E INGLESE

Gli alunni sanno già risolvere semplici operazioni con i numeri, ma questa è l'occasione per abbinare la conoscenza e le abilità matematiche con le abilità relative alla lingua straniera, usata come lingua veicolare, per dare consegne circa l'esecuzione delle operazioni di base.

L'insegnante può usare un testo in adozione, fotocopie con operazioni da eseguire o software abbinati al testo in adozione o acquistabili singolarmente oppure ricorrere a quiz e giochi presenti nei siti reperibili in rete[15]. Se si dispone di un laboratorio di informatica, gli alunni possono lavorare individualmente, se il numero delle postazioni è sufficiente, oppure in coppia, qualora la classe fosse particolarmente numerosa e gli alunni in numero superiore alle postazioni disponibili.

Dopo 30' in cui gli alunni giocano con i numeri e in tal modo rivedono e consolidano le loro abilità, l'insegnante chiede loro (in italiano perché gli alunni non saprebbero comprendere un messaggio più articolato della semplice domanda diretta):

T: "Abbiamo imparato alcune frasi in inglese da usare in classe. Chi ne ricorda qualcuna?"

Molti alunni alzeranno la mano per intervenire e l'insegnante darà loro la parola a turno.

P1: *"Sit down"*.
T: "*Right*".
P2: "*Draw a cat*".
T: "*Well done*".
P3: *"Let's sing together"*.
T: *"Excellent"*.

E così via. Dopo aver concluso questo *brainstorming*, l'insegnante chiede: "Come chiedo a un bambino che parla inglese di fare un'operazione? Diciamo un'addizione... Chi lo sa? Vogliamo impararlo?"

La risposta sarà affermativa, perché i bambini sono sempre orgogliosi di dimostrare quello che hanno appreso e saper usare l'inglese per parlare di matematica è ritenuta un'abilità di non poco conto. Le bambine, specialmente, che amano giocare "alla maestra", si sentiranno gratificate a recitare il ruolo della maestra che parla inglese ai suoi alunni (compagni di classe, di gioco o loro giocattoli).

---

[15] È impossibile elencare tutti i siti poiché l'offerta è molto ampia. Ne citiamo solo alcuni, che presentano giochi semplici, divertenti e stimolanti: *www.piccolimatematici.it; www.ddrivoli.it/PORTOMATE/giochi-di-matematica.htm; www.funnymathforkids.com; www.coolmath4kids.com; www.bbc.co.uk/bitesize/ks2/maths.*

Quindi la maestra prende qualche oggetto presente in classe (*flashcard* oppure immagini sul computer) e coinvolgendo gli alunni dice, mostrando gli oggetti, per es. due penne in una mano e tre nell'altra mano: "*Two pens* ***and*** *three pens* ***make*** *five pens*". Ripete l'enunciato più volte, poi invita gli alunni a ripetere la stessa frase.

T: "*Now, all together, repeat after me: Two pens* ***and*** *three pens* ***make*** *five pens*".

Ps: "*Two pens* ***and*** *three pens* ***make*** *five pens*".

T: "*Once more. Two pens* ***and*** *three pens* ***make*** *five pens*".

Ps: "*Two pens* ***and*** *three pens* ***make*** *five pens*".

L'insegnante dimostra un entusiastico e motivante apprezzamento per come gli alunni hanno risposto e li invita a rispondere alle sue successive domande, mostrando altri oggetti o alunni.

T: "*Excellent, well done! Now let's answer my question. Be careful! What is one book and two books?*"

Ps: "*Three books*".

T: "*That's fine, but let's say: one book and two books make three books. One, two three... go*".

Ps: "O*ne book and two books make three books*".

T: "*Brilliant. Now more difficult:* (prende qualche bambina da destra e altre da sinistra e inizia) *six little girls...*

Ps: "*and*"

T: "*Six little girls and nine little girls...* ".

Ps: "*make ... fifteen little girls*".

T: "*Again, let's say that again: Six little girls and nine little girls make fifteen little girls*".

Ps: "*Six little girls and nine little girls make fifteen little girls*".

Si continua con altri esempi fino alla fine della lezione. Gli alunni, se dimostrano di saperlo fare, prendono il posto dell'insegnante nel proporre la soluzione dell'operazione. Se la classe è ben motivata, si può continuare proponendo anche sottrazioni, alternando addizioni a sottrazioni (*"Take two away from seven. What is that?"*) (30').

## LEZIONE 2 - MATEMATICA E INGLESE

***Warm up activity*** **+ Attività 1** (*spoken interaction* ed esercitazione sulle operazioni) (5'+ 20'): l'insegnante riprende la lezione precedente e fa ripetere a singoli alunni la frase imparata in inglese per descrivere l'addizione (o la sottrazione). Può ricorrere ad una attività simile alla precedente (mostrando oggetti da sommare) o può ricorrere a cartelli preparati in precedenza come i seguenti.

| | |
|---|---|
| 8 + 6 = ........... | 7 + 6 = ........... |
| 5 + 7 = ........... | 4+4+2=........... |
| 13 + 7 = ........... | |

T: *"Andrea, eight and six make…"*.
P1: *"Eight and six make fourteen"*.
T: *"Right, now you, Masha, seven…"*.
P2: *"Seven and six make thirteen"*.
T: (potrebbe essere necessario far ripetere la pronuncia più volte) *"Thirteen, Thirteen, Masha, say that after me, please"*.
P2: *"Seven and six make thirteen"*.
T: *"That's better. Now Ilaria, four and four and two…"*.
P3: *"Four and four and two make eleven"*.
T: *"Are you sure? Count again"*.
P3: *"No, not eleven, ten. Four and four and two make ten"*.
..........................................................................................................

| | |
|---|---|
| 12 + ........... = 17 | 3 + ........... = 10 |
| 6 + 2 + ........... = 14 | 11 + ........... = 20 |

T: *"More and more difficult. What number with twelve makes seventeen? Who knows? Think it over"* (L'insegnante lascia qualche secondo in più per pensare. Se i comandi non sono compresi, dovrà mimare l'azione di pensare e contare).
P4: *"Five. Twelve and five make seventeen"*.
T: *"Excellent. Now let's go on. Emma, three and… make ten"*
P5: *"Three and seven make ten"*.
..........................................................................................
..........................................................................................

**Attività 2:** l'insegnante introduce le figure geometriche con l'ausilio di software di geometria, cartelloni, libro in adozione o altre risorse a sua disposizione. Alcune figure potrebbero essere già note fin dalla scuola per l'infanzia (come il triangolo e il quadrato), altre, come il rombo o il trapezio, forse sono nuove. Introduce il significato della parola "lato" (angolo e vertici, se l'insegnante lo ritiene opportuno, ma riteniamo che alunni così piccoli non siano in grado di affrontare simili concetti). Quando ritiene che gli alunni abbiano capito (tramite domande) propone un gioco, usando la lingua inglese:

T: *"Now, let's play. Who can make the shape?"*

Gli alunni rispondono in italiano che non hanno capito e l'insegnante finge di aver dimenticato che i bambini non conoscono il lessico relativo alle figure geometriche, suscitando l'ilarità degli alunni, ma anche la loro curiosità.

T: *Oh dear, **dear**! **Sorry**, children, your teacher is getting **old**... Now, these are **new words** for you, aren't they? Do you want to learn some new words?"* (le parole in grassetto vanno enfatizzate).

I bambini desiderano giocare, ma per farlo devono imparare nuove parole, quindi sono ansiosi di imparare e rispondono affermativamente.

Ps: *"Yes, Yeah"...*

L'insegnante usa un cartellone, *flashcard,* disegna sulla LIM, secondo la disponibilità di risorse nella scuola e mentre descrive la figura ne mostra le parti.

T: *This shape is a **triangle**. A triangle has 3 sides. Side 1, side 2, side 3.*

A TRIANGLE

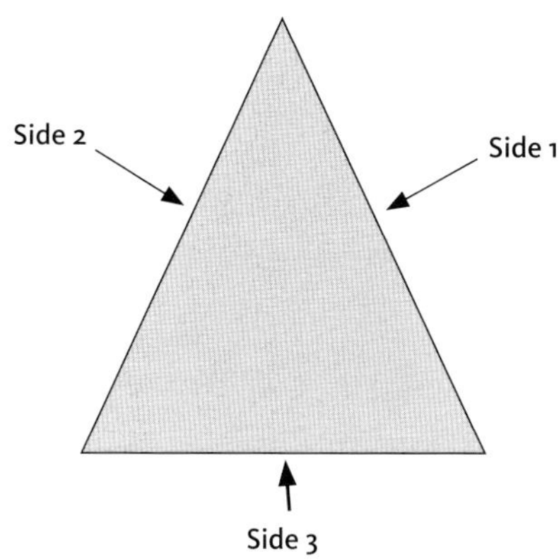


Poi l'insegnante continua con un'altra figura e procede nello stesso modo.

A SQUARE

T: *"Now look at this shape carefully. What is it? It is a* ***square.*** *Count the sides, please".*
Ps: *"Four".*
T: *" You're right. A square has four sides".*
Si continua presentando altre semplici figure: *rectangle/ diamond/trapezium/ circle* (25').

Prima della fine della lezione l'insegnante propone una canzoncina accompagnata da un video sulle figure geometriche di base[16]. Conoscendo tutti i vocaboli usati, sarà motivo di soddisfazione comprenderla e per questo motivo l'apprenderanno con facilità (5').

## LEZIONE 3 - MATEMATICA E INGLESE

***Warm up.*** L'insegnante riprende l'argomento trattato nella lezione precedente e chiede agli alunni se ricordano i nomi delle figure geometriche in inglese. Riprende la canzoncina e incoraggia i bambini a cantarla. Contemporaneamente, imitando l'insegnante, mimano le figure come se essi stessi rappresentassero le forme, e indicano i lati (5').

**Attività 1:** l'insegnante pone le domande nel modo più semplice possibile (*"What shape is this?", "What is this?", "Is this a circle?", "How many sides?)* mentre mostra le figure come nell'esempio:

T: *"What is this?"*
P1: *"A rectangle".*
T: *"A rectangle has three sides".*
P2: *"Wrong! Four sides".*
T: *"I'm not sure. Count them, please".*
P2: *"One, two, three, four".*
T: *"You are right. Bravo!"*

Si continua con le altre figure per 10'.

**Attività 2:** si tratta del gioco già annunciato. L'insegnante distribuisce bastoncini colorati (preparati in grande quantità, potrebbero essere anche fiammiferi già usati) o cordoncini pre-tagliati della stessa lunghezza in numero sufficiente per costruire le figure. Non c'è una competizione vera e propria e gli alunni si aiutano a vicenda lavorando a coppie o a piccoli gruppi. (15') L'insegnante dà le consegne e parla in inglese.

T: *Now children, listen to me, please. These are sticks* (e indica i bastoncini) *and these are strings* (indicando i cordoncini). *Use them to make shapes like that* (e fa una dimostrazione). *I'll tell you what shape to make* (molto probabilmente dovrà dare questa informazione in italiano, ma la ripeterà in inglese ancora una o più volte, in modo che automaticamente capiranno il senso globale e i più capaci memorizzeranno il comando). *Ready? Let's start: a triangle.*

---

[16] Si veda il sito web *http://learningideasgradesk-8.blogspot.it/2011/09/geometry-2-d-shapes-songs-and-videos.html e il link http://www.youtube.com/watch?v=pfRuLS-Vnjs&feature=related.*

Gli alunni prenderanno i bastoncini e inizieranno a costruire un triangolo; qualcuno userà tre bastoncini, ricordano che il triangolo ha tre lati, ma è interessante notare quanti si cimenteranno a costruire triangoli con più bastoncini, imparando che vi sono vari tipi di triangoli (se lo ricorderanno quando dovranno studiare le figure piane in modo approfondito, distinguendoli in equilateri, isosceli ecc.).

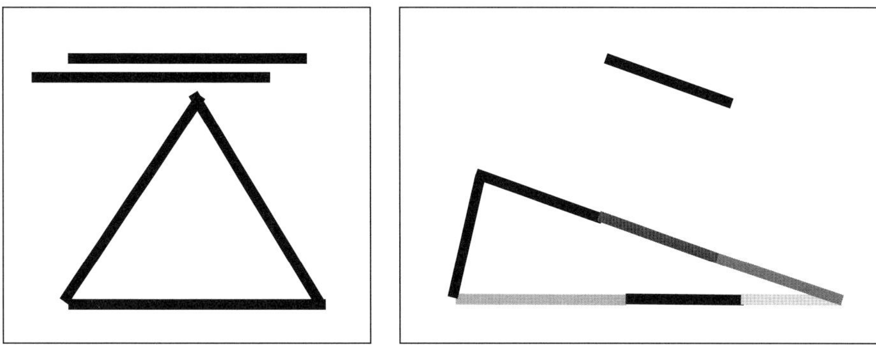

L'insegnante, girando fra i banchi, osserva come lavorano i bambini e aiuta quelli in difficoltà, se i compagni non sono in grado di farlo. Inoltre osserva la capacità dei bambini di usare i colori. Alcuni faranno delle figure di un solo colore, altri useranno tanti colori quanti sono i lati, altri useranno due colori nel caso di lati di uguale grandezza, dimostrando di aver già intuito il concetto di grandezza e di misurazione.

Si continua così. Quando l'insegnante pronuncerà *"a circle"*, nella classe si creerà un po' di scompiglio: alcuni alunni tenteranno di usare i bastoncini, senza riuscire a fare un cerchio, altri capiranno che bisogna usare il cordoncino che, essendo flessibile, si piegherà fino a far combaciare gli estremi. Di fronte a un alunno in difficoltà, l'insegnante lo incoraggia ad usare il cordoncino *(Use the string/Try using the string/It's easy if you use the string...)*.

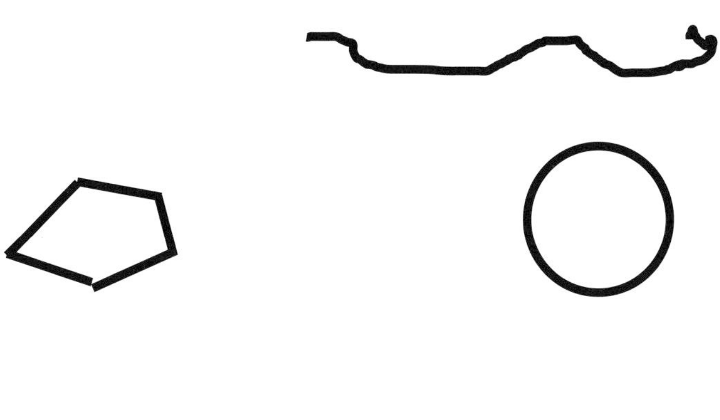

Il risultato positivo è evidente e l'insegnante apprezza il tentativo riuscito del bambino (*Excellent Paolo, your circle is perfect now!*

Nel tempo rimanente agli alunni vengono assegnate due nuove consegne: la prima è di rinforzo alle conoscenze matematiche (es. A), la seconda li esercita nel corretto uso dello *spelling* (es. B). Ognuno deve essere svolto in circa 15'.

A: *Write the number of sides* (Scrivi quanti lati hanno queste figure):

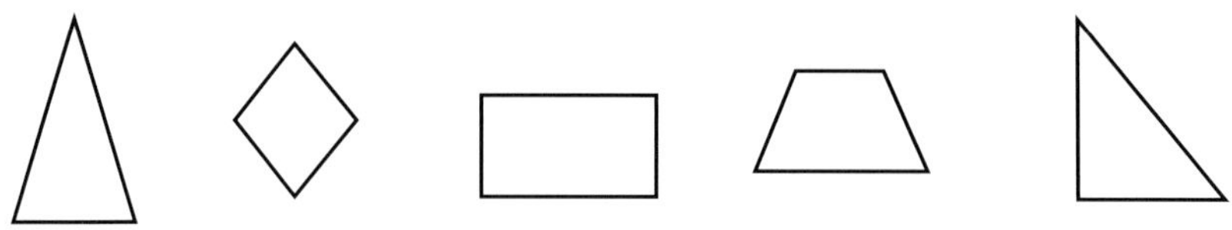

..........sides ..........sides ..........sides ..........sides ..........sides

B: *Cut the letters and use them to make words, then glue them in your workbook* (Taglia le lettere – scritte a caratteri cubitali su un foglio consegnato dall'insegnante – in modo che formino parole, poi incollale sul quaderno ed eventualmente fai un disegno).

**C** S T R R Q H E P G G L R L U I A A N E C I .........

CIRCLE TRIANGLE

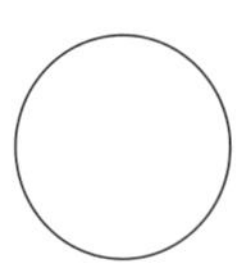

L'insegnante può trovare in vari siti web fonte di ispirazione per molte altre attività di queste tipologie. Come al solito, le attività da proporre sono subordinate alle risorse tecnologiche di cui la scuola dispone e alle caratteristiche individuali degli alunni, non dimenticando di proporre attività varie che soddisfino i bisogni di tutti gli alunni, secondo i principi della individualizzazione dell'apprendimento, della inclusione di tutti gli apprendenti e dei diversi stili di apprendimento.

## LEZIONE 4 - INGLESE

Questa lezione è interlocutoria, non introduce nulla di nuovo, ma è finalizzata al rinforzo del lessico sulle forme e del lessico noto, nonché all'apprendimento di lessico nuovo.

**Attività 1:** vengono distribuiti fogli con due colonne; nella prima vi sono le forme geometriche, nella seconda oggetti che conoscono. Gli alunni devono abbinarli e pronunciare il nome dell'oggetto. Eventualmente – a discrezione dell'insegnante – se si ritiene che i bambini siano in grado di farlo, gli alunni possono scrivere accanto il nome dell'oggetto (T: *"Look at the shapes and match them with the pictures. Then say the name. [If you like it, write the name in the blanks]")* (10').

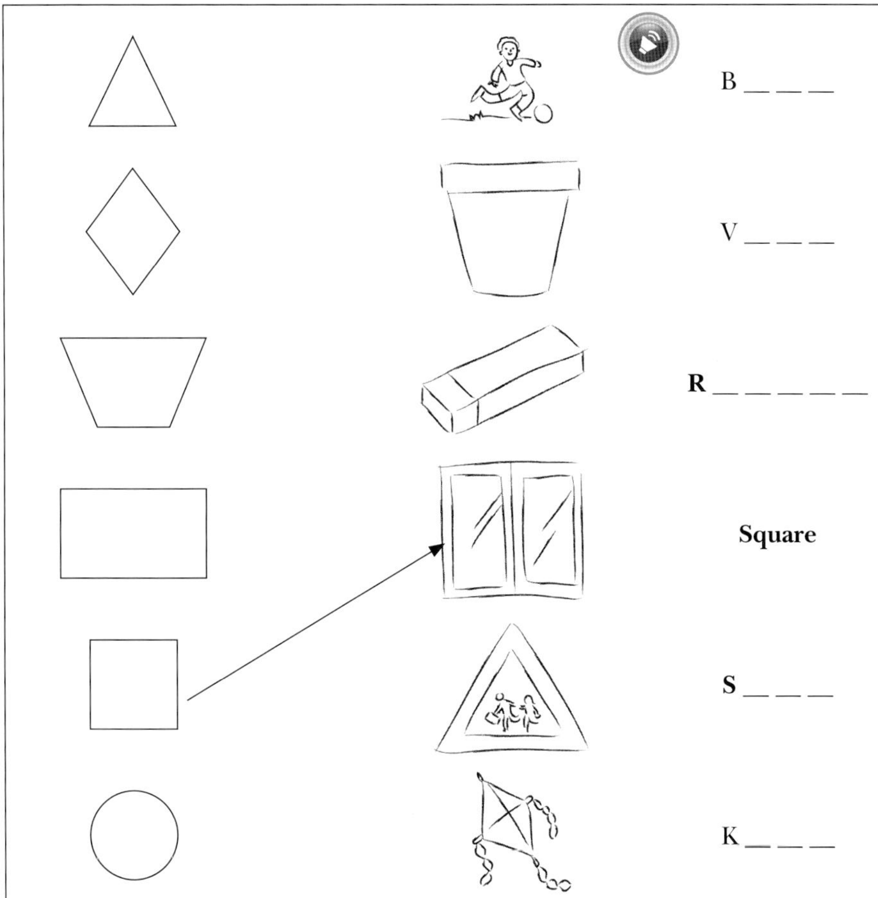


**Attività 2:** mentre si corregge la prima attività, l'insegnante coglie l'occasione per esercitare gli alunni nell'abilità di *spoken interaction:* (15').

T: *"What shape is a rubber, Raffaella?*
P1: *"It's a rectangle".*
T: *"Now, all together, a rubber is a rectangle".*
Ps: *"A rubber is a rectangle".*
T: *"That's fine, now Simone, what shape is a sign?".*
P2: *"A sign is a triangle".*

L'insegnante continua finché non ha corretto tutte le figure e si accerta che tutti abbiano le risposte esatte, poi continua cercando di far lavorare gli alunni a coppie. Prima di iniziare, fa ripetere più volte la domanda *"What shape is a...?"* per assicurarsi che essi apprendano la domanda e la pronuncino correttamente. Si incoraggiano gli alunni a scambiarsi i ruoli (domanda e risposta) e a mostrare altri oggetti che conoscono (*book, ruler, blackboard, window, door, CD* ...). Alcuni bambini si limiteranno all'uso ripetuto delle parole su cui si sono esercitati, ma l'insegnante non li penalizzerà, perché è più importante che acquistino scioltezza nel formulare la domanda, che la comprendano e rispondano con immediatezza e naturalezza. Se lo ritiene necessario, l'insegnante, che passa fra i banchi, ascoltando le varie coppie nei loro mini-dialoghi, può annotare i suoi commenti su una griglia di osservazione.

**Attività 3:** l'insegnante organizza un gioco: *"Mind the shapes"*. Prepara una serie di *flash card,* foto o cartoncini con segnali stradali (come quelli illustrati a seguire) abbastanza grandi da essere visti e riconoscibili da parte di tutti i bambini, anche quelli seduti più lontano. Predispone anche una serie di carte da gioco raffiguranti solo alcune forme e ne distribuisce un certo numero in ordine sparso a ciascun bambino (ne può possedere anche più di uno con la stessa forma) che le stende aperte sul banco. L'insegnante mostra una figura (se sono rappresentati più cartelli può indicarne uno solo o più di uno) e chiede ai bambini di girare la carta (o le carte) che rappresenta la stessa forma (se ne hanno). Vince chi gira tutte le carte per primo (10'). L'insegnante dà le istruzioni in inglese, parlando molto lentamente e aiutandosi con gesti (*"Now I'll show you some road signs. They have a shape. If you have a card with that shape, turn your card. If you have two or three cards with that shape, turn all of them. The child who turns all his cards first is the winner!"*). Se qualcuno non capisce, le istruzioni vengono ripetute anche più volte e solo alla fine in italiano (se necessario). Il gioco è condotto in inglese. T: *"What shape is this?/What has this shape?/What shape can you see?..."*

**Attività 4:** l'insegnante chiede agli alunni di realizzare un disegno fatto solo di figure geometriche e fa un esempio alla lavagna.

Il comando viene dato in inglese (solo se non capiscono le istruzioni, sarà ripetuto in italiano):

T: *"Now, draw a picture where everything is made with the shapes you know: triangles, circles, squares and so on. If you want, you can paint it. Use the colours you like. Work alone or in a group of three"*.

Gli alunni possono lavorare da soli o in gruppetti per 20'.

L'insegnante si avvicina ai vari gruppetti o ai singoli alunni e dà suggerimenti o chiarimenti in inglese e/o in italiano.

T: *"There are no animals. Why don't you draw a cat? Or a puppy?/What's that? Isn't it too small?/…"*.

Gli alunni sono incoraggiati a usare la lingua inglese, per quelle espressioni che già conoscono.

P: *"Excuse-me, can you help me, please?/Is this window ok?/Is red good for the book?"*

Non importa se a volte commettono degli errori o se la frase non è strutturalmente perfetta, a patto che il messaggio del loro enunciato sia comprensibile. L'insegnante lo ripeterà corretto e chiederà al bambino di ripeterlo. Se un bambino non sa comunicare il suo pensiero in modo inequivocabile, l'insegnante gli suggerirà *"Do you want to draw a tree?/Do you want to use yellow to colour the door?/…"*. Il bambino non comprenderà tutte le parole della frase, ma sicuramente capirà delle parole chiave *"yellow/door"* e risponderà di conseguenza. Gli ultimi 5' sono dedicati alla presa visione dei lavori e al loro apprezzamento. Il seguente disegno presenta un esempio su cui si può lavorare in un momento successivo (se si dispone di computer, il disegno può essere eseguito con un normale programma Paint o Powerpoint):

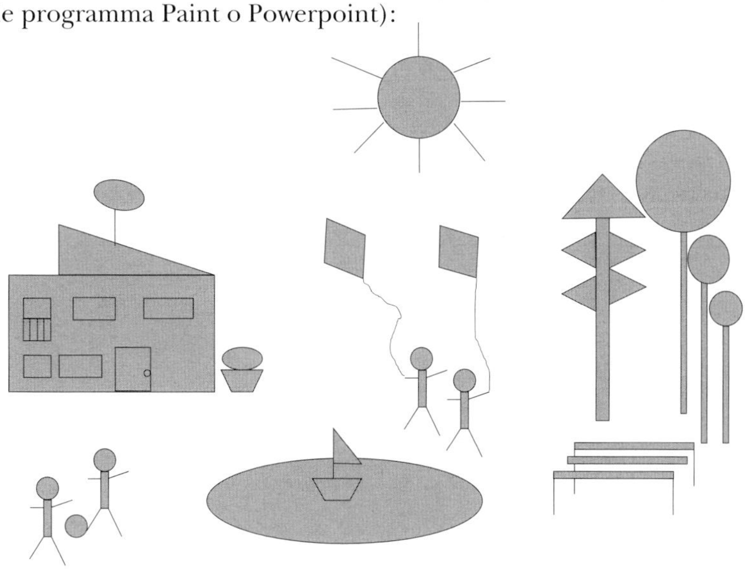

Dopo aver sviluppato l'unità per quattro ore, l'insegnante ha due opzioni:

a1) aggiungere un'altra lezione di inglese, per l'apprendimento di lessico nuovo, abbinato alle forme: "*Think of other objects with the shape you know*". L'insegnante invita gli alunni a lavorare in coppia e a disegnare gli oggetti di cui non conoscono il nome in inglese. Suggerisce di pensare a oggetti della loro casa, della casa dei nonni, della loro scuola, legati agli sport che praticano o ai loro *hobby* e in generale alla loro esperienza[17]. Poi ne sceglie alcuni (quelli che ritiene possano essere più utili ai fini della comunicazione in lingua) dai vari gruppi e si lavora su quelli (prima vengono pronunciati oralmente e memorizzati con la ripetizione reiterata, poi fatti trascrivere sul quaderno, se è stata creata una sezione *New Words* sotto il titolo *Objects and their shapes*, corredati da immagini o disegni, sotto forma di elenco o *mind map*. Di seguito forniamo un esempio.

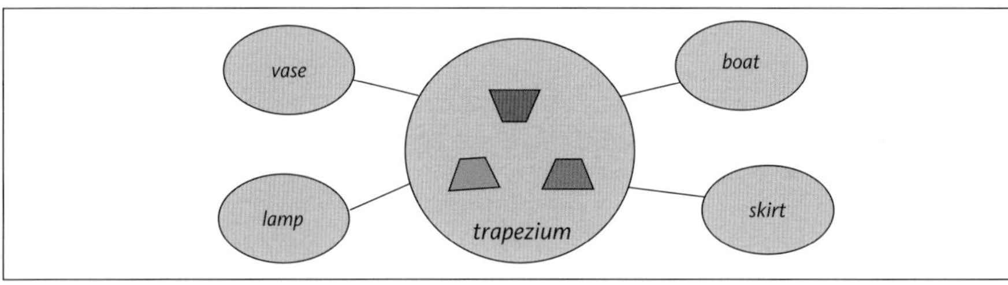


In alternativa, l'insegnante può ritirare i fogli degli alunni e preparare *flash card* con altri vocaboli da riproporre in sede di revisione.

a2) inserire una o più lezioni di matematica, per esercitare gli alunni sull'addizione e sottrazione e sulla misurazione dei lati, usando come unità di misura un quadretto (eventualmente introducendo il concetto di perimetro) (20'). In questa lezione l'insegnante può usare la lingua madre o la lingua straniera.

T: "*How long is the blue side of the rectangle?*".

P1: "*Four squares*".

T: "*Right answer! And the red side?*".

P2: "*Nine squares*".

T: "*Very well. Now measure all the sides together*".

*Look at me: What am I doing?*.

(L'insegnante usa dei bastoncini o del gesso colorato alla lavagna)

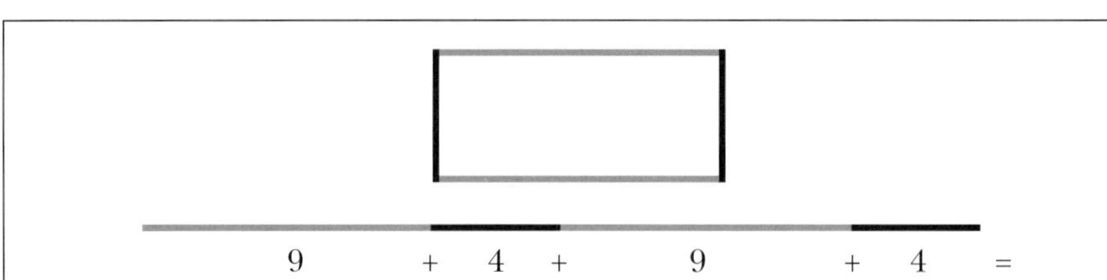


[17] Sempre secondo le indicazioni del QCER per il livello A1.

T: *"nine **and** four... nine... four..."*.

Ps: (ripetono insieme le parole mancanti che hanno già appreso): *"**and**... **and**... **make** twenty-six"*.

Un'altra attività, pensata per il raggiungimento dello stesso obiettivo (saper sommare, sottrarre e risolvere piccolissimi problemi), potrebbe essere la composizione e scomposizione delle figure geometriche. L'insegnante prepara o fa preparare (disegnare e ritagliare) un certo numero di triangoli (di varie tipologie), rettangoli e quadrati e ordina ai bambini di unire/togliere alcune figure, li incoraggia a scoprire altre forme, oppure chiede di costruire una determinata figura con le forme che possiedono o ancora di scoprire quante altre figure si nascondono in un'altra figura, come negli esempi seguenti. Naturalmente, si insiste sull'uso anche minimo della lingua inglese (*"Now, children, draw fifteen triangles in your paper. Some are different, some are exactly the same* [ne mostra alcuni, già pronti, di diverse misure o sovrapponibili]. *Then draw 10 rectangles and 6 squares... Are you ready? Got them? Now cut them...*).

1) T: *"Now, take two similar triangles and a rectangle. Join them. What is the new shape?*

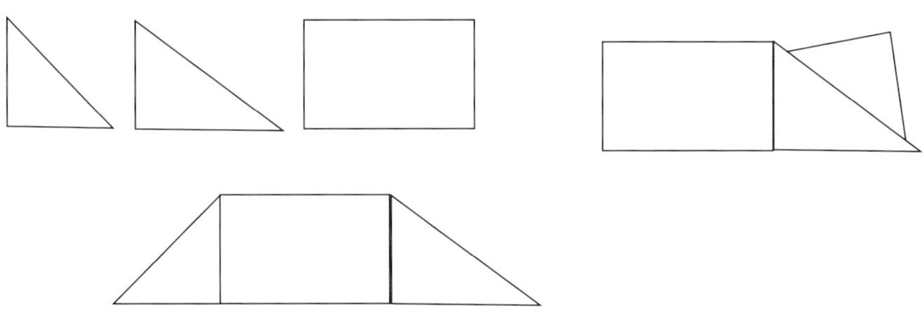

(I bambini faranno diverse prove, poi troveranno la forma corretta. Il primo bambino che riesce a "risolvere il problema" ha la parola.

T: *"So, Samuele, tell me the new shape. Two triangles and a rectangle make..."*.

P: *"Two triangles and a rectangle make a trapezium"*.

T: *"True or false, children?"*

Ps: *"True"*.

2) T: *"Take three rectangles. Cut them in two parts. What new shapes have you got now?*

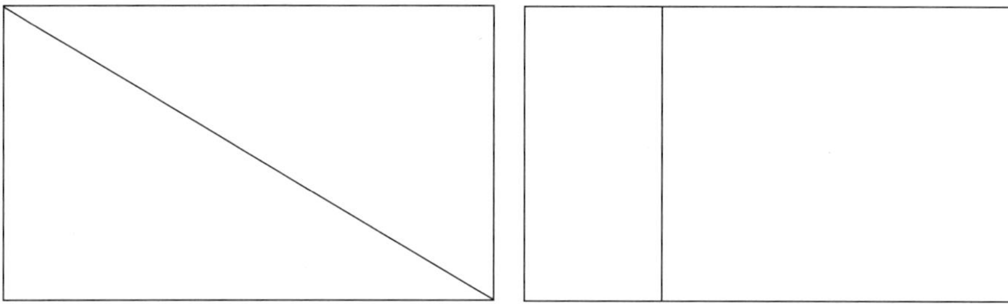

P1: *"Two triangles make a rectangle"*.
T: *"Fine, any more shapes?"*
P2: *"Two small rectangles. Look!"*
T: *"Perfect. Any more shapes?"*
P3: *"A triangle and a diamond"*.
T: *"Is that true?"*
P3: *"No, no, a triangle and a trapezium"*.
T: *"That's correct"*.

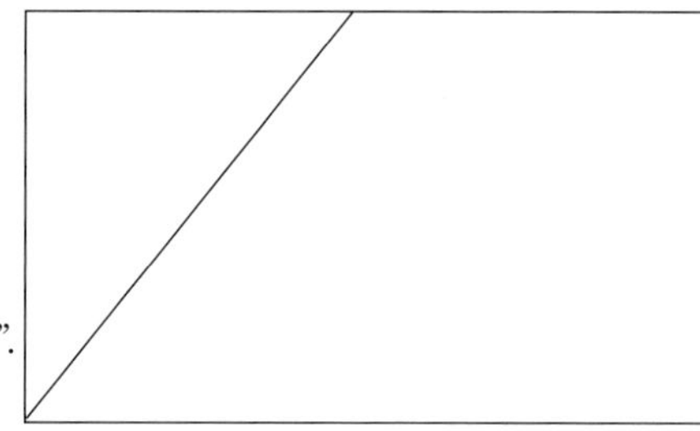

3) T: *"Count the triangles you see in this flag"*.

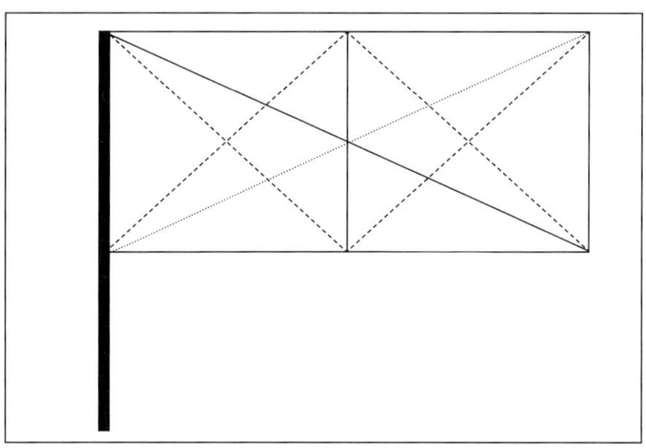

b) Se l'insegnante verifica che tutti gli alunni hanno raggiunto un livello minimo, per cui la ripetizione potrebbe risultare demotivante, può decidere di evitare le fasi a1 e a2 e di passare a un altro argomento, ricorrendo alle risorse già in possesso degli alunni, quali il lessico in lingua e le figure geometriche oggetto dell'unità di apprendimento.

## LEZIONE 5 - MATEMATICA E INGLESE

L'ultimo obiettivo che il docente si prefigge di raggiungere con questa UDA è l'apprendimento del concetto di spazio fisico e della posizione di persone e oggetti collocati in uno spazio. Ciò è vitale in matematica per il conseguimento dei futuri traguardi, ma è importante anche dal punto di vista della comunicazione verbale, quindi anche la lingua straniera è coinvolta nell'apprendimento dei termini specifici (preposizioni) che servono per comunicare la disposizione di oggetti/persone/parlante.

Se si preferisce, possono essere usate le figure geometriche, oggetto dello studio recente, come oggetti di riferimento, per continuare con altri esempi relativi a cose e persone sempre nella sfera delle esperienze di un bambino della scuola primaria.

Alcuni termini sono noti agli alunni, che li usano comunemente per descrivere e narrare, anche se talvolta il concetto è piuttosto vago. Si prenda l'esempio del termine "vicino" o il suo opposto "lontano", spesso usati in modo approssimativo perché gli alunni stanno ora iniziando ad apprendere gli strumenti per misurare la distanza. La scuola è lontana da casa, perché devono camminare per qualche centinaio di metri per raggiungerla a piedi, essendo abituati a viaggiare in auto e a impiegare un terzo del tempo. Un negozio è vicino a casa, ma potrebbe essere di fronte o di fianco, a destra o a sinistra, concetti che molti bambini ancora non posseggono.

Anche in questo caso l'insegnante si trova a un bivio: meglio presentare il nuovo argomento in italiano e successivamente in inglese o farlo contemporaneamente, magari usando alternativamente una o l'altra lingua, secondo la difficoltà e il livello di comprensione degli alunni?

Suggeriamo di usare la lingua straniera, almeno in prima battuta. Vale sempre la pena di fare un tentativo, visto che la comprensione orale, a questo livello, può essere facilitata dal concorso di immagini e video.

Tuttavia, se il ritmo di apprendimento della classe è piuttosto lento, è bene procedere per gradi e intervenire in lingua solo in un secondo momento. Un'attività non accessibile per i bambini è fonte di ansia, di demotivazione e di rifiuto sempre più categorico alla partecipazione. Un gioco o un esercizio è facile da apprendere nella misura in cui il bambino lo comprende e si diverte a farlo, non quando lo mette in una posizione di inferiorità e di imbarazzo rispetto agli altri e all'insegnante.

**Attività 1:** si può iniziare con una canzoncina in inglese sulle principali preposizioni (*on, under, between, near, next to ...)* o con un video tra i molti che sono disponibili nella rete[18] per motivare gli alunni ad apprendere le nuove parole e comprenderne il significato, senza l'intermediazione della lingua madre (10').

---

[18] Di seguito citiamo alcuni riferimenti utili: *www.englishexercises.org/makeagame/viewgame.asp?id=186* (il sito propone un video che illustra le posizioni con l'ausilio delle mani e una canzoncina da cantare accompagnata da gesti con le mani)
*www.kids-pages.com/folders/flashcards/Prepositions/page1.htm.*
*www.tt-group.net/text/mape_uma/Mind-Map-Prepositions-of-Place-large-image.htm* (indicato per alunni più grandi, ma da cui si possono prendere spunti per successivi lavori sulle preposizioni).

**Attività 2:** l'insegnante prepara dei cartelloni o dei disegni che proietterà sulla LIM con forme o oggetti in varie posizioni. L'esempio che segue indica alcune fra le principali preposizioni. L'insegnante sceglierà a sua discrezione quali e quante preposizioni presentare. Poiché i bambini devono memorizzarle e capire la loro funzione, si consiglia di procedere gradualmente con non più di 5-6 parole nuove per volta. Non scriverà la domanda né il pronome interrogativo ma si limiterà a ripetere la domanda più volte affinché gli alunni memorizzino il pronome *where*. Anche il materiale predisposto non rappresenterà frasi o parole scritte; eventualmente nascoste sotto una finestrella, si scriverà la preposizione che sarà mostrata solo in un secondo momento (25').

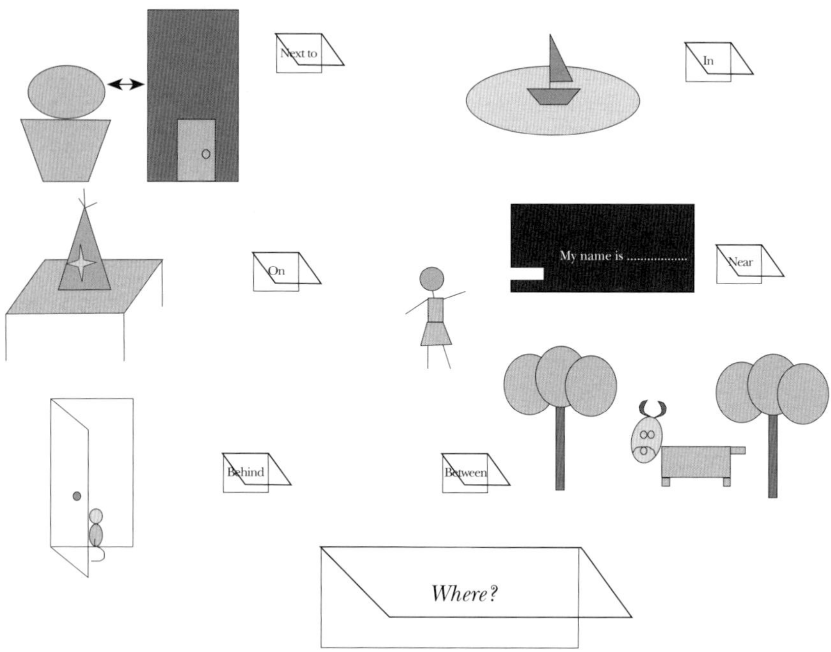


L'insegnante mostra un'immagine alla volta e pone la domanda:
T: *"Where's the vase? The vase is* ***next to*** *the house. It's* ***next to*** *the house. Now all together after me. Where's the vase? It's next to the house"*. I bambini ripetono più volte, ma non vedono la scritta, la finestrella rimane ancora chiusa. L'insegnante ripete la domanda per ciascuna figura. Gli alunni ripetono più volte, specialmente quando pronunciano le parole nuove in modo scorretto. Quindi l'insegnante, per verificare quanto hanno memorizzato, ripete le domande in ordine sparso:
T: *"Where's the hat?"*
Ps: *"It's on the table"*.
T: *"And where's the cow?"*.
Ps: *"The cow is near the trees"*.

T: "*You're right, but look more carefully...it's b...*".
Ps: "*Behind the trees*".
T: "*Well, really it isn't behind the trees. Look, the cat is behind the door. The cow is...*"
Ps: "*Between the trees*".
T: "*That's right! Let's say that again: The cow is between the trees. The cat is behind the door*".
.................................................................................................................

**Attività 3:** l'insegnante riprende il cartellone (o il materiale che ha predisposto), formula la domanda *(**Where's** the cat?)* e contemporaneamente solleva la finestrella corrispondente alla parola "*Where?*" e la ripete più volte, sollecitando alcuni alunni a ripetere la domanda. Quindi fornisce la risposta "*The cat is **behind** the door*" (il carattere neretto indica che la pronuncia della parola deve essere enfatizzata) e contemporaneamente apre la finestrella sotto cui vi è la scritta *behind*. Procede finché non appaiono tutte le scritte. Indicandole una ad una in ordine sparso, chiede agli alunni di ripeterle. Infine, richiude tutte le finestrelle e pone domande ad altri alunni che non sono già intervenuti ed essi rispondono. Il ritmo diviene più serrato via via che i bambini hanno memorizzato e si divertiranno a seguire o anticipare l'insegnante nella scelta dell'immagine da commentare (20').

Prima di completare la lezione, l'insegnante fa rivedere il video con cui si è aperta la lezione e ripropone la canzoncina "mimata" con le mani (5').

## LEZIONE 6 - INGLESE

Si è giunti alla conclusione dell'unità e questa lezione è di consolidamento di quanto gli alunni dovrebbero aver appreso, quindi è composta da esercitazioni e prove di verifica.

**Attività 1:** come *warm up*, si ripropongono mini-dialoghi come nella lezione precedente. Questa volta l'insegnante osserva dall'esterno e interviene solo in caso di evidente difficoltà da parte di qualche alunno, mentre i protagonisti sono gli alunni in coppia che pongono domande e forniscono risposte a turno (10').

**Attività 2:** in piccoli gruppi, gli alunni disegnano oggetti posti nelle posizioni imparate con l'ausilio del computer (se disponibile) o sul consueto materiale cartaceo. Accanto alle immagini, punteggiano uno spazio (per inserire la preposizione adatta). Quando hanno finito i disegni (4-5 immagini), i gruppi si scambiano i lavori e completano la scheda inserendo la preposizione.
L'insegnante interviene prima che incomincino a lavorare dando istruzioni su come eseguire la consegna usando la lingua straniera.
T: "*Please, listen to me: now in groups of three draw a picture with objects in the position you like. Then draw a line near the picture like that. Don't write please. Then swap your*

*paper with the one of another group like that. Your friends write the preposition in the gap/in the blank space. Do you understand me?"* Mentre dà le istruzioni, per far capire a tutti quello che devono fare, si aiuta con i gesti; ad esempio, quando dice "*groups of three*" conta sulle dita *"one, two, three"* e indica tre in modo che tutti capiscano o indica tre bambini, sempre contando. Quando ordina *"draw a line near the picture like that"* scrive una linea tratteggiata sulla lavagna. Ugualmente, dicendo *"swap your paper"*, farà il gesto di scambiare due oggetti simili tra due alunni. Solo nel caso in cui il messaggio non sia compreso, ricorrerà alla spiegazione in italiano (30').

| | |
|---|---|
|  |  |
| **in** | **behind** |
| ......................... | ......................... |

Segue un momento di correzione. I fogli ritornano al gruppo d'origine che controlla la correttezza delle preposizioni inserite. L'insegnante vigila che le correzioni siano appropriate ed eventualmente annota i suoi commenti sulla esecuzione, soprattutto se tutti i gruppi hanno commesso molti errori, perché il fallimento della prova sarà oggetto della valutazione del progetto e del *feedback* (10').

Se si ritiene di sottoporre la classe a prove di verifica in inglese, nel tempo rimanente si informerà la classe sulla tipologia della prova, sui tempi di svolgimento e si inviteranno gli alunni a rivedere, come lavoro personale domestico, quanto fatto nel corso dell'unità.

Di seguito elenchiamo le prove che potrebbero essere effettuate in un momento successivo:

> *Ascolto e comprensione*: sul foglio sotto o accanto all'immagine vi è una semplice frase in cui manca la preposizione . Una registrazione pronuncia la frase completa e i bambini devono scrivere nello spazio la parola mancante.

**Linda is ......................... Ann.**

**Alex is ......................... Ann.**

Registrazione: *"Linda is next to Ann. Alex is behind Ann"* Il testo viene fatto ascoltare due volte. Ai bambini viene dato il tempo per scrivere la parola mancante.

**Linda is** next to **Ann.**

**Alex is** behind **Ann.**

> *Ascolto e comprensione*: gli alunni devono disegnare secondo le istruzioni dell'insegnante.

*"Draw a circle in a square"*

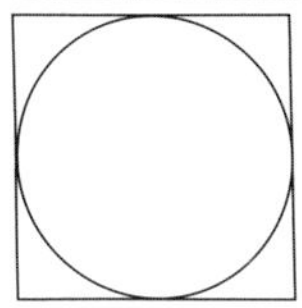

L'alunno disegna

*"Draw a diamond near a triangle"*

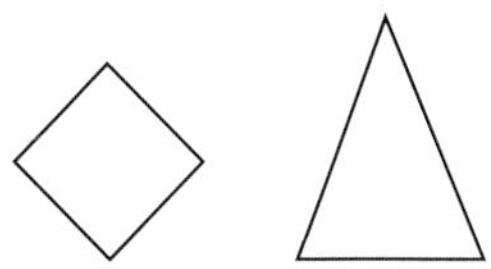

L'alunno disegna

> *Interazione orale*: L'insegnante intavola una breve conversazione con un alunno, partendo da un disegno che può essere proposto dall'alunno o dall'insegnante stesso; la conversazione include domande sull'UDA e su precedenti apprendimenti:

T: *"What a nice picture! What is it?*
P: *"The puppet is in the box".*
T: *"What shape is the box?"*
P: *"A rectangle".*
T: *"Tell me, what colour is the box?"*
P: *"Not know".*
T: *"I don't know. Say that again".*
P: *"I don't know. Tell me a colour".*
T: *"Well, I like yellow. My box is yellow. And your box?"*
P: *"The box is blue".*

L'insegnante registrerà gli esiti sulle sue griglie di osservazione. Nel caso della conversazione, è molto probabile che gli alunni commettano degli errori, ma l'insegnante non si soffermerà su ognuno e nemmeno interromperà l'alunno. Come nell'esempio, ripeterà la frase o la pronuncia corretta di una parola e la farà ripetere all'alunno nel corso della conversazione. In questa fase è importante che l'alunno colga il messaggio globale dell'interlocutore e che risponda prontamente con la maggior naturalezza possibile. Con alunni alle prime armi la "fluency" viene prima dell'"accuracy". Con questo non si intende trascurare certi errori che impediscono la comprensione, anzi certe deformazioni vanno rimosse al più presto per evitare che si consolidino, ma si vuole incentivare l'alunno a partecipare il più possibile. Se il parlante viene interrotto continuamente e ripreso per l'errore, si rifiuterà di interloquire alla prossima occasione. La versione corretta deve diventare spontanea con la continua ripetizione da parte del docente, dell'alunno e dei compagni, nonché dal sentire e risentire registrazioni, canzoni che contengono lessico e strutture oggetto di apprendimento.

Conclusa l'UDA, l'insegnante non dovrà dimenticare di procedere alla valutazione, basandosi sulle annotazioni nelle sue griglie, fatte *in itinere* o su un "diario di bordo" (fase di monitoraggio) e sugli eventuali esiti delle verifiche. In particolare, dalla valutazione e dal conseguente *feedback* devono emergere:

- i punti di forza (gli elementi che hanno mantenuto alta la motivazione e l'interesse e la cui tipologia va recuperata, con i debiti aggiustamenti, in fase di progettazione di altre unità);
- l'effettivo apprendimento da parte degli alunni (si prenda in considerazione un obiettivo per volta e, confrontando i suoi descrittori, secondo la stesura nel QCER, livello A1, con gli esiti in possesso dell'insegnante, si accerti che è stato raggiunto il livello minimo);
- gli aspetti critici che hanno impedito il raggiungimento del traguardo previsto (tempistica non ben calibrata, per difetto o per eccesso, eccesiva ripetitività, necessità di una maggior varietà delle attività proposte, contenuto eccessivamente ampio e inaccessibile al grado di maturità dei bambini o, viceversa, contenuto troppo scarno, che ha fatto scadere il livello di interesse degli apprendenti);
- il ricorso alla lingua inglese per attività legate anche a un'altra disciplina (è stato di giovamento per gli alunni o è stato un deterrente per il processo di apprendimento; dal punto di vista dell'insegnante, è stato uno stimolo ulteriore per il rinnovamento didattico e per la sua autostima come docente di lingua straniera o si è rivelato fonte di superlavoro e di ansia per la paura di non essere all'altezza del compito).

L'insegnante dovrebbe, infine, stilare un verbale da cui emergano le sue conclusioni, per uso personale, ma anche per costruire una "memoria storica" delle esperienze effettuate a uso e beneficio di tutti i docenti, affinché il patrimonio della scuola non vada disperso.

Il verbale potrebbe essere anche limitato a una semplice tabella come quella che segue.

| | |
|---|---|
| UDA N°.................................<br>TITOLO .................................<br>INSEGNAMENTI COINVOLTI ...........................................<br>DAL ................................ AL .........................................<br>N° ORE ..........................................................................<br>ALLEGATI<br>1. (mappa dell'UDA)<br>2. (*flashcard* sulle figure geometriche)<br>3. (cartellone delle preposizioni)<br>4. (*pendrive* con .ppt e .doc).................................................... | |
| DA RIPROPORRE | DA MODIFICARE |
| > Uso veicolare della lingua straniera<br>> Canzoncine e video<br>> Lavori in coppia e in piccoli gruppi<br>> Autocorrezione e correzione guidata<br>> .................................<br>> ................................. | > L'uso veicolare della lingua straniera deve essere limitato a vocaboli e comandi<br>> Evitare di ricorrere allo scritto<br>> Aumentare le attività di lettura<br>> Aumentare il tempo per le esercitazioni (es. disegni: i bambini hanno bisogno di più tempo per colorare, amano i colori)<br>> .....................................<br>> ..................................... |

## 4.5 Appendice

Nei capitoli precedenti si è ampiamente parlato delle modalità introdotte dal QCER rispetto alla programmazione del processo di apprendimento finalizzato all'acquisizione di determinati traguardi, fissati dalle *Indicazioni Nazionali* e tradotti dagli insegnanti in azioni didattiche. Per facilitare i docenti, sia nella esigenza contingente della preparazione delle prove d'esame, sia come guida nella prassi quotidiana di stesura della programmazione in lingua inglese, concludiamo con un riassunto delle varie fasi della programmazione usando la terminologia inglese corredata da una semplice definizione in lingua e da grafici per fissare visivamente le procedure.

**LEARNING UNIT PLAN** = a language learning programme is divided into *learning unit plans* made up of a set of *lessons plans* aiming at achieving one or more acquisition objectives.

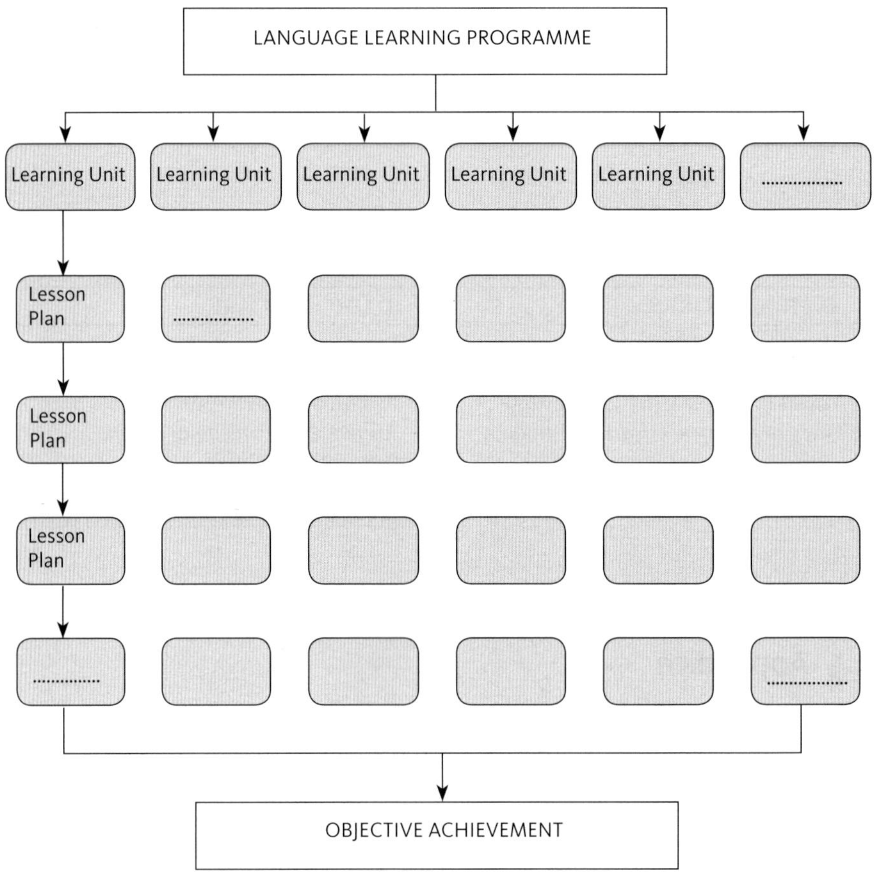


**SUB-DIVISION OF A LEARNING UNIT**

**OBJECTIVES** = learning targets you want to achieve at the end of the Learning Unit in view of the acquisition of language communication competence.

**APPROACH** = the method/s you want to use in order to make acquisition easier and appropriate to the learner's needs.

**CONTENT** = the situations, events, grammar structures, lexis, communicative functions thanks to which you can achieve the objectives. They must suit the learner's abilities and knowledge.

**ACTIVITIES** = the techniques, tasks, pieces of work, performances to practise and reinforce abilities.

**RESOURCES** = whatever is necessary for the activities and the tasks. They may be books, reference books, pictures, photos, pens, water colours etc. realia, multimedia. They also include human resources (experts, native speakers, support teachers).

**TIME** = the prospective time units needed to carry out the unit.

**IN-PROGRESS ASSESSMENT** = generally oral or written tests to make sure of the progress toward the achievement of the objective. It also includes reinforcement and make-up practice.

**EVALUATION** = global or sum-up information about the achievement of the objective.

**FEEDBACK** = revision of strengths and weaknesses of the learning unit detected during evaluation.

**RESHAPING** = amending, correcting and improving the unit in view of future plans.

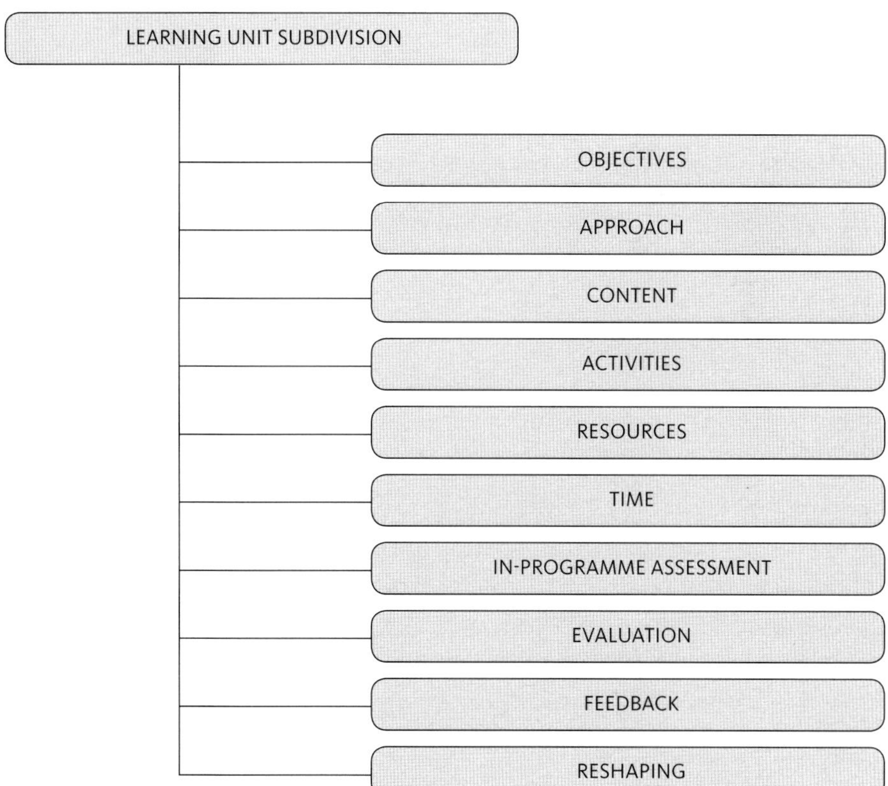

# 5 Capitolo Quinto
# Competenze lessicali e pedagogiche

## 5.1 Classroom management

### CLASSROOM RULES

- *Listen silently* (Ascolta/Ascoltate in silenzio).
- *Eye contact* (Contatto visuale).
- *Respect everyone* (Rispetta/Rispettate tutti).
- *Respect other skills, talents & productions* (Rispetta/Rispettate abilità, talenti e produzioni degli altri).
- *Come to class on time* (Arriva/Arrivate in classe in tempo).
- *Sit down unless you have permission to get up* (Resta seduto se non hai il permesso per alzarti).
- *Put up/Raise your hand to speak* (Alza/Alzate la mano per parlare).
- *Listen quietly while others are speaking* (Ascolta/Ascoltate in silenzio mentre gli altri parlano).
- *Be nice and polite, say please and thank you* (Sii gentile ed educato, dici "per favore e grazie").
- *Clean up the classroom* (Ripulisci/Ripulite l'aula).
- *Follow the teacher's instructions* (Segui le istruzioni dell'insegnante).
- *Always do your best* (Fai sempre del tuo meglio).
- *Respect others' personal belongings* (Rispetta le cose degli altri).
- *Complete your assignments and tasks* (Completa/Completate i tuoi/vostri esercizi e compiti).

### TERMS OF PRAISE AND DISAPPROVAL

- *Good. That is very good* (Bene. Molto bene).
- *Well done* (Ben fatto).
- *I knew you could do it* (Sapevo che ce la potevi fare).
- *I'm proud of you* (Sono fiero/a di te).
- *Now you've got it* (Adesso l'hai capito).
- *You figured it out* (Hai capito).
- *You should be proud of yourself* (Dovresti essere fiero di te).
- *High five* (Batti il cinque).
- *Nice. That is very nice* (Bello. Questo è molto bello).
- *Excellent. Wonderful* (Eccellente. Meraviglioso).

> *That's better. Much better* (Questo va meglio. Molto meglio).
> *Not bad* (Non male).
> *Correct* (Corretto).
> *Of course* (Naturalmente).
> *Exactly* (Esattamente).
> *Are you sure?* (Sei sicuro?).
> *No, that's not quite right* (No, non è proprio esatto).
> *One word isn't right* (Una parola non è corretta).
> *No, that's wrong* (No, questo è sbagliato).
> *I'll say that again* (Lo dirò di nuovo).
> *You didn't understand the sentence/the word* (Non hai capito la frase/la parola).
> *Try it again please* (Prova un'altra volta per favore).

## GENERAL INSTRUCTIONS

> *Not so loud please* (Non così forte per favore).
> *Please listen carefully* (Ascolta con attenzione).
> *Stand up please* (Alzati/Alzatevi in piedi per favore).
> *Form a circle* (Fai/Fate un cerchio).
> *Work for a minute with partners/your classmates* (Lavora/Lavorate per un minuto con i compagni).
> *Bring pictures along from home* (Porta/Portate fotografie da casa).
> *Tomorrow we're having a test* (Domani faremo un compito in classe).
> *Please write now* (Per favore adesso scrivi).
> *Please read now* (Per favore leggi adesso).
> *I'll/We'll begin now* (Inizieremo ora).
> *Begin now* (Iniziate ora).
> *Please stop writing/reading* (Per favore, smetti/smettete di scrivere/leggere).
> *Could I have your homework tests/exercises please?* (Posso avere i tuoi/vostri compiti/esercizi?).
> *Everyone should correct her or his own work* (Ognuno deve correggere il proprio lavoro).
> *Please correct your work* (Per favore, correggi il tuo lavoro).
> *Exchange your…with your neighbour/classmate* (Scambia…con il tuo vicino/compagno).
> *Open/close your books* (Aprite/Chiudete i vostri libri).
> *Turn to page 11 in your book* (Vai/Andate alla pagina 11 del vostro libro).
> *Repeat the letter/the word/the sentence/the expression* (Ripeti la lettera/parola/frase/espressione).
> *Once again please* (Un'altra volta per favore).
> *Louder/Clearer/Slower/Faster* (Più forte/chiaro/lento/veloce).
> *Jane, you alone* (Jane, tu da sola).
> *All everybody together* (Tutti insieme).
> *Repeat after me* (Ripeti dopo di me).
> *Just listen* (Ascolta/Ascoltate soltanto).
> *Listen carefully* (Ascolta/Ascoltate con attenzione).
> *Read the letter (the word, the sentence, the expression) aloud* (Leggi la lettera/parola/frase/espressione a voce alta).

- *Everyone should read one sentence* (Ognuno deve leggere una frase).
- *Start with line 17* (Comincia dalla riga 17).
- *Not on page 19, on page 20* (No a pagina 19, a pagina 20).
- *Go to the board* (Vai alla lavagna).
- *Will you go to the board please?* (Puoi per favore andare alla lavagna?).
- *Write the letter (the word, the sentence, the expression) on the board* (Scrivi la lettera/parola/frase/espressione alla lavagna).
- *Copy what is on the board* (Copia/Copiate quello che c'è sulla lavagna).
- *Who knows it (the answer)?* (Chi la sa (la risposta)?).
- *How do you say that in English?* (Come si dice in inglese?).
- *In English, please* (In inglese per favore).
- *Do you understand the question (the sentence)?* (Capisci la domanda/frase?).
- *Is it (too) difficult (easy)?* (È (troppo) difficile/facile?).
- *Have you finished?* (Hai finito?).
- *Now let's go on* (Ora andiamo avanti).
- *Now let's do something different* (Ora facciamo qualcosa di diverso).
- *Now let's begin something new* (Ora cominciamo con una cosa nuova).
- *That's enough for today* (È tutto per oggi).
- *Any questions/queries?* (Qualcuno ha una domanda?).
- *Any doubts?* (Dubbi?).

### STUDENT ANSWERS AND QUESTIONS

- *I don't understand that* (Non lo capisco).
- *I didn't understand that/I didn't catch it* (Non l'ho capito).
- *Oh, I understand now* (Ah, ho capito adesso).
- *I don't know (that)* (Non lo so).
- *Pardon/Excuse me?/I'm sorry* (Scusa?/Mi dispiace).
- *How do you say... in English?* (Come si dice... in inglese?).
- *Can you repeat the sentence please?* (Puoi ripetere la frase, per favore?).
- *I don't have the book/pen* (Non ho il libro/la penna).
- *Which page are we on? Which line?* (A quale pagina siamo? A quale riga?).
- *Where is that?* (Dove è quello?).
- *Can I ask you a question?* (Posso fare una domanda?).
- *What do we have due for tomorrow?* (Che cosa dobbiamo fare per domani?).
- *Written or orally?* (Dobbiamo farlo scritto o orale?).
- *Is that right?* (Va bene così?).
- *Can you help me?* (Mi puoi aiutare?).
- *Can I go to the toilet?* (Posso andare in bagno?).

### STARTING AN ACTIVITY

- *Collect information about...* (Raccogli/Raccogliete informazioni su...).
- *Colour the picture* (Colora/Colorate l'immagine).
- *Check your answers* (Controlla/controllate le tue/vostre risposte).

- > *Complete the sentences with words from the text* (Completa/Completate le frasi con le parole del testo).
- > *Correct the mistakes* (Correggi/Correggete gli errori).
- > *Explain...* (Spiega/Spiegate).
- > *Fill in the gaps* (Riempi/Riempite gli spazi).
- > *Find a partner* (Trova/Trovate un compagno).
- > *Guess* (Indovina/Indovinate).
- > *Find a possible question* (Trova/Trovate la domanda per le risposte).
- > *Finish the story* (Finisci/Finite la storia).
- > *Imagine* (Immagina/Immaginate).
- > *Listen to the CD* (Ascolta/Ascoltate il CD).
- > *Look at the pictures* (Guarda/Guardate le foto/immagini).
- > *Make sentences* (Fai/Fate delle frasi).
- > *Match the words* (Abbina/Abbinate le parole).
- > *Put in the right verbs* (Inserisci/Inserite i verbi adatti).
- > *Remember* (Ricordati/Ricordatevi).
- > *What's the story about?* (Di che cosa tratta la storia?).
- > *Write the sentences in the right order* (Scrivi/Scrivete le frasi nell'ordine corretto).
- > *Choose a colour* (Scegli/Scegliete un colore).
- > *Take a piece of paper* (Prendi/Prendete un foglio).
- > *Cut along the line* (Ritaglia/Ritagliate lungo la linea).
- > *Cut along the dotted line* (Ritaglia/Ritagliate lungo la linea tratteggiata).

### *IDIOMATIC EXPRESSIONS*

- > *That's nonsense!* (Macché! Che sciocchezze!).
- > *That's fantastic!* (È fantastico!).
- > *Too bad!* (Peccato!).
- > *Of course!* (Senz'altro!).
- > *Wow!* (Mamma mia!).
- > *That's right!* (È vero!).
- > *Stop that, please!* (Smettila!).
- > *What a nuisance!* (Non seccarmi!).
- > *Quiet!* (Zitto/Zitti!).
- > *Good luck! Break a leg!* (Buona fortuna! In bocca al lupo!).
- > *Have fun!* (Buon divertimento!).
- > *See you tomorrow!* (A domani!).
- > *Bye! Take care!* (Arrivederci!).
- > *Bless you!* (Salute!).
- > *Enjoy your meal!* (Buon appetito!).
- > *Pay attention!* (Fai attenzione!).
- > *Great!* (Magnifico!).
- > *You're lucky!* (Sei stato fortunato/Siete stati fortunati!).
- > *Enjoy yourself/yourselves!* (Divertiti/Divertitevi!).

- *Darn it!* (Perbacco!).
- *Thank goodness!* (Meno male!/Grazie a Dio!).

### *IDIOMS USED IN GAMES AND PHYSICAL EXERCISES*

- *On your mark, get set, go* (Pronti, partenza, via!).
- *It's your turn* (Tocca a te).
- *Who's first?* (Chi incomincia?).
- *Peter is last* (Pietro è l'ultimo).
- *My foot/my back hurts* (Mi fa male il piede/la schiena).
- *I've got a headache, stomachache, toothache, a sore throat, a cold, a cough, a temperature* (Ho mal di testa, di pancia, di denti, di gola, ho il raffreddore, ho la tosse, ho la febbre).
- *I enjoy it* (Mi diverto).
- *What's the matter?* (Che cosa è successo/Cos'hai?).
- *I'm sorry* (Mi dispiace).
- *That's impossible!* (È impossibile!).
- *Go away! Get lost*! (Vai via! Sparisci!)
- *I wish you good luck!* (Ti auguro buona fortuna!).
- *Once more* (Un'altra volta).
- *Don't rush! Please!* (Non correre! Non correte per favore!).
- *Let's start! Let's get down to work* (Cominciamo! Mettiamoci al lavoro).
- *Walk slowly!* (Cammina/Camminate lentamente!).
- *Be careful!* (Attenzione! Fai attenzione!).
- *Bring me the… please!* (Portami… per piacere!).
- *Let's play a game!* (Giochiamo ancora!).
- *Let's go to the gym!* (Andiamo in palestra!).
- *What would you like?* (Che cosa ti/vi piace?).
- *Who'd like to sing?* (Chi vuole cantare?).
- *Whose turn is it?* (A chi tocca?).
- *Is it my turn?* (Tocca a me?).
- *Choose a different counter and place it on Start* (Scegliete una pedina diversa e mettetela sulla casella d'inizio).
- *The player with the highest number goes first* (Comincia il giocatore con il numero più alto).
- *Throw the dice* (Tirate il dado a turni).
- *Move three spaces forward* (Vai avanti di tre caselle).
- *If you throw a six, you have another turn* (Se lanci un sei, hai un altro turno).
- *Move your game piece ahead* (Muovi la tua pedina in avanti).

### *QUESTIONS ABOUT SCHOOL*

- *What grade are you in?* (Cha classe fai?).
- *Which school do you attend?* (Che scuola frequenti?).
- *What courses are you taking?* (Quali corsi segui?).
- *Which course do you prefer?* (Che corso preferisci?).
- *Do you have a lot of homework?* (Devi fare tanti compiti?).

- *Are the exams difficult?* (Gli esami sono difficili?).
- *Is the school far from where you live?* (La scuola è lontana da dove abiti?).
- *Do you play sports?* (Pratichi degli sport?).
- *What are your hobbies?* (Quali sono i tuoi passatempi?).
- *What are your future plans?* (Quali sono i tuoi progetti per il futuro?).

## GLOSSARY OF EDUCATION TERMS

*Task-based learning* (insegnamento basato sullo svolgimento di compiti mirati).
*Autonomous learning* (Apprendimento autonomo).
*Assessment* (Valutazione).
*Authentic assessment* (Valutazione autentica).
*Formative assessment* (Valutazione formativa).
*Summative assessment* (Valutazione sommativa).
*Curriculum* (Programma scolastico).
*Cognitive development* (Sviluppo cognitivo).
*Cognitive dissonance* (Dissonanza cognitiva).
*Deductive learning* (Apprendimento deduttivo).
*Facilitator* (Facilitatore).
*Methodology* (Metodologia).
*Empathy* (Empatia).
*Warm-up* (Riscaldamento, attività iniziale di preparazione).
*Individual work* (Lavoro individuale).
*Intercultural understanding* (Comprensione interculturale).
*Mistake/error* (Sbaglio, errore).
*Group-work learning* (Apprendimento in gruppi di lavoro).
*Listening comprehension* (Ascolto e comprensione).
*Role-play* (Gioco di ruolo).
*Inductive learning* (Apprendimento induttivo).
*Intercultural competence* (Competenza interculturale).
*Syllabus* (Programma).
*Teaching strategy* (Strategia d'insegnamento).
*Aim/goal/objective* (Meta/proposito/obiettivo).
*Reading comprehension* (Lettura e comprensione del testo).
*Pair work/pair practice* (Lavoro a coppie).
*Change of perspective* (Cambio di prospettiva).
*Phase/stage* (Fase/stadio).
*Project work* (Didattica per progetti).
*Teacher training* (Formazione degli insegnanti).
*Key competence* (Competenza chiave).
*Learner-centered learning* (Apprendimento basato sul discente).
*Work experience* (Stage, tirocinio).
*Class arrangement* (Disposizione dell'aula).
*Silent work* (Lavoro in silenzio).
*Lesson plan* (Pianificazione della lezione).

*Procedure* (Procedura).
*Materials/resources* (Materiali/risorse).
*Teaching method* (Metodo d'insegnamento).
*Brainstorming* (Letteralmente "tempesta cerebrale", significa "farsi venire delle idee").
*Collaborative learning* (Apprendimento collaborativo).
*Creative thinking* (Pensiero creativo).
*Students with special needs* (Studenti con bisogni educativi speciali).
*Diversity* (Diversità).
*Individual Education Plan (IEP)* (Piano educativo individualizzato).
*Intrinsic motivation* (Motivazione intrinseca).
*Interdisciplinary approach* (Approccio interdisciplinare).
*Mind maps* (Mappe concettuali).
*Multicultural education* (Didattica interculturale).
*Peer tutoring* (Apprendimento tra pari).
*Discovery learning* (Apprendimento per scoperta).
*Plenary discussion* (Discussione in plenaria).
*Descriptors* (Descrittori).
*Teacher Talking Time (TTT)* (Ruolo dell'insegnante e del tempo che egli utilizza per parlare).
*Student Talking Time (STT)* (Tempo utilizzato dallo studente per parlare).
*Skimming* (Strategia di comprensione globale, per cogliere il senso generale del testo).
*Scanning* (Strategia di comprensione estensiva, per cogliere alcune informazioni specifiche sul testo).
*Lexical competence* (Competenza lessicale).
*Phonological control* (Controllo fonologico).
*Orthographic control* (Controllo ortografico).
*Spoken fluency* (Fluenza linguistica).
*Sociolinguistic appropriateness* (Appropriatezza socio-linguistica).
*Grammatical accuracy* (Accuratezza grammaticale).
*Evaluation grid* (Griglia di valutazione).
*Essay* (Tema).

### CLASSROOM OBJECTS

- *Blackboard/Whiteboard* (Lavagna).
- *Interactive Whiteboard (IWB)* (Lavagna interattiva multimediale).
- *Blackboard eraser* (Cancellino).
- *Book* (Libro).
- *Bookcase* (Libreria).
- *Bulletin board/Notice board* (Bacheca).
- *Calendar* (Calendario).
- *Chair* (Sedia).
- *Chalk* (Gesso).

- *Clock* (Orologio).
- *Computer* (Calcolatore).
- *Desk* (Scrivania).
- *Dictionary* (Dizionario).
- *Eraser* (Gomma).
- *Map* (Mappa).
- *Notebook* (Quaderno).
- *Pen* (Penna).
- *Pencil* (Matita).
- *Pencil sharpener* (Temperamatite).
- *Textbook* (Libro di testo).
- *Schoolbag* (Zaino, cartella).
- *Board pen* (Pennarello per lavagna).
- *Crayon* (Pastelli).
- *Folder* (Cartella).
- *Highlighter pen* (Evidenziatore).
- *Hole punch* (Perforatore).
- *Ruler* (Righello).
- *Workbook* (Libro degli esercizi).

### USEFUL VERBS IN THE CLASSROOM

- *To ask a question* (Fare una domanda).
- *To clean the board* (Cancellare la lavagna).
- *To listen to a CD* (Ascoltare un CD).
- *To open/close the book* (Aprire/chiudere il libro).
- *To raise/put up one's hand* (Alzare la mano).
- *To share a book* (Condividere il libro).
- *To swap places* (Scambiare posti).
- *To talk to a partner* (Parlare con il compagno).
- *To watch a video* (Guardare un video).
- *To work in groups* (Lavorare in gruppi).
- *To work in pairs* (Lavorare a coppie).
- *To divide in teams* (Suddividere in squadre).
- *To drop out* (Lasciare la scuola).
- *To learn* (Imparare).
- *To pass* (Passare).
- *To repeat a grade* (Essere bocciato).
- *To take an exam* (Fare un esame).
- *To teach* (Insegnare).
- *To line up* (Mettersi in fila).
- *To switch the light on/off* (Accendere/spegnere la luce).
- *To make a circle/To put the chairs in a circle* (fare un cerchio, disporre le sedie a forma di cerchio).
- *To clean-up* (Sistemare/pulire).

## 5.2 Semantic fields

### MY SCHOOL

| | LEVEL | | |
|---|---|---|---|
| | LOW | MEDIUM | HIGH |
| ROOMS/ PLACES (Stanze/ posti) | *classroom* (aula), *playground* (giardino), *corridor* (corridoio), *toilet* (bagno), *gym* (palestra) | *library* (biblioteca), *cafeteria* (bar), *teacher's room* (sala professori), *auditorium* (auditorio), *hall* (ingresso), *canteen* (mensa) | *janitor's room* (stanza del custode A.E.), *lab* (laboratorio), *locker room* (spogliatoio), *principal's room* (ufficio del direttore A.E.), *soccer field* (campo di calcio) |
| SCHOOL SUPPLIES (Materiale scolastico) | *pen* (penna), *pencil* (matita), *book* (libro), *rubber* (gomma), *crayon* (pastelli), *notebook* (quaderno), *marker* (pennarelli), *coloured pencils* (matite colorate), *stickers* (adesivi), *brush* (pennarello) | *glue* (colla), *scissors* (forbici), *schoolbag* (zaino), *pencil case* (astuccio), *ruler* (righello), *eraser* (cancellino), *folder* (cartella), *piece of paper* (foglio di carta), *calculator* (calcolatrice), *sellotape* (scotch), *compass* (bussola), *dividers* (compasso), *basket/bin* (cestino) | *mechanical pencil* (porta mine), *spiral notebook* (quaderno a spirale), *pencil sharpener* (temperamatite), *ink* (inchiostro), *highlighter* (evidenziatore), *binder* (raccoglitore), *briefcase* (cartella), *stapler* (spillatrice), *chalk* (gesso), *whiteboard marker* (pennarello per lavagna bianca), *recycled paper* (fogli di carta riciclata), *hole punch* (perforatrice), *biro craft knife* (taglierino) |
| PEOPLE (Gente) | *teacher* (maestro/a), *pupil* (allievo), *bus driver* (autista del pullman), *cook* (cuoco/a) | *school nurse* (infermiera della scuola), *classmate* (compagno), *librarian* (bibliotecario), *student* (studente), *secretary* (segretaria) | *coach* (allenatore), *janitor* (custode A.E.), *headmaster* (preside B.E.), *principal* (direttore/ direttrice), *cleaner* (donna/uomo delle pulizie), *caretaker* (bidello, custode B.E.) |

| | LEVEL | | |
|---|---|---|---|
| | LOW | MEDIUM | HIGH |
| CLASSROOM FURNITURE (Arredi della classe) | *table* (tavolo), *chair* (sedia), *blackboard* (lavagna), *Auteractive white board* (LIM), *window* (finestra), *door* (porta), *hanger* (appendi abiti), *computer* (computer), *hook* (gancio) | *desk* (banco), *bookcase* (libreria), *map* (mappa), *clock* (orologio) | *whiteboard* (lavagna bianca), *notice board* (bacheca), *globe* (mappamondo) *bulletin board* (albo), *trash bin, wastepaper basket* (cestino), *overhead projector* (lavagna luminosa) |
| ADJECTIVES (Aggettivi) | *red* (rosso), *blue* (azzurro, blu), *yellow* (giallo), *green* (verde), *pink* (rosa), *purple* (viola), *brown* (marrone), *big* (grande), *small* (piccolo) | *orange* (arancione), *white* (bianco), *black* (nero), *grey* (grigio), *large* (largo), *long* (lungo), *hard* (duro), *soft* (morbido) | *golden* (dorato), *silver* (argento), *navy blue* (blu scuro), *dark* (scuro), *light* (chiaro), *heavy* (pesante), *light* (leggero) |
| VERBS (Verbi) | *open* (aprire), *close* (chiudere), *draw* (disegnare), *sing* (cantare), *colour* (colorare), *read* (leggere), *repeat* (ripetere), *cut* (tagliare), *listen* (ascoltare) | *point to/at* (segnalare), *take out* (prendere), *show* (mostrare), *turn the page* (girare la pagina), *spell* (compitare), *study* (studiare), *count* (contare), *help* (aiutare), *write* (scrivere), *say* (dire) | *cheat* (copiare), *calculate* (calcolare), *learn* (imparare), *know* (sapere), *explain* (spiegare), *experiment* (sperimentare), *observe* (osservare) |
| EXPRES-SIONS (Espressioni) | *It is…* (Questo è)<br>*I've got a…* (Io ho …)<br>*Pass me the…* (Passami il/la …)<br>*The…is…* (Il/La … è ….)<br>*It is on/in the …* (È sopra/nel/nella …)<br>*Have you got a …?* (Hai un/una …)/*No, I haven't* (Non ce l'ho)/ *Yes I've got one* (Sì ce l'ho)<br>*Where is the …?* (Dove è il/la …) | | |
| FALSE FRIENDS (Falsi amici) | *basket* = cesto (*basketball* = pallacanestro), *scholar* = studioso (scolaro = *pupil*), *principal* = preside (A.E.) (principale = *main*), *library* = biblioteca (libreria = *bookshop*) | | |

# FOOD

| | LEVEL | | |
|---|---|---|---|
| | LOW | MEDIUM | HIGH |
| FRUITS (Frutta) | *pear* (pera), *banana* (banana), *apple* (mela), *melon* (melone), *orange* (arancia), *cherry* (ciliegia) | *grapes* (uva), *peach* (pesca), *watermelon* (anguria), *lemon* (limone), *plum* (prugna), *coconut* (cocco) | *apricot* (albicocca), *blueberry* (mirtillo), *pineapple* (ananas), *strawberry* (fragola), *grapefruit* (pompelmo) |
| VEGETABLES (Vegetali) | *tomato* (pomodoro), *onion* (cipolla), *carrot* (carota), *corn* (mais), *potato* (patata) | *beans* (fagioli), *mushroom pumpkin* (zucca), *rice* (riso), *lettuce* (lattuga) | *cabbage* (cavolfiore), *garlic* (aglio), *peas* (piselli), *cucumber* (cocomero) |
| DRINKS (Bevande) | *milk* (latte), *water* (acqua), *coffee* (caffè), *tea* (tè) | *coke* (coca cola), *ice* (ghiaccio), *juice* (succo), *beer* (birra) | *wine* (vino), *ice-tea* (tè freddo) |
| MEATS (Carni) | *bacon* (pancetta), *fish* (pesce), *chicken* (pollo), *ham* (prosciutto) | *hamburger* (hamburger), *hot dog* (hot dog), *meat* (carne), *sausage* (salsiccia), *turkey* (tacchino) | *beef* (manzo), *lamb* (agnello), *pork* (carne di maiale), *roast* (arrosto) |
| THINGS WE USE (Cose che usiamo) | *glass* (bicchiere), *cup* (tazza), *plate* (piatto) | *knife* (coltello), *fork* (forchetta), *spoon* (cucchiaio), *napkin* (tovagliolo) | *bowl* (ciotola), *saucer* (piattino), *pan* (padella) |
| OTHER WORDS (Altre parole) | *butter* (burro), *cake* (torta), *cheese* (formaggio), *cookie* (biscotto), *egg* (uovo), *ice-cream* (gelato), *salad* (insalata), *sandwich* (panino), *sugar* (zucchero) | *bread* (pane), *candy* (dolcetto), *cereal* (cereali), *dessert* (dolce), *honey* (miele), *jam* (marmellata) | *jelly* (gelatina), *mustard* (senape), *noodle* (tagliatelle), *pepper* (pepe), *sauce* (sugo), *vinegar* (aceto), *oil* (olio), *nut* (nocciola), *muffin* (muffin) |
| MEALS (Pasti) | *breakfast* (colazione), *dinner* (cena), *lunch* (pranzo), *meal* (pasto), *snack* (merendina), *supper* (cena) | | |
| ADJECTIVES (Aggettivi) | *fresh* (fresco), *raw* (crudo), *tough* (duro), *bitter* (amaro), *crunchy* (croccante), *sweet* (dolce), *tasteless* (insipido) | | |

| | |
|---|---|
| VERBS<br>(Verbi) | *bake* (cuocere al forno), *boil* (bollire), *cook* (cucinare), *fry* (friggere), *grill* (fare alla griglia), *heat* (riscaldare), *roast* (arrostire), *steam* (a vapore), *bite* (mordere), *chew* (masticare) *swallow* (deglutire), *chop* (tagliare), *add* (aggiungere), *peel* (spellare), *mix* (mischiare) |
| EXPRESSIONS<br>(Espressioni) | *I like* … (Mi piace…)<br>*I don't like* … (Non mi piace…)<br>*Do you like…?* (Ti piace…?)<br>*Yes, I do. / No, I don't.*<br>*I have… for lunch/breakfast/dinner* (Per pranzo/colazione/cena ho mangiato…)<br>*This meat is raw* (Questa carne è cruda)<br>*Bake the bread* (Cuoce il pane)<br>*Peel the lemons* (Sbuccia i limoni)<br>*Weigh the sugar* (Misura lo zucchero)<br>*Boil the water* (Metti a bollire l'acqua)<br>*Mix the ingredients* (Mescola gli ingredienti) |
| FALSE FRIENDS<br>(Falsi amici) | *pane* = vetro (*bread* = pane), *vine* = vite (*wine* = vino) |
| IDIOMS<br>(Espressioni idiomatiche) | *full of beans* (essere in forma), *go bananas* (diventare pazzo), *piece of cake* (una cosa che è molto semplice o facile). |

# MATHEMATICS

| | LEVEL | | |
|---|---|---|---|
| | LOW | MEDIUM | HIGH |
| COLOURS (Colori) | *red* (rosso), *blue* (azzurro, blu), *yellow* (giallo), *green* (verde), *pink* (rosa), *purple* (viola) | *orange* (arancione), *white* (bianco), *black* (nero), *grey* (grigio), *brown* (marrone) | *golden* (dorato), *silver* (argento), *navy blue* (blu scuro), *dark* (scuro), *light* (chiaro) |
| GEOMETRY (Geometria) | *circle* (cerchio), *square* (quadrato), *triangle* (triangolo) | *star* (stella), *rectangle* (rettangolo), *oval* (ovale), *hexagon* (esagono), *pentagon* (pentagono), *rhombus* (rombo) | *cube* (cubo), *cone* (cono), *prism* (prisma), *cylinder* (cilindro), *sphere* (sfera), *polygon* (poligono), *symmetry* (simmetria) |
| LENGTH (Measuring time) | *day* (giorno), *season* (stagione), *week* (settimana), *calendar* (calendario) *days of the week* (giorni della settimana) *Monday* (lunedì), *Tuesday* (martedì), *Wednesday* (mercoledì), *Thursday* (giovedì), *Friday* (venerdì), *Saturday* (sabato), *Sunday* (domenica), *seasons* (stagioni), *autumn* (autunno), *winter* (inverno), *spring* (primavera), *summer* (estate) | *year* (anno), *months of the year* (mesi dell'anno), *January* (gennaio), *February* (febbraio), *March* (marzo), *April* (aprile), *May* (maggio), *June* (giugno), *July* (luglio), *August* (agosto), *September* (settembre), *October* (ottobre), *November* (novembre), *December* (dicembre), *yesterday* (ieri), *tomorrow* (domani) | *clockwise* (senso orario), *in the morning* (nella mattina), *in the afternoon* (nel pomeriggio), *in the evening* (la sera), *at night* (di notte), *never* (mai), *sometimes* (qualche volta), *often* (spesso), *usually* (solitamente) |

| | LEVEL | | |
|---|---|---|---|
| | LOW | MEDIUM | HIGH |
| SIZES/ WEIGHT/ VOLUME (Dimensione/ peso/volume) | *big* (grande), *small* (piccolo), *long* (lungo), *short* (corto) | *medium height* (mezza altezza), *kilogram* (kilogrammo), *gram* (grammo), *liter* (litro), *scales* (bilancia) | *comparatives, superlatives*: *big-bigger-biggest* (grande, più grande, il più grande), *small-smaller-smallest* (piccolo, più piccolo, il più piccolo), *fast-faster-fastest* (veloce, più veloce, il più veloce), *cup* (tazza), *ounce* (oncia) |
| NUMBERS (Numeri) | *from one to ten* (dall'uno al dieci) | *from 10 to 30, to tell the date* ($1^{st}$, $2^{nd}$, $3^{rd}$, $4^{th}$...) (dire la data) | *From 1 to 100, and reading dates till two thousand and...* (leggere gli anni) |
| TELLING THE TIME (Dire l'ora) | *o'clock* (in punto), *hour* (ora), *minute* (minuto), *second* (secondo) | *half past* (e mezza), *quarter to* (meno un quarto), *quarter past* (e un quarto), *half an hour* (mezz'ora) | *5-10-20-25 past-* (sono le ... e 5, e 10, e 20), *25-20-10-5 to* (sono le... meno 25-20-10-5), *minute hand* (lancetta dei minuti), *second hand* (lancetta dei secondi) |
| LOCATION (Posizione) | *next to* (accanto a), *under* (sotto), *on* (sopra), *in* (dentro), *near* (vicino) | *in front of* (davanti), *between* (tra), *opposite* (di fronte), *behind* (dietro), *inside* (dentro), *up* (su), *down* (giù) | *above* (di sopra, senza contatto), *over* (sopra, in movimento), *across* (attraverso), *besides* (accanto a), *left* (sinistra), *right* (destra) |
| VERBS (Verbi) | *calculate* (calcolare), *check* (comprovare), *circle* (fare un cerchio), *convert* (convertire), *count* (contare), *draw* (disegnare), *measure* (misurare), *point* (segnalare), *add* (aggiungere). | | |

| | |
|---|---|
| EXPRESSIONS (Espressioni) | *It is...* (Questo è...).<br>*What colour is...?* (Di che colore è...?).<br>*It is...o'clock* (Sono le... in punto).<br>*What time is it?* (Che ore sono?).<br>*I never go to school by bus* (Non vado mai a scuola con l'autobus).<br>*He always wakes up at 8 o'clock* (Lui si alza sempre alle otto).<br>*They sometimes go to the cinema* (Loro a volte vanno al cinema).<br>*It's bigger than a ladybug* (È più grande di una coccinella).<br>*It's the biggest beetle* (È il più grande scarafaggio).<br>*Where are the books? They are on the shelf* (Dove sono i libri? Sono sulla mensola).<br>*The cushion is in the living room* (Il cuscino è nel salotto).<br>*Today is the 23rd of November* (Oggi è il 23 di novembre).<br>*It is half past...* (Sono le... e mezza).<br>*It's a quarter to...* (Sono le... meno un quarto).<br>*It's a quarter past...* (Sono le... e un quarto).<br>*I go to school in the morning/afternoon/evening/at night* (Vado a scuola la mattina/pomeriggio/sera/notte).<br>*What time do you brush your teeth?* (A che ora ti lavi i denti?).<br>*Where is the book?* (Dove è il libro?).<br>*It is in front of/between/opposite/behind the...* (È di fronte/tra/di fronte a/dietro).<br>*There is a... under/on/in/next to* (C'è un... Sotto, sopra, nell'/accanto a).<br>*Today is...* (Oggi è).<br>*Tomorrow will be...* (Domani sarà).<br>*Yesterday was...* (Ieri era...). |
| FALSE FRIENDS (Falsi amici) | *estate* = proprietà (estate = *summer*) |
| IDIOMS (Espressioni idiomatiche) | *at the eleventh hour* (è troppo tardi), *fifth wheel* (una cosa necessaria), *five finger discount* (hai rubato qualcosa) |

# CLOTHES

| | LEVEL | | |
|---|---|---|---|
| | LOW | MEDIUM | HIGH |
| CLOTHES (Vestiti) | *jacket* (giacca), *t-shirt* (maglietta), *dress* (vestito da donna), *trousers* (pantaloni), *skirt* (gonna), *jumper* (maglione), *shorts* (pantaloncini) | *swimsuit* (costume da bagno), *jeans* (jeans), *raincoat* (impermeabile), *shirt* (camicia), *coat* (capotto), *suit* (abito), *pyjamas* (pigiama) | *mittens* (muffole), *blouse* (camicetta), *sweater* (maglione), *tracksuit* (tuta sportiva), *tie* (cravatta), *sweatshirt* (felpa), *dressing gown* (vestaglia) |
| ACCESSORIES (Accessori) | *bag* (borsa), *glasses* (occhiali), *gloves* (guanti), *hat* (cappello) | *belt* (cintura), *sunglasses* (occhiali da sole), *scarf* (sciarpa), *umbrella* (ombrello), *earrings* (orecchini) | *woolly hat* (cappello di lana), *purse* (borsa), *tights* (calze), *wallet* (portafoglio), *watch* (orologio), *helmet* (casco), *contact lenses* (lenti a contatto), *hair band* (cerchietto) |
| SHOES (Scarpe) | *shoes* (scarpe), *boots* (stivali) | *sandals* (sandali), *trainers, sneakers or tennis shoes* (scarpe sportive) | *slippers* (pantofole) |
| MATERIALS (Materiali) | *cotton* (cotone), *denim* (tela di jeans), *leather* (pelle), *linen* (lino), *rubber* (gomma), *silk* (seta), *wool* (lana), *nylon, polyester.* | | |
| EXPRESSIONS (Espressioni) | *I'm wearing (colour)...* (Io ho un (colore)...)<br>*What is he/she wearing?* (Che sta indossando lui/lei?)<br>*What do we wear in winter/autumn/summer/spring?* (Che abiti indossiamo in inverno/autunno/estate/primavera?)<br>*He's/She's wearing a scarf.* (Lui/Lei indossa una sciarpa)<br>*Is he/she wearing sunglasses?* (Porta lei/lui occhiali da sole?)<br>*How much does it cost?* (Quanto costa?)<br>*It costs 30 euros.* (Costa 30 euro) | | |
| VERBS (Verbi) | *to wear* (indossare), *to take off* (togliersi), *to put on* (mettersi), *to dress up* (mettersi in ghingheri), *to button* (abbottonare), *to kick off* (togliersi le scarpe velocemente senza slacciarle), *to try on* (misurare abiti) | | |
| IDIOMS (Espressioni idiomatiche) | *tighten your belt* (devi spendere di meno), *put on your thinking cap* (tentare di risolvere un problema, pensare) | | |

## ANIMALS

| | LEVEL | | |
|---|---|---|---|
| | LOW | MEDIUM | HIGH |
| PETS<br>(Animali domestici) | *cat* (gatto),<br>*dog* (cane),<br>*bird* (uccello),<br>*hamster* (criceto) | *parrot* (pappagallo),<br>*iguana* (iguana),<br>*canary* (canarino),<br>*tortoise* (tartaruga),<br>*chinchilla* (cincillà),<br>*lizard* (lucertola) | *ferret* (furetto),<br>*Guinea's pig* (porcellino d'India),<br>*basset* (bassotto),<br>*dalmatian* (dalmata) |
| WILD ANIMALS<br>(Animali selvaggi) | *tiger* (tigre),<br>*lion* (leone),<br>*snake* (serpente),<br>*zebra* (zebra),<br>*monkey* (scimmia),<br>*bear* (orso),<br>*elephant* (elefante),<br>*giraffe* (giraffa) | *hedgehog* (riccio),<br>*snail* (lumaca),<br>*flamingo* (fenicottero),<br>*gorilla* (gorilla),<br>*fox* (volpe),<br>*kangaroo* (canguro),<br>*hippopotamus* (ippopotamo),<br>*squirrel* (scoiattolo),<br>*crocodile* (coccodrillo) | *python* (pitone),<br>*owl* (gufo),<br>*wolf* (lupo),<br>*alligator* (caimano),<br>*cheetah* (ghepardo),<br>*eagle* (aquila),<br>*deer* (cervo),<br>*camel* (cammello),<br>*beaver* (castoro) |
| FARM ANIMALS<br>(Animali della fattoria) | *chicken* (pollo),<br>*cow* (mucca),<br>*horse* (cavallo),<br>*pig* (maiale),<br>*sheep* (pecora),<br>*rabbit* (coniglio),<br>*mouse* (topo),<br>*frog* (rana) | *goose* (oca),<br>*goat* (capra),<br>*turtle* (tartaruga),<br>*turkey* (tacchino),<br>*duck* (anatra),<br>*swan* (cigno),<br>*donkey* (asino),<br>*hen* (gallina) | *bull* (toro),<br>*buffalo* (bisonte),<br>*foal* (puledro),<br>*calf* (vitello),<br>*rooster* (gallo),<br>*chick* (pulcino) |
| SEA ANIMALS<br>(Animali marini) | *fish* (pesce),<br>*dolphin* (delfino),<br>*starfish* (stella marina),<br>*shark* (pescecane),<br>*crab* (granchio),<br>*penguin* (pinguino) | *whale* (balena),<br>*octopus* (polipo),<br>*goldfish* (pesce rosso),<br>*seal* (foca),<br>*sea lion* (otaria),<br>*seahorse* (cavalluccio marino),<br>*clam* (mollusco) | *jellyfish* (medusa),<br>*lobster* (aragosta),<br>*shrimp* (gamberetto),<br>*eel* (anguilla),<br>*oyster* (ostrica),<br>*squid* (calamaro),<br>*seagull* (gabbiano) |
| INSECTS<br>(Insetti) | *spider* (ragno),<br>*ladybug* (coccinella),<br>*bat* (pipistrello),<br>*butterfly* (farfalla) | *ant* (formica),<br>*bee* (ape),<br>*beetle* (scarafaggio),<br>*fly* (mosca),<br>*moth* (falena) | *grasshopper* (cavalletta),<br>*scorpion* (scorpione),<br>*wasp* (vespa) |

| | LEVEL | | |
|---|---|---|---|
| | LOW | MEDIUM | HIGH |
| ANIMAL'S BODY PARTS (Parti del corpo degli animali) | *wings* (ali), *tail* (coda), *shell* (guscio), *teeth* (denti) | *feathers* (piume), *hair* (pelo), *claws* (artigli), *scales* (squame), *fur* (pelliccia, pelo) | *whiskers* (baffi), *antlers* (palchi, ramificazioni), *trunk* (proboscide), *hoof* (zoccolo), *beak* (becco), *fins* (pinne) |
| ADJECTIVES (Aggettivi) | *friendly/dangerous* (amichevole/pericoloso), *beautiful* (bello), *big* (grande), *little* (piccolo), *fast* (veloce), *slow* (lento), *long* (lungo), *short* (corto), *furry* (peloso), *ferocious* (feroce), *poisonous* (velenoso), *tame* (docile), *herbivorous* (erbivoro), *carnivorous* (carnivoro) | | |
| ANIMAL'S HABITATS (Habitat degli animali) | *farm* (fattoria), *sea* (mare), *jungle* (jungla) | *desert* (deserto), *north/south pole* (polo nord/sud), *forest* (foresta), *mountain* (montagna), *river* (fiume) | *savannah* (savana), *rainforest* (foresta pluviale), *waterfalls* (cascate) |
| ANIMAL'S SOUNDS (I versi degli animali) | *bees buzz* (ronzio dell'ape), *cats miaow or purr* (miagolio o fusa), *cockerels cock-a-doodle-doo* (chicchirichì), *cows moo* (muggito), *dogs bark* (abbaiare), *ducks quack* (qua qua dell'anatra), *flies buzz* (ronzio della mosca), *frogs croak or go ribbit,* (gracidare della rana) *geese honk* (verso dell'anatra selvatica), *goats bleat* (belato), *hens cluck* (chiocciare), *horses neigh* (nitrito), *mice squeak* (squittio), *pigs oink* (grugnito), *snakes hiss* (sibilo del serpente) | | |
| EXPRESSIONS (Espressioni) | *Have you seen horses?* (Hai mai visto dei cavalli?).<br>*Do you like dogs?* (Ti piacciono i cani?).<br>*Are you afraid of spiders?* (Hai paura dei ragni?).<br>*Dolphins are friendly* (I delfini sono amichevoli).<br>*Sharks are dangerous* (Gli squali sono pericolosi).<br>*There is a crocodile under/on/in/next to the bed* (C'è un coccodrillo sotto/sopra/dentro/vicino al letto).<br>*Has it got red wings?* (Ha le ali rosse?).<br>*Yes, it has. / No, it hasn't* (Sì ce le ha/No, non ce le ha).<br>*Which snake is longer?* (Quale serpente è più lungo?).<br>*Sisi is longer than Tamy* (Sisi è più lunga di Tamy). | | |
| IDIOMS (Espressioni idiomatiche) | *ant's in one's pants* (sei ansioso per qualcosa), *eager beaver* (una persona che lavora sodo), *birds of a feather flock together* (Dio li fa, e poi li accoppia), *red flag to a bull* (una cosa che fa arrabbiare qualcuno) | | |

## THE HOUSE

| | LEVEL | | |
|---|---|---|---|
| | LOW | MEDIUM | HIGH |
| ROOMS (Stanze) | *bathroom* (bagno), *kitchen* (cucina), *bedroom* (camera da letto), *garden* (giardino) | *hall* (ingresso), *corridor* (corridoio), *dining room* (sala da pranzo), *garage* (garage), *swimming pool* (piscina) | *roof* (tetto), *den/study* (studio), *hallway* (vestibolo), *porch* (veranda), *entrance* (ingresso), *greenhouse* (serra), *laundry room* (lavanderia), *court yard* (cortile) |
| IN THE KITCHEN (Nella cucina) | *chair* (sedia), *table* (tavolo), *clock* (orologio), *oven* (forno), *fork* (forchetta), *spoon* (cucchiaio), *knife* (coltello) | *cooker* (fornelli), *cupboard* (armadio), *fridge* (frigorifero), *microwave* (microonde), *toaster* (tostapane), *bowl* (ciotola) | *sink* (lavandino), *stove* (stufa), *mixer* (frullatore), *waste bin* (cestino), *saucepan* (casseruola), *frying pan* (padella), *kettle* (bollitore), *tin opener* (apriscatole) |
| IN THE LIVING ROOM (Nel soggiorno) | *carpet/rug* (tappeto), *sofa* (divano), *picture* (quadro), *vase* (vaso), *television* (televisione) | *bookcase* (libreria), *curtain* (tenda, tendina), *shelf* (mensola), *chimney* (camino), *armchair* (poltrona) | *coach* (divano), *fan* (ventilatore), *vacuum cleaner* (aspirapolvere), *fireplace* (caminetto), *radiator* (calorifero) |
| IN THE BEDROOM (Nella stanza da letto) | *bed* (letto), *lamp* (lampada) | *closet* (armadio), *desk* (scrivania), *pillow* (cuscino) | *blanket* (lenzuola), *bunk bed* (letto a castello), *crib* (culla), *bedside table* (comodino), *chest of drawer* (cassettiera) |
| IN THE BATHROOM (Nel bagno) | *toilet* (gabinetto), *mirror* (specchio), *bath* (vasca da bagno), *toothbrush* (spazzolino da denti), *towel* (asciugamano) | *dishwasher* (lavastoviglie), *shower* (doccia), *basin* (lavandino), *hairdryer* (asciugacapelli) | *bath tap* (rubinetto), *toilet roll* (carta igienica), *razor* (rasoio), *shaving foam* (schiuma da barba) |

| | LEVEL | | |
|---|---|---|---|
| | LOW | MEDIUM | HIGH |
| STRUCTURE (Strutture) | *door* (porta), *window* (finestra), *floor* (pavimento), *wall* (muro) | *furniture* (mobili), *stairs* (scale), *roof* (tetto), *column* (colonna) | *ceiling* (soffitto), *basement* (cantina) |
| TYPES OF HOMES (Tipi di case) | *attic* (attico), *apartment* (appartamento A.E.), *flat* (appartamento B.E.), *castle* (castello), *loft, skyscraper* (grattacielo), *bungalow* (bungalow), *farmhouse* (fattoria), *villa* (villa), *caravan* (caravan), *igloo* (iglù), *tent* (tenda) | | |
| OTHER WORDS (Altre parole) | *address* (indirizzo), *key* (chiave), *home* (casa), *heating* (riscaldamento), *dog house* (canile), *front door* (porta d'ingresso) *fence* (steccato), *mailbox* (cassetta della posta), *bell* (campanello) | | |
| VERBS (Verbi) | *to stay* (restare), *to live* (abitare), *to go home* (andare a casa) | | |
| EXPRESSIONS (Espressioni) | *…'s in/on the …* (sta in… sta sopra il/la…).<br>*Where's the (lamp)?* (Dove è la lampada?).<br>*It's under the table* (Sta sotto il tavolo).<br>*Where are the books? They are on the shelf* (Dove sono i libri? Sono sulla mensola).<br>*The cushion is in the living room* (Il cuscino è nel soggiorno).<br>*Lindy is having a shower* (Lindy sta facendo una doccia). | | |
| FALSE FRIENDS (Falsi amici) | *camera* = macchina fotografica (*room* = camera), *box* = scatola (*box* = garage), *bell* = campanello (*beautiful* = bello) | | |
| IDIOMS (Espressioni idiomatiche) | *basket case* (una persona che non riesce a fare niente bene), *coach potato* (poltrone) | | |

# MY BODY

| | LEVEL | | |
|---|---|---|---|
| | LOW | MEDIUM | HIGH |
| PARTS OF THE BODY (Parti del corpo) | *head* (testa), *teeth* (denti), *legs* (gambe), *arms* (braccia), *fingers* (dita), *ears* (orecchie), *nose* (naso), *mouth* (bocca), *eyes* (occhi), *foot* (piede), *hair* (capelli) | *elbow* (gomito), *belly* (pancia), *neck* (collo), *hip* (anca), *chin* (mento), *knee* (ginocchio), *lip* (labbra), *bottom* (sedere), *back* (schiena), *tongue* (lingua), *shoulders* (spalle), *face* (viso), *nail* (unghia), *cheek* (guancia), | *breast* (petto), *thumb* (police), *fist* (pugno), *ankle* (caviglia), *buttocks* (natiche), *wrist* (polso), *nostril* (narice), *thigh* (coscia), *forehead* (fronte), *waist* (vita), *eyelash* (ciglia), *calf* (polpaccio), *skin* (pelle), *heel* (tallone), *toe* (alluce), *index finger* (dito indice) |
| PARTS OF THE BODY (Internal) | *brain* (cervello), *stomach* (stomaco, pancia), *heart* (cuore), *kidney* (rene), *lung* (polmone), *liver* (fegato), *throat* (gola), *tongue* (lingua), *bone* (osso), *nerves* (nervi), *tendon* (tèndine) | | |
| PLURALI (Plurali) | *tooth* (teeth), *foot* (feet), *calf* (calves) | | |
| DESCRIBING PEOPLE (Descrivere persone) | *tall* (alto), *short* (basso), *old* (vecchio), *young* (giovane), *thin* (magro), *fat* (grasso) | *curly hair* (capelli ricci), *wavy hair* (capelli ondulati), *straight hair* (capelli lisci), *blond hair* (capelli biondi), *glasses* (occhiali), *ponytail* (coda), *moustache* (baffi), *beard* (barba) | *dimple* (fossette), *freckles* (lentiggini), (*the most*) (il/la più), *beautiful, interesting, clever* (bello, interessante, intelligente), *big-bigger-biggest* (grande, più grande, il più grande), *small-smaller-smallest* (piccolo, più piccolo, il più piccolo), *fast-faster-fastest* (veloce, più veloce, il più veloce) |
| THE SENSES (I sensi) | *hearing* (udito), *sight* (vista), *smell* (odore), *taste* (gusto), *touch* (tatto) | | |

| | LEVEL | | |
|---|---|---|---|
| | LOW | MEDIUM | HIGH |
| EXPRESSIONS (Espressioni) | *I've got…* (Io ho…)<br>*I haven't got…* (Io non ho…)<br>*Has he/she got blond hair?* (Ha lui/lei i capelli biondi?)<br>*Yes, he/she has./No, he/she hasn't* (Sì, ce li ha/No, non ce li ha)<br>*Is she/he is tall?* (Lei/lui è alto?) | | |
| VERBS (Verbi) | *jump* (saltare), *turn* (girare), *spin* (girare su se stesso), *crawl* (strisciare), *smile* (sorridere), *frown* (aggrottare la fronte), *chew* (masticare), *blink* (battere le palpebre), *open* (aprire), *close* (chiudere), *scratch* (grattare), *point* (segnalare), *kick* (dare calci), *stamp* (battere i piedi), *hug* (abbracciare), *kiss* (baciare) | | |
| IDIOMS (Espressioni idiomatiche) | *arm of the law* (il braccio della legge), *cost an arm and a leg* (una cosa che costa molto), *up in arms* (essere molto arrabbiato), *apple in one's eye* (normalmente riferito ad alunni, il preferito della maestra), *in the twinkling* o *fan eye* (in un istante) | | |

# SPORT

| | LEVEL | | |
|---|---|---|---|
| | **LOW** | **MEDIUM** | **HIGH** |
| SPORTS | *football*, *basketball* (pallacanestro), *rugby*, *cycling* (ciclismo), *swimming* (nuoto), *do gymnastics* (fare ginnastica), *do karate* (fare karate) | *play volleyball* (giocare a pallavolo), *baseball*, *golf*, *hockey*, *jogging*, *snow-boarding*, *skiing* (sci), *boxing* (pugilato), *judo* | *skateboarding*, *riding* (equitazione), *play table tennis* (giocare a ping pong), *play badminton* (giocare a badminton), *squash*, *soccer* (calcio), *wrestling* (lotta) |
| EQUIPMENT (Equipaggiamento) | *ball* (palla), *racket* (racchetta), *stick* (bastone), *bicycle* (bicicletta), *swimming suit* (costume da bagno), *whistle* (fischietto), *bat* (mazza), *ice-skates* (pattini da ghiaccio), *saddle* (sella), *net* (rete), *record*. | | |
| PLACES (Luoghi) | *court* (campo da tennis o pallacanestro), *field* (campo di baseball o hockey), *stadium* (stadio), *ring* (pista), *pitch* (campo sportivo), *court* (campo da gioco), *circuit* (circuito), *rink* (pista di pattinaggio), *gym* (palestra). | | |
| OTHER WORDS (Altre parole) | *team* (squadra), *award* (premio), *competition* (competizione), *cup* (coppa), *goal* (gol, rete), *league* (lega), *medal* (medaglia), *rules* (regolamento), *captain* (capitano), *ace* (servizio vincente, battuta imprendibile, nel gioco del tennis) | | |
| PEOPLE RELATED TO SPORTS (Persone che hanno a che fare con lo sport) | *trainer* (allenatore), *champion* (campione), *athlete* (atleta), *judge* (giudice), *opponent* (avversario), *player* (giocatore), *spectator* (spettatore), *team mate* (compagno di squadra), *referee* (arbitro) | | |
| VERBS (Verbi) | *win* (vincere), *lose* (perdere), *train* (allenarsi), *play* (giocare), *beat* (vincere), *cheer on* (tifare per), *compete* (competere), *defeat* (sconfiggere), *defend* (difendere), *to pass* (passare), *shoot* (tirare), *miss* (fallire), *practice* (praticare), *shoot* (calciare), *skate* (pattinare), *throw* (lanciare) | | |
| IDIOMS (Espressioni idiomatiche) | *the ball is in your court* (è il tuo turno di parlare o agire), *hang up your boots* (quando si finisce di fare qualcosa o si va in pensione), *swim against the tide* (nuotare controcorrente) | | |

# PLACES

| | LEVEL | | |
|---|---|---|---|
| | LOW | MEDIUM | HIGH |
| BUILDINGS (Edifici) | *house* (casa), *cinema* (cinema), *school* (scuola), *library* (biblioteca), *hospital* (ospedale), *hotel* (albergo), *museum* (museo), *shop* (negozio), *swimming pool* (piscina), *supermarket* (supermercato) | *apartment* (appartamento), *bank* (banca), *church* (chiesa), *disco* (discoteca), *garage*, *police station* (posto di polizia), *office* (ufficio), *post office* (ufficio postale), *sports centre* (centro sportivo), *theatre* (teatro), *university* (università) | *castle* (castello), *cathedral* (cattedrale), *college* (collegio), *factory* (fabbrica), *flat* (appartamento), *guest- house* (pensione), *lift* (ascensore), *newsagent* (giornalaio), *railway station* (stazione ferroviaria), *stadium* (stadio) |
| COUNTRYSIDE (Campagna) | *mountain* (montagna), *farm* (fattoria), *forest* (foresta), *river* (fiume), *sea* (mare) | *beach* (spiaggia), *field* (campo), *hill* (collina), *island* (isola), *lake* (lago), *wood* (bosco) | *campsite* (campeggio), *canal* (canale), *path* (sentiero), *railway* (ferrovia), *rainforest* (foresta pluviale), *village* (villaggio) |
| TOWN AND CITY (Paese e città) | *airport* (aeroporto), *bus station* (stazione di autobus), *car park* (parcheggio), *market* (mercato), *park* (parco), *street* (via), *zoo* | *playground* (terreno di gioco), *road* (strada), *town* (città), *bridge* (ponte), *bus stop* (fermata dell'autobus), *city centre* (centro della città) | *motorway* (autostrada), *corner* (angolo), *crossroads* (crocevia), *petrol station* (distributore di benzina), *roundabout* (rotatoria), *square* (piazza), *underground/subway* (metropolitana) |
| SERVICES (Servizi) | *dentist* (dentista), *hairdresser* (parrucchiere), *restaurant* (ristorante), *tourist information point* (ufficio per le informazioni turistiche), *travel agent* (agente di viaggio) | | |

| | |
|---|---|
| SHOPPING<br>(Fare acquisti) | *advertisement* (annuncio), *shop-assistant* (commesso), *bill* (conto), *bookshop* (libreria), *to buy* (comprare), *cash* (contanti), *cent* (centesimo), *change* (cambio), *cheap* (economico), *cheque* (assegno), *closed* (chiuso), *cost* (costo), *credit card* (carta di credito), *customer* (cliente), *department store* (grande magazzino), *dollar* (dollaro), *euro* (euro), *expensive* (caro), *for sale* (in vendita), *open* (aperto), *pay* (pagare), *price* (prezzo), *rent* (affitto), *shopper* (cliente), *spend* (spendere), *store* (negozio), *try on* (misurare, provare) |
| CULTURE AND AMUSEMENT<br>(Cultura e divertimento) | *museum* (museo), *water park* (parco acquatico), *football match* (partita di football), *safari park* (zoo safari), *science centre* (centro scientifico), *amusement park* (parco divertimenti), *music festival* (festival di musica), *circus* (circo) |
| IDIOMS<br>(Espressioni idiomatiche) | *Go window shopping* (andare in giro a guardare le vetrine) |
| EXPRESSIONS<br>(Espressioni) | *Is there a shop?* (C'è un negozio nei paraggi?).<br>*Yes, there is. / No, there isn't* (Sì, c'è/No, non c'è).<br>*Where is the park?* (Dov'è il parco?).<br>*Go straight on and turn left on Elm street* (continua dritto e gira a sinistra in Elm street).<br>*It is in front of/between/opposite/behind the...* (È di fronte/tra/dal altro lato/dietro il/la...)<br>*Where were you at ten o'clock?* (Dove eri alle dieci?).<br>*They went to a safari park* (Andarono allo zoo safari).<br>*We went to the amusement park* (Andammo al parco divertimenti).<br>*Did you like the museum?* (Ti è piaciuto il museo?).<br>*I was at the library* (Sono andato in biblioteca).<br>*Where was he at half past four?* (Dove era alle 4 e mezza?).<br>*He was at the cinema* (Era al cinema). |
| GIVING DIRECTIONS<br>(Dare indicazioni) | *go straight on* (continuare dritto), *go along* (andare lungo), *go down* (scendere), *follow* (seguire), *turn left* (girare a sinistra), *turn right* (girare a destra), *take the first turning* (prendere la prima), *go past* (andare oltre), *go along* (andare lungo), *go over* (superare), *go through* (attraversare), *go towards* (andare verso), *cross* (attraversare), *opposite* (di fronte), *between* (tra), *in front of* (di fronte a), *next to* (accanto a), *beside* (presso), *near* (vicino) |
| FALSE FRIENDS<br>(Falsi amici) | *factory* = fabbrica (*farm* = fattoria) |

# WORK AND JOBS

| | LEVEL | | |
|---|---|---|---|
| | LOW | MEDIUM | HIGH |
| JOBS (Professioni) | *actor* (attore), *dentist* (dentista), *doctor* (medico), *driver* (autista), *farmer* (agricoltore), *king* (re), *queen* (regina), *mechanic* (meccanico), *nurse* (infermiera), *painter* (pittore), *pilot* (pilota), *secretary* (segretaria), *singer* (cantante), *student* (studente), *teacher* (insegnante), *cook* (cuoco), *sailor* (marinaio), *soldier* (soldato), *vet* (veterinario) | *artist* (artista), *boss* (capo), *cleaner* (addetto alle pulizie), *explorer* (esploratore), *footballer* (giocatore di football/ calciatore), *hairdresser* (parrucchiere), *photographer* (fotografo), *police officer* (poliziotto), *waiter* (cameriere), *waitress* (cameriera), *worker* (operaio), *hostess* (assistente), *baker* (panettiere), *builder* (costruttore), *butcher* (macellaio), *fisherman* (pescatore) | *businessman* (uomo d'affari), *chemist* (chimico/ farmacista), *coach* (allenatore), *engineer* (ingegnere) *musician* (musicista), *journalist* (giornalista), *receptionist* (addetto alla ricezione), *shop assistant* (commessa/o), *staff* (personale), *tour guide* (guida turistica), *travel agent* (agente di viaggi), *caretaker* (custode/ guardiano), *clerk* (impiegato), *civil servant* (funzionario), *designer* (progettista), *optician* (ottico), *miner* (minatore), *lawyer* (avvocato), *plumber* (idraulico), *politician* (politico), *surgeon* (chirurgo), *tailor* (sarto), *scientist* (scienziato), *manager* (gestore/ direttore) |

| | LEVEL | | |
|---|---|---|---|
| | LOW | MEDIUM | HIGH |
| THE WORKPLACE (Il posto di lavoro) | *computer*, *desk* (scrivania), *email*, *job* (lavoro), *letter* (lettera), *message* (messaggio), *office* (ufficio) | *diary* (agenda), *factory* (azienda), *meeting* (riunione), *instructions* (istruzioni), *pharmacy* (farmacia), *uniform* (divisa, grembiule) | *company* (azienda), *diploma* (diploma), *occupation* (impiego) |
| VERBS RELATED TO JOBS (Verbi relativi al lavoro) | *earn* (guadagnare), *guide* (guidare), *get fired* (essere licenziato), *get a pay rise* (avere un aumento), *go on vacation* (andare in vacanza), *send an email* (inviare una mail), *take a day off* (avere un giorno libero) | | |
| EXPRESSIONS (Espressioni) | *I'm a doctor* (Io sono un medico).<br>*I want to become a lawyer* (Io voglio diventare un avocato).<br>*Do you know what his /her job is?* (Sai quale è il suo lavoro?).<br>*She is a nurse* (Lei è un'infermiera).<br>*Is he/she a driver?* (Lui/lei è un/un'autista?)<br>*He was a scientist* (Lui era uno scienziato).<br>*They were farmers* (Loro erano agricoltori).<br>*Was she a waitress* (Era lei una cameriera?). | | |
| FALSE FRIENDS (Falsi amici) | *fabric* = tessuto, (*factory* = fabbrica), *policy* = politica (*police* = polizia), *vacancy* = posto vacante (*holiday* = vacanza) | | |
| IDIOMS (Espressioni idiomatiche) | *back to the salt mines* (espressione colorita con cui si intende dire che si deve tornare al lavoro) | | |

# DIGITAL WORLD

| | LEVEL | | |
|---|---|---|---|
| | LOW | MEDIUM | HIGH |
| COMMUNICATION AND TECHNOLOGY (Comunicazione e tecnologia) | *computer*, *screen* (schermo), *mouse*, *chat*, *digital camera* (macchina fotografica digitale), *digital* (digitale), *internet* (internet), *text* (testo), *folder* (cartella), *CD-ROM*, *option* (opzione), *password* (parola d'ordine), *print* (stampare), *window* (finestra), *calculator* (calcolatrice) | *dot* (punto), *at* (chiocciola), *information* (informazione), *email*, *DVD player* (riproduttore DVD), *file* (cartella, archivio), *user name* (nome utente), *delete* (cancellare), *help* (aiuto), *icon* (icona), *modem*, *printer* (stampante), *font* (tipo di carattere) | *conversation* (conversazione), *online* (in linea), *keyboard* (tastiera), *laptop* (computer portatile), *website* (pagina web), *toolbar* (barra degli strumenti), *login* (accesso), *link* (collegamento), *wireless* (senza fili), *desktop*, *memory stick* (scheda di memoria) |
| MOBILE PHONES (Telefoni cellulari) | *text message* (messaggio di testo), *charger* (caricabatterie), *call* (chiamata), *vibration* (vibrazione), *app* (applicazione), *ringtone* (tono di chiamata) | | |
| MUSIC DEVICES (Dispositivi musicali) | *MP3 player* (riproduttore MP3), *head phones* (cuffie), *track* (traccia), *download* (scaricare), *volume* (volume), *on/off* (accendere/spegnere), *amplifier* | | |
| VERBS RELATED TO TECHNOLOGY (Verbi relativi alle tecnologie) | *to click* (premere il pulsante del mouse), *to send* (inviare), *to forward* (inviare, spedire), *to reply* (rispondere), *to surf the internet* (navigare su internet), *to chat* (chattare), *to copy* (copiare), *to cut* (tagliare), *to paste* (incollare), *to save* (salvare), *to select* (selezionare), *to replace* (sostituire), *to seach* (cercare), *to help* (aiutare), *to find* (trovare), *to google* (cercare su Google), *to facebook* (andare su Facebook). | | |
| EXPRESSIONS (Espressioni) | *I don't have a laptop* (Io non ho un computer portatile).<br>*She wants a digital camera for Christmas* (Lei vuole una macchina fotografica digitale per Natale).<br>*They didn't want a new mobile phone* (Loro non vogliono un nuovo cellulare).<br>*I got a DVD player for my birthday* (Ho avuto un lettore DVD per il mio compleanno).<br>*Lara sent me a message yesterday* (Lara mi ha inviato un messaggio ieri).<br>*Send me an email* (Mandami una mail). | | |

## FAMILY AND FRIENDS

| | LEVEL | | |
|---|---|---|---|
| | **LOW** | **MEDIUM** | **HIGH** |
| FAMILY (Famiglia) | *mum* (mamma), *dad* (papà), *mother* (madre), *father* (padre), *grandma/grandmother* (nonna), *grandpa/grandfather* (nonno), *family* (famiglia), *brother* (fratello), *sister* (sorella) | *parents* (genitori), *cousin* (cugino), *uncle* (zio), *auntie* (zia), *daughter* (figlia), *son* (figlio), *grandchild* (nipote di nonni), *relative* (parente) | *granddaughter* (nipote femmina), *grandson* (nipote maschio), *husband* (marito), *wife* (moglie), *son-in-law* (genero), *daughter-in-law* (nuora), *niece* (nipote; figlia di un fratello o di una sorella), *nephew* (nipote; figlio di un fratello o di una sorella), *twins* (gemelli), *widow* (vedova), *widower* (vedovo), *ex-wife/husband* (ex-moglie/marito) |
| FAMILY RELATIONSHIPS (Rapporti familiari) | *divorced* (divorziato), *engaged* (fidanzato), *married* (sposato), *separated* (separato), *single, widowed* (vedovo), *Mr.* (signore), *Mrs.* (signora) | | |
| FRIENDS (Amici) | *friend* (amico), *best friend* (migliore amico), *neighbour* (vicino), *partner* (compagno), *pen friend* (amico di penna), *roommate* (compagno di stanza), *classmate* (compagno di classe), *date* (appuntamento), *boyfriend* (fidanzato), *girlfriend* (fidanzata), *a close friend* (un amico stretto), *stranger* (sconosciuto) | | |
| VERBS RELATED TO FAMILY AND FRIENDS (*Verbi relativi alla famiglia e agli amici*) | *to get divorced from* (divorziare da), *to get on with* (andare d'accordo con qualcuno), *to marry someone* (sposarsi), *to meet* (incontrare), *to spend time with* (passare del tempo con), *to be engaged with* (essere fidanzato con) | | |
| EXPRESSIONS (Espressioni) | *This is my brother* (Questo è mio fratello).<br>*He's my dad* (Questo è mio padre).<br>*She's my friend* (Lei è mia amica).<br>*Sara is getting married* (Sara sta per sposarsi).<br>*We met her boyfriend* (Abbiamo incontrato il suo fidanzato).<br>*I've got five cousins* (Ho cinque cugini). | | |
| IDIOMS (Espressioni idiomatiche) | *A shoulder to cry on* (Una spalla su cui piangere)<br>*Patch up differences* (Risolvere un problema) | | |
| FALSE FRIENDS (Falsi amici) | *parent* = genitore (*relative* = parente), *stranger* = sconosciuto (*foreigner* = straniero) | | |

## MEANS OF TRANSPORT

| | LEVEL | | |
|---|---|---|---|
| | LOW | MEDIUM | HIGH |
| MEANS OF TRANSPORT (Mezzi di trasporto) | *bus* (autobus), *car* (macchina), *motorbike* (moto), *boat* (barca), *plane* (aereo), *taxi/cab* | *ambulance* (ambulanza), *ship* (nave), *police car* (auto della polizia), *scooter*, *submarine* (sottomarino), *rocket* (razzo) | *helycopter* (elicottero), *lorry/truck* (camion), *tram*, *coach* (pullman), *underground/subway* (metropolitana), *van* (furgone), *hovercraft* |
| PARTS OF THE CAR (Parti della macchina) | *horn* (clacson), *seat* (sedile), *lights* (luci), *wheel* (ruota) | *accelerator* (acceleratore), *battery* (batteria), *brake* (freno), *tire* (pneumatico), *trunk* (baule), *bumper* (paraurti), *airbag* (airbag) | *speedometer* (tachimetro), *gear* (marcia), *blinker* (freccia), *license plate* (targa), *dashboard* (cruscotto), *clutch* (frizione) |
| VERBS (Verbi) | *to catch a bus* (prendere l'autobus), *to get on a train* (salire sul treno), *to get off the coach* (scendere dal pullman), *to drive a car* (guidare un'automobile), *to ride a bike* (andare in bici), *to arrive* (arrivare), *to land* (atterrare), *to sail* (navigare), *to drive* (guidare), *to fly* (volare), *to board* (salire a bordo) | | |
| USEFUL MEANS OF TRANSPORT WORDS (Parole che sono in relazione con i mezzi di trasporto) | *station* (stazione), *platform* (binario), *passenger* (passeggero), *journey* (viaggio), *engine* (motore), *corridor/aisle* (corridoio), *port* (porto), *flight* (volo), *bridge* (ponte), *dock* (molo), *ticket* (biglietto), *suitcase* (valigia), *street* (strada), *passport* (passaporto), *oil* (olio), *petrol* (benzina) | | |
| TRAFFIC SIGNS (Segnaletica) | *stop* (ferma), *turn left* (girare a sinistra), *turn right* (girare a destra), *traffic light* (semaforo), *pedestrian crossing* (passaggio pedonale), *cul-de-sac, dead end street* (senza uscita), *guardrail, main street* (strada principale) | | |
| PEOPLE (Persone) | *driver* (autista), *mechanic* (meccanico), *pilot* (pilota), *captain* (capitano), *travel agent* (agente di viaggio) | | |

| | LEVEL | | |
|---|---|---|---|
| | LOW | MEDIUM | HIGH |
| EXPRESSIONS (Espressioni) | *It's a big bus* (È un autobus grande).<br>*The train is faster than the motorbike* (Il treno è più veloce della moto).<br>*I go to school by bus* (Vado a scuola con l'autobus).<br>*What time does the train arrive?* (A che ora arriva il treno?).<br>*What bus goes to Main street?* (Che autobus va a Main street?).<br>*How much is the ticket?* (Quanto costa il biglietto?).<br>*Anna came to Spain by plane* (Anna è venuta in Spagna in aereo).<br>*The plane is the most expensive transport* (L'aereo è il trasporto più caro). | | |
| IDIOMS (Espressioni idiomatiche) | *be in the same boat* (essere nella stessa situazione di un'altra persona), *hit the road* (iniziare un viaggio) | | |

# FEELINGS

| | LEVEL | | |
|---|---|---|---|
| | LOW | MEDIUM | HIGH |
| FEELINGS (Sentimenti) | *happy* (felice), *sad* (triste), *angry* (arrabbiato), *lonely* (da solo), *fine* (bene), *hungry* (affamato), *nervous* (nervoso) | *scared* (impaurito), *bored* (annoiato), *great* (geniale), *well* (bene), *depressed* (depresso), *confused* (confuso), *proud* (orgoglioso) | *busy* (indaffarato), *free* (libero), *interested* (interessato), *unhappy* (infelice), *upset* (sconvolto), *ashamed* (imbarazzato), *hurt* (ferito), *jealous* (geloso) |
| ADJECTIVES TO DESCRIBE PEOPLE (Aggettivi per descrivere persone) | *good* (buono), *bad* (cattivo), *beautiful* (bello), *different* (diverso), *fast* (veloce), *friendly* (amichevole), *funny* (divertente), *important* (importante), *nice* (carino), *old* (vecchio), *slow* (lento), *fast* (veloce) | *better* (migliore), *boring* (noioso), *brilliant* (brillante), *cool* (sfacciato), *famous* (famoso), *favorite* (preferito), *interesting* (interessante), *lucky* (fortunato), *young* (giovane), *quiet* (tranquillo), *rich* (ricco), *strong* (forte), *sweet* (dolce) | *amazing* (sorprendente), *careful* (attento), *clever* (intelligente), *kind* (gentile), *noisy* (rumoroso), *ready* (pronto), *strange* (strano), *weak* (debole), *useful* (utile), *positive* (positivo), *impulsive* (impulsivo) |
| IDIOMS (Espressioni idiomatiche) | *feel blue* (sentirsi triste, depresso), *being over the moon* (essere molto felice) | | |

# FREE TIME

| | LEVEL | | |
|---|---|---|---|
| | LOW | MEDIUM | HIGH |
| GAMES AND TOYS (Giochi e giocattoli) | *bike* (bicicletta), *ball* (palla), *hula hoop*, *doll* (bambola), *teddy bear* (orsacchiotto), *car* (macchina), *play computer games* (giocare con il computer), *play football* (giocare a calcio), *play basketball* (giocare a pallacanestro), *play tennis* (giocare a tennis), *play the piano* (suonare il piano), *play the violin* (suonare il violino) | *roller skates* (pattini), *remote control car* (macchina a controllo remoto), *slide* (slitta), *cards* (carte), *ride a horse* (andare a cavallo), *skate* (pattinare), *play the drums* (suonare la batteria), *skateboard*, *draw* (disegnare) | *model train* (treno), *checkers* (dama), *dice* (dado), *jigsaws* (puzzles), *board games* (giochi da tavolo), *play the recorder* (suonare il flauto dolce) |
| FREE TIME (Tempo libero) | *play cards* (giocare a carte), *surf the internet* (navigare su internet), *read* (leggere), *write* (scrivere), *go shopping* (fare shopping), *cooking* (cucinare), *art and crafts* (arte e artigianato), *go to a concert* (andare a un concerto), *go to the beach* (andare al mare), *listen to music* (ascoltare musica), *paint* (dipingere) | *talk to friends* (chiacchierare con amici), *play frisbee* (giocare a frisbee), *play board games* (giocare a giochi da tavolo), *play golf* (giocare a golf), *take photos* (fare fotografie), *do exercises* (fare esercizi), *skipping* (saltare), *go fishing* (pescare), *draw* (disegnare) | *go to the shops* (andare per negozi), *meet a friend* (incontrare un amico), *go for a walk* (fare una passeggiata), *have a milkshake* (prendere un frappé), *make a pizza* (fare una pizza), *visit an art gallery* (visitare una galleria d'arte), *see a film* (vedere un film), *gardening* (giardinaggio) |

| | LEVEL | | |
|---|---|---|---|
| | LOW | MEDIUM | HIGH |
| CAMPING (Campeggio) | *rucksack* (zaino), *watch* (orologio), *compass* (bussola), *torch* (torcia), *camera* (macchina fotografica), *binoculars* (binocolo), *map* (mappa), *cooler* (refrigeratore), *folding chairs* (sedie pieghevoli), *folding table* (tavolo pieghevole), *hiking boots* (scarponi da trekking), *sleeping bag* (sacco a pelo), *tent* (tenda) | | |
| COLLECTIONS (Collezioni) | *sticker* (etichetta, adesivo), *magnet* (calamita), *figure* (figura), *poster* (cartellone), *postcard* (cartolina), *badge* (distintivo), *key ring* (portachiavi), *card* (biglietto d'auguri), *snowball* (palla di neve), *coins* (monete), *stamps* (francobolli) | | |
| EXPRESSIONS (Espressioni) | *Can you play the piano?* (Sai suonare il pianoforte?).<br>*Yes, I can. / No, I can't* (Sì, lo so suonare/No, non lo so suonare).<br>*Do you like playing board games?* (Ti piacciono i giochi da tavolo?).<br>*Yes, I do. / No, I don't* (Sì/No)<br>*Have you got a compass?* (Ce l'hai una bussola?).<br>*Yes, I have. / No, I haven't* (Sì, ce l'ho/No, non ce l'ho).<br>*There are some magnets* (Ci sono alcuni magneti).<br>*There aren't any stickers* (Non ci sono adesivi).<br>*Where did he go?* (Dove è andato lui?).<br>*He went for a walk* (Lui è andato a fare una passeggiata).<br>*What did he buy?* (Che cosa ha comprato?).<br>*He bought a pair of jeans* (Lui ha comprato un paio di jeans).<br>*They saw the new film* (Hanno visto il film).<br>*They didn't visit the art gallery* (Non hanno visitato la galleria d'arte). | | |
| IDIOMS (Espressioni idiomatiche) | *to chill out* (fare qualcosa che rilassa), *have the time of your life* (divertirsi molto), *social butterfly* (riferito a una persona che ha molti amici) | | |

# FESTIVITIES

| | LEVEL | | |
|---|---|---|---|
| | LOW | MEDIUM | HIGH |
| CHRISTMAS (Natale) | *Christmas* (Natale),<br>*candles* (candele),<br>*chimney* (ciminiera),<br>*bells* (campane),<br>*December* (dicembre),<br>*elf* (elfo),<br>*snowman* (pupazzo di neve),<br>*gift/present* (regalo),<br>*letter* (lettera),<br>*snow* (neve),<br>*sleigh* (slitta),<br>*sack* (sacco),<br>*Santa Claus* (Babbo Natale),<br>*surprise* (sorpresa),<br>*toy* (giocattolo) | *carols* (canti di Natale),<br>*decoration* (decorazione),<br>*faith* (fede),<br>*feast* (festa),<br>*fireplace* (camino),<br>*greetings* (saluti, auguri),<br>*illumination* (illuminazione),<br>*joy* (gioia),<br>*nuts* (nocciole),<br>*popcorn string* (collane di popcorn),<br>*rooftop* (tetto),<br>*saint Nicholas* (San Nicola),<br>*shopping*,<br>*stockings* (calze),<br>*wish* (desiderio) | *artificial tree* (albero artificiale),<br>*advent* (avvento),<br>*Christmas Eve* (Vigilia di Natale),<br>*Epiphany* (Epifania),<br>*three kings day* (giorno dei re magi),<br>*coal* (carbone),<br>*eggnog* (zabaione),<br>*gingerbread* (pan di zenzero),<br>*parade* (sfilata),<br>*poinsettia* (stella di Natale),<br>*tidings* (notizie),<br>*tinsel* (decorazione di Natale),<br>*unwrap* (scartare) |
| EASTER (Pasqua) | *April* (aprile),<br>*March* (marzo),<br>*basket* (cesta),<br>*bunny* (coniglietto),<br>*candy* (dolce),<br>*carrot* (carota),<br>*chocolate* (cioccolato),<br>*Easter* (Pasqua),<br>*egg* (uovo),<br>*flowers* (fiori) | *cottontail* (coda di cotone),<br>*custom* (abitudine, uso),<br>*decorate* (decorare),<br>*dye* (tingere),<br>*Easter egg hunt* (caccia di uova di Pasqua),<br>*find* (trovare),<br>*grass* (erba),<br>*nest* (nido),<br>*pastel* (a pastello),<br>*tradition* (tradizione),<br>*church* (chiesa),<br>*cross* (croce),<br>*lamb* (agnello) | *hardboiled egg* (uovo sodo),<br>*hide* (nascondere),<br>*hop* (salto),<br>*hunt* (caccia),<br>*marshmallow pattern* (coniglietto di marshmallow),<br>*Ash Wednesday* (mercoledì delle ceneri),<br>*Good Friday* (venerdì santo),<br>*Resurrection* (Resurrezione),<br>*salvation* (salvezza),<br>*sin* (peccato) |

| | LEVEL | | |
|---|---|---|---|
| | LOW | MEDIUM | HIGH |
| ST. VALENTINE (San Valentino) | *hug* (abbraccio), *kiss* (bacio), *sweets* (caramelle), *boyfriend/girlfriend* (fidanzato/a), *love* (amore), *February* (febbraio), *rose* (rosa), *card* (cartolina), *angel* (angelo) | *balloon* (palloncino), *bouquet* (mazzo di fiori), *dove* (colomba), *envelope* (busta), *friendship* (amicizia), *poem* (poesia), *passion* (passione), *cupid* (cupido), *romance* (romanticismo), *date* (appuntamento) | *admirer* (ammiratore), *beloved* (amato), *bow and arrows* (arco e frecce), *tenderness* (tenerezza), *flirt* (flirtare), *charmed* (incantato), *ribbon* (nastro) |
| HALLOWEEN | *bat* (pipistrello), *bone* (osso), *black cat* (gatto nero), *candy* (dolce), *monster* (mostro), *night* (notte), *October* (ottobre), *orange* (arancione), *pumpkin* (zucca), *spider* (ragno), *trick* (scherzetto), *vampire* (vampiro), *witch* (strega) | *broom* (scopa), *costumes* (costumi), *ghost* (fantasma), *haunted house* (casa incantata), *jack-o'-lantern* (zucca di Halloween), *mummy* (mummia), *owl* (gufo), *potion* (pozione), *skull* (teschio), *spell* (incantesimo), *zombie* | *crackle* (crepitio), *cauldron* (calderone), *creepy* (accapponare la pelle), *doorbell* (timbro), *frighten* (spaventare), *goblin* (gnomo), *graveyard* (cimitero), *howl* (urlo), *werewolf* (uomo lupo) |
| ST. PATRICK'S DAY (Giorno di San Patrizio) | *green* (verde), *clover* (trifoglio), *coins* (monete), *rainbow* (arcobaleno) | *gold* (oro), *good luck* (buona fortuna), *Ireland* (Irlanda), *pot of gold* (pentola d'oro), *four-leaf-clover* (quadrifoglio) | *bagpipe* (cornamusa), *shamrock* (trifoglio), *emerald green* (verde smeraldo), *legend* (leggenda), *luck* (fortuna) |

# NATURAL WORLD

| | LEVEL | | |
|---|---|---|---|
| | LOW | MEDIUM | HIGH |
| NATURE (Natura) | *beach* (spiaggia), *desert* (deserto), *forest* (foresta), *grass* (erba), *island* (isola), *lake* (lago), *land* (terra), *leaf* (foglia), *mountain* (montagna), *nature* (natura), *sea* (mare), *stone* (pietra), *tree* (albero), *fire* (fuoco), *flower* (fiore), *ice* (ghiaccio) | *bush* (cespuglio), *country* (campagna/ paese), *field* (campo), *hill* (collina), *hole* (buco), *ground* (terra/ suolo), *nest* (nido), *ocean* (oceano), *river* (fiume), *rock* (roccia), *sand* (sabbia), *valley* (valle), *wave* (onda), *world* (mondo), *grow* (crescere), *wood* (bosco), *energy source* (fonte di energia), *extinct* (estinto), *cave* (grotta) | *branch* (ramo), *brook* (ruscello), *dirt* (sporcizia), *gravel* (ghiaia), *log* (tronco), *meadow* (prato), *root* (radice), *seed* (seme), *shade* (ombra), *shore* (riva), *smoke* (fumo), *soil* (suolo), *stream* (ruscello, corrente), *vine* (vite), *north* (nord), *east* (est), *west* (ovest), *south* (sud), *global warming* (riscaldamento globale), *harm* (danneggiare) |
| WEATHER/ SEASONS (Tempo/stagioni) | *summer* (estate), *autumn* (autunno), *winter* (inverno), *spring* (primavera), *sunny* (soleggiato), *cloudy* (nuvoloso), *snowy* (nevoso), *rainbow* (arcobaleno), *rain* (pioggia), *hot* (caldo), *cold* (freddo) | *windy* (ventoso), *stormy* (tempestoso), *freezing* (ghiacciato), *warm* (tiepido), *cool* (fresco), *year* (anno), *season* (stagione), *dry* (sccco), *clear* (sereno), *foggy* (nebbioso), *wet* (umido) | *mud* (fango), *lightning* (fulmine), *thunder* (tuono), *muddy* (fangoso), *moist* (umido), *thunderstorm* (temporale) |

| | LEVEL | | |
|---|---|---|---|
| | **LOW** | **MEDIUM** | **HIGH** |
| SKY/UNIVERSE (Cielo/universo) | *air* (aria), *cloud* (nuvola), *earth* (Terra), *moon* (luna), *sky* (cielo), *sun* (sole), *space* (spazio), *star* (stella), *planets* (pianeti), *astronaut* (astronauta), *rocket* (razzo) | *asteroid* (asteroide), *comet* (cometa), *Mercury* (Mercurio), *Venus* (Venere), *Mars* (Marte), *Jupiter* (Giove), *Saturn* (Saturno), *Uranus* (Urano), *Neptune* (Nettuno), *telescope* (telescopio), *satellite* (satellite), *galaxy* (galassia) | *athmosphere* (atmosfera), *orbit* (orbita), *constellation* (costellazione), *new moon* (luna nuova), *full moon* (luna piena), *Milky Way* (Via Lattea), *spacecraft* (veicolo spaziale), *space suit* (tuta spaziale), *light year* (anno luce), *tides* (corsi d'acqua), *core* (nucleo) |
| ESPRESSIONS (Espressioni) | *He's going to explore a cave* (Esplorerà una grotta).<br>*He isn't going to climb a mountain* (Non scalerà una montagna).<br>*Where are you going to go?* (Dove andrai?).<br>*I'm going to go to an island* (Andrò su un'isola).<br>*The bear lives in the forest* (L'orso vive nella foresta).<br>*I love the sea* (Mi piace il mare).<br>*I don't like the mountain* (Non mi piace la montagna).<br>*Jupiter is a planet* (Giove è un pianeta).<br>*There are many galaxies in the universe* (Ci sono molte galassie nell'universo).<br>*The moon is in the sky* (La luna è in cielo). | | |
| IDIOMS (Espressioni idiomatiche) | *be on cloud nine* (essere molto contento per qualcosa), *once in a blue moon* (una volta ogni morte di Papa), *chasing rainbows* (tentare un'impresa impossibile) | | |

# MUSIC

| | LEVEL | | |
|---|---|---|---|
| | **LOW** | **MEDIUM** | **HIGH** |
| MUSICAL INSTRUMENTS (Strumenti musicali) | *instrument* (strumento), *guitar* (chitarra), *flute* (flauto), *drum* (tamburo), *violin* (violino), *piano* (pianoforte), *trumpet* (tromba) | *clarinet* (clarinetto), *saxophone* (sassofono), *cello* (violoncello), *harmonica* (armonica), *harp* (arpa), *electric guitar* (chitarra elettrica), *triangle* (triangolo) | *banjo* (bangio), *bass* (basso), *accordion* (fisarmonica) *horn* (corno), *oboe* (oboe), *tube* (tuba), *xylophone* (xilofono), *trombone* (trombone), *viola* (viola), *organ* (organo), *bagpipes* (cornamuse) |
| VERBS (Verbi) | *listen to music* (ascoltare musica), *to play an instrument* (suonare uno strumento), *clap* (applaudire), *dance* (ballare), *hum* (canticchiare), *snap* (schioccare), *whistle* (fischiare), *improvise* (improvvisare), *conduct* (condurre), *sing* (cantare) | | |
| OTHER WORDS (Altre parole) | *music* (musica), *rhythm* (ritmo), *soft* (piano), *fast* (veloce), *melody* (melodia), *volume* (volume), *ballet* (balletto), *singer* (cantante) | *beat* (ritmo), *loud* (forte), *high* (alto), *low* (basso), *long* (lungo), *short* (corto), *verse* (versetto), *composer* (compositore), *applause* (applauso) | *lullaby* (ninnananna), *march* (marcia), *pitch* (tono), *choir* (coro), *string* (corda), *ballad* (ballata) |
| TYPES OF MUSIC (Tipi di musica) | *classical, rap, hymn, country, pop, gospel, jazz, alternative* | | |
| EXPRESSIONS (Espressioni) | *Can you play the piano?* (Sai suonare il pianoforte?).<br>*Yes, I can. / No, I can't* (Sì/No).<br>*What does he play?* (Quale strumento suona?).<br>*He plays the saxophone* (Suona il sassofono).<br>*What do they play?* (Quale strumento suonano?).<br>*They play the electric guitar* (Suonano la chitarra elettrica).<br>*Do you like singing?* (Ti piace cantare?).<br>*I like pop music* (Mi piace la musica pop). | | |

# HEALTH

| | LEVEL | | |
|---|---|---|---|
| | LOW | MEDIUM | HIGH |
| ILLNESSES (Malattie) | *ache* (male), *ear ache* (mal d'orecchio), *headache* (mal di testa), *stomachache* (mal di pancia), *toothache* (mal di denti), *cut* (taglio) | *cold* (raffreddore), *cough* (tosse), *flu* (influenza), *infection* (infezione), *pain* (dolore), *bruise* (livido) | *heart attack* (infarto), *heart disease* (malattia cardiaca), *virus*, (virus), *graze* (abrasione), *wound* (ferita) |
| TREATMENT (Trattamento) | *pill* (pillola), *medicine* (medicina), *injection* (siringa), *operation* (intervento) | *bandage* (fasciatura), *plaster* (cerotto o gesso) | *tablet* (compressa), *tranquilizer* (tranquillante) |
| PEOPLE (Persone) | *dentist* (dentista), *doctor* (medico), *general practicioner* (medico generico), *midwife* (ostetrica), *nurse* (infermiera), *patient* (paziente), *specialist* (specialista), *surgeon* (chirurgo) | | |
| PLACES (Luoghi) | *hospital* (ospedale), *operating theatre* (sala operatoria), *surgery* (ambulatorio), *waiting room* (sala d'attesa), *ward* (reparto o corsia) | | |
| VERBS (Verbi) | *catch* (prendere), *cure* (sanare), *heal* (guarire), *hurt* (ferire), *injure* (lesionare), *operate on* (operare), *prescribe* (prescrivere), *treat* (trattare, curare) | | |
| ADJECTIVES (Aggettivi) | *ill* (malato), *sick* (nauseato), *healthy* (sano), *unhealthy* (malsano), *painful* (doloroso), *unwell* (indisposto), *well* (buono) | | |
| IDIOMATIC EXPRESSIONS (Espressioni idiomatiche) | *back in shape* (tornare in forma), *bag of bones* (essere pelle ed ossa), *blind as a bat* (cieco come un pipistrello). | | |

## 5.3 Topics and useful texts

### • Jean Piaget

(by Saul McLeod, published 2009, updated 2012)

**Jean Piaget** (1896 - 1980) was employed at the Binet Institute in the 1920s, where his job was to develop French versions of questions on English intelligence tests.

He became intrigued with the reasons children gave for their wrong answers on the questions that required logical thinking. He believed that these incorrect answers revealed important differences between the thinking of adults and children.

Piaget was the first psychologist to make a systematic study of cognitive development. His contributions include a theory of cognitive child development, detailed observational studies of cognition in children, and a series of simple but ingenious tests to reveal different cognitive abilities.

Before Piaget's work, the common assumption in psychology was that children are merely less competent thinkers than adults. Piaget showed that young children think in strikingly different ways compared to adults. According to Piaget, children are born with a very basic mental structure (genetically inherited and evolved) on which all subsequent learning and knowledge is based.

#### Piaget's Theory Differs From Others In Several Ways:

> It is concerned with children, rather than all learners.

> It focuses on development, rather than learning per se, so it does not address learning of information or specific behaviors.

> It proposes discrete stages of development, marked by qualitative differences, rather than a gradual increase in number and complexity of behaviors, concepts, ideas, etc.

The goal of the theory is to explain the mechanisms and processes by which the infant, and then the child, develops into an individual who can reason and think using hypotheses.

To Piaget, cognitive development was a progressive reorganization of mental processes as a result of biological maturation and enviromental experience. Children construct an understanding of the world around them, then experience discrepancies between what they already know and what they discover in their environment.

#### There Are Three Basic Components To Piaget's Cognitive Theory:

1. Schemas
   (building blocks of knowledge)
2. Processes that enable the transition from one stage to another (equilibrium, assimilation and accommodation)

3. Stages of Development:

- sensorimotor,
- preoperational,
- concrete operational,
- formal operational

**Schemas**

**Piaget called the schema the basic building block of intelligent behavior** – a way of organizing knowledge. Indeed, it is useful to think of schemas as "units" of knowledge, each relating to one aspect of the world, including objects, actions and abstract (i.e. theoretical) concepts.

When a child's existing schemas are capable of explaining what it can perceive around it, it is said to be in a state of **equilibrium**, i.e. a state of cognitive (i.e. mental) balance.

**Piaget emphasized the importance of schemas in cognitive development**, and described how they were developed or acquired. A schema can be defined as a set of linked mental representations of the world, which we use both to understand and to respond to situations. The assumption is that we store these mental representations and apply them when needed.

For example, a person might have a schema about buying a meal in a restaurant. The schema is a stored form of the pattern of behavior which includes looking at a menu, ordering food, eating it and paying the bill. This is an example of a type of schema called a 'script'.

Whenever they are in a restaurant, they retrieve this schema from memory and apply it to the situation. The schemas Piaget described tend to be simpler than this – especially those used by infants. He described how - as a child gets older – his or her schemas become more numerous and elaborate.

Piaget believed that newborn babies have some innate schemas - even before they have had much opportunity to experience the world. These neonatal schemas are the cognitive structures underlying innate reflexes. These reflexes are genetically programmed into us.

For example babies have a sucking reflex, which is triggered by something touching the baby's lips. A baby will suck a nipple, a comforter (dummy), or a person's finger. Piaget therefore assumed that the baby has a 'sucking schema'. Similarly the grasping reflex which is elicited when something touches the palm of a baby's hand, or the rooting reflex, in which a baby will turn its head towards something which touches its cheek, were assumed to result **operations**: for example shaking a rattle would be the combination of two schemas, grasping and shaking.

Assimilation and Accommodation

**Jean Piaget** viewed intellectual growth as a process of **adaptation** (adjustment) to the world. This happens through:

- Assimilation
  – Which is using an existing schema to deal with a new object or situation.

> Accommodation
– This happens when the existing schema (knowledge) does not work, and needs to be changed to deal with a new object or situation.

> Equilibration
– This is the force, which moves development along. Piaget believed that cognitive development did not progress at a steady rate, but rather in leaps and bounds. Equilibrium is occurs when a child's schemas can deal with most new information through assimilation. However, an unpleasant state of disequilibrium occurs when new information cannot be fitted into existing schemas (assimilation).

Equilibration is the force which drives the learning process as we do not like to be frustrated and will seek to restore balance by mastering the new challenge (accommodation). Once the new information is acquired the process of assimilation with the new schema will continue until the next time we need to make an adjustment to it.

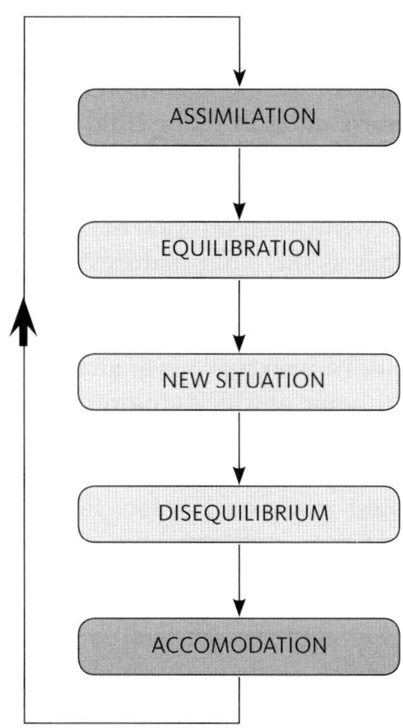


**Example of Assimilation**
A 2 year old child sees a man who is bald on top of his head and has long frizzy hair on the sides. To his father's horror, the toddler shouts "Clown, clown" (Sigler et al., 2003).

**Example of Accommodation**

In the "clown" incident, the boy's father explained to his son that the man was not a clown and that even though his hair was like a clown's, he wasn't wearing a funny costume and wasn't doing silly things to make people laugh

With this new knowledge, the boy was able to change his schema of "clown" and make this idea fit better to a standard concept of "clown".

**Stages of Development**

A child's cognitive development is about a child developing or constructing a mental model of the world.

Imagine what it would be like if you did not have a mental model of your world. It would mean that you would not be able to make so much use of information from your past experience, or to plan future actions.

Jean Piaget was interested both in how children learnt and in how they thought.

Piaget studied children from infancy to adolescence, and carried out many of his own investigations using his three children. He used the following research methods:

**Naturalistic observation**: Piaget made careful, detailed observations of children. These were mainly his own children and the children of friends. From these he wrote **diary descriptions** charting their development.

**Clinical interviews and observations** of older children who were able to understand questions and hold conversations.

Piaget believed that children think differently than adults and stated they go through 4 universal stages of cognitive development. Development is therefore biologically based and changes as the child matures. Cognition therefore develops in all children in the same sequence of stages.

Each child goes through the stages in the same order, and no stage can be missed out – although some individuals may never attain the later stages. There are individual differences in the rate at which children progress through stages.

Piaget did not claim that a particular stage was reached at a certain age – although descriptions of the stages often include an indication of the age at which the average child would reach each stage. Piaget believed that these stages are universal – i.e. that the same sequence of development occurs in children all over the world, whatever their culture.

| Cognitive Stage of Development | Key Feature | Research Study |
|---|---|---|
| *Sensorimotor*<br>0 - 2 yrs. | Object Permanence | Blanket & Ball Study |
| *Preoperational*<br>2 - 7 yrs. | Egocentrism | Three Mountains |
| *Concrete Operational*<br>7 – 11 yrs. | Conservation | Conservation of Number |
| *Formal Operational*<br>11yrs + | Manipulate ideas in head, e.g. Abstract Reasoning | Pendulum Task |

Piaget did not explicitly relate his theory to education, although later researchers have explained how features of Piaget's theory can be applied to teaching and learning.

Piaget has been extremely influential in developing educational policy and teaching. For example, a review of primary education by the UK government in 1966 was based strongly on Piaget's theory. The result of this review led to the publication of the *Plowden report* (1967).

Discovery learning – the idea that children learn best through doing and actively exploring – was seen as central to the transformation of primary school curriculum.

The report's recurring themes are individual learning, flexibility in the curriculum, the centrality of play in children's learning, the use of the environment, learning by discovery and the importance of the evaluation of children's progress – teachers should "not assume that only what is measurable is valuable."

Because Piaget's theory is based upon biological maturation and stages the notion of "readiness" important. **Readiness** concerns when certain information or concepts should be taught. According to Piaget's theory children should not be taught certain concepts until they have reached the appropriate stage cognitive development.

Within the classroom learning should be student centred a accomplished through active discovery learning. The role of the teacher is to facilitate learning, rather than direct tuition. Therefore teachers should encourage the following within the classroom:

- Focus on the process of learning, rather than the end product of it.
- Using active methods that require rediscovering or reconstructing «truths».
- Using collaborative, as well as individual activities (so children can learn from each other).
- Devising situations that present useful problems, and create disequilibrium in the child.
- Evaluate the level of the child's development, so suitable tasks can be set.

**Evaluation of Piaget's Theory**

**Strengths**

- The influence of Piaget's ideas in developmental psychology has been enormous. He changed how people viewed the child's world and their **methods of studying children**. He was an **inspiration** to many who came after and took up his ideas. Piaget's ideas have generated a huge amount of research which has increased our understanding of cognitive development.
- His ideas have been of practical use in understanding and communicating with children, particularly in the field of education (**Discovery Learning**).

**Weaknesses**

- Are the stages real? Vygotsky and Bruner would rather not talk about stages at all, preferring to see development as continuous. **Others have queried the age ranges of the stages.** Some studies have shown that progress to the formal operational stage is not guaranteed. For example, Keating (1979) reported that 40-60% of college students fail at formal operation tasks, and Dasen (1994) states that only one-third of adults ever reach the formal operational stage.
- Because Piaget concentrated on the universal stages of cognitive development and biological maturation, he **failed to consider the effect that the social setting** and culture may have on cognitive development (Vygotsky).
- Piaget's **methods** (observation and clinical interviews) **are more open to biased interpretation** than other methods, i.e. subjective (Piaget observed alone).
- As several studies have shown Piaget underestimated the abilities of children because his tests were sometimes confusing or difficult to understand (e.g. **Martin Hughes, 1975**).
- The **concept of schema is incompatible with the theories of Bruner and Vygotsky**. Behaviorism would also refute Piaget's schema theory.
- Piaget carried out his studies with a handful of participants – in the early studies he generally used his own children (**small/biased sample**).

**APA Style References**

Central Advisory Council for Education (1967). *Children and their Primary Schools ("The Plowden Report")*, London: HMSO.

Dasen, P. (1994). Culture and cognitive development from a Piagetian perspective. In W.J. Lonner & R.S. Malpass (Eds.), *Psychology and Culture.* Boston: Allyn and Bacon.

Keating, D. (1979). Adolescent thinking. In J. Adelson (Ed.), *Handbook of adolescent psychology*, pp. 211-246. New York: Wiley.

Piaget, J. (1932). *The moral judgment of the child.* London: Routledge & Kegan Paul.

Piaget, J. (1936). *Origins of intelligence in the child.* London: Routledge & Kegan Paul.

Piaget, J. (1945). *Play, dreams and imitation in childhood.* London: Heinemann.

Piaget, J. (1957). *Construction of reality in the child.* London: Routledge & Kegan Paul.

How to cite this article:

McLeod, S. A. (2009). *Jean Piaget | Cognitive Theory*. Retrieved from *http://www.simplypsychology.org/piaget.html.*

## Council Of Europe: Recommendations Concerning Modern Languages

COMMITTEE OF MINISTERS RECOMMENDATION No. R (82) 18
OF THE COMMITTEE OF MINISTERS TO MEMBER STATES
CONCERNING MODERN LANGUAGES

(Adopted by the Committee of Ministers on 24 September 1982 at the 350$^{th}$ meeting of the Ministers' Deputies)

Considering that the rich heritage of diverse languages and cultures in Europe is a valuable common resource to be protected and developed, and that a major educational effort is needed to convert that diversity from a barrier to communication into a source of mutual enrichment and understanding;

Considering that it is only through a better knowledge of European modern languages that it will be possible to facilitate communication and interaction among Europeans of different mother tongues in order to promote European mobility, mutual understanding and co-operation, and overcome prejudice and discrimination;

Considering that member states, when adopting or developing national policies in the field of modern language learning and teaching, may achieve greater convergence at the European level, by means of appropriate arrangements for ongoing co-operation and co-ordination of policies;

Recommends the governments of member states, in the framework of their national educational policies and systems, and national cultural development policies, to implement by all available means and within the limits of available resources, the measures set out in the appendix to the present recommendation;

Requests the governments of member states to convey this recommendation and the reference document which forms its basis

**A. General measures**

1. To ensure, as far as possible, that all sections of their populations **have access to effective means of acquiring a knowledge of the languages** of other member states (or of other communities within their own country) as well as the skills in the use of those languages that will enable them to satisfy their communicative needs and in particular:

1.1. to deal with the business of everyday life in another country, and to help foreigners staying in their own country to do so;

1.2. to **exchange information** and ideas with young people and adults who speak a different language and to communicate their thoughts and feelings to them;

1.3. to achieve a **wider and deeper understanding** of the way of life and forms **of thought of other peoples and of their cultural heritage**.

2. To promote, encourage and support the efforts of teachers and learners at all levels to apply in their own situation the principles of the construction

of language-learning systems (as these are progressively developed within the **Council of Europe "Modern languages" programme**):

2.1. by basing language teaching and learning on the needs, motivations, characteristics and resources of learners;

2.2. by defining worthwhile and realistic objectives as explicitly as possible;

2.3. by developing **appropriate methods and materials**;

2.4. by developing suitable forms and instruments for the evaluation of learning programmes.

3. To **promote research and development programmes** leading to the introduction, at all educational levels, of methods and materials best suited to enabling different classes and types of student to acquire a communicative proficiency appropriate to their specific needs.

**B. Language learning in schools**

4. To encourage the teaching of at least one European language other than the national language or the vehicular language of the area concerned to pupils from the age of ten or the point at which they enter secondary education (or earlier according to national or local situations) with adequate time allocation and in such a way as to enable them by the end of the period of compulsory schooling, within the limits set by their individual ability, to use the language effectively for communication with other speakers of that language, both in transacting the business of everyday living and in building social and personal relations, on the basis of mutual understanding of, and respect for, the cultural identity of others.

5. To make **provision for the diversification of language study** in schools:

5.1. by making it possible for pupils, wherever appropriate, **to study more than one European or other modern language**;

5.2. by ensuring the availability, according to local circumstances, of facilities for learning as wide a
range of languages as possible.

6. To **promote international contacts** by individual pupils and **classes through exchanges, study visitsabroad and other means**.

**C. Language learning in upper secondary school, higher education, further education and adult education**

7. To encourage educational institutions to provide facilities for the continuation of language learning by all students in upper secondary, higher and further education, as appropriate to their special fields of work and study, in order to **facilitate international professional mobility** and co-operation at all levels.

8. To ensure that adequate resources are available to enable students who have completed their full-time education to acquire further knowledge of languages in accordance with their professional, social and personal needs and motivations.

9. To take all the measures necessary to enable adults who have had hitherto little or no chance of learning a modern language to acquire the ability to use a modern language for communicative purposes.

**D. Language learning by migrants and their families**

10. To **promote the provision of adequate facilities for migrant workers** and the members of their families:

10.1. to acquire sufficient knowledge of the language of the host community for them to play an active part in the working, political and social life of that community, and in particular to **enable the children of migrants to acquire a proper education and to prepare them for the transition from full-time education to work**;

10.2. to develop their mother tongues both as educational and cultural instruments and in order to **maintain and improve their links with their culture of origin**.

11. To promote the introduction and development of appropriate initial and further training programmes for teachers of languages to migrants, leading to recognised qualifications.

12. To participate in the development of language programmes involving **co-operation between authorities or other bodies representing the host community**, the migrant community and the country of origin, especially with regard to the production of teaching materials, teacher training and mother tongue development.

**E. Initial and further teacher training**

13. To promote the development and introduction of methods for such initial and further training of teachers of modern languages as will enable them to develop **the attitudes and acquire the knowledge, skills and techniques necessary to teach languages effectively** for communicative purposes, for example by:

13.1. considering the extent to which the pattern of modern language studies in higher education provides an **adequate preparation for future language teachers**;

13.2. providing facilities through bilateral and multilateral agreements for all future teachers to spend a substantial period of their course of study in a country where the language they will teach is spoken as a mother tongue;

13.3. contributing to an intensified programme of in-service teacher training, including internationally organised, staffed and recruited in-service **courses for language teachers**, and facilitating the participation of serving teachers in such courses;

13.4. promoting stays at regular intervals by serving teachers in the countries whose languages they teach.

F. International co-operation

14. To promote the national **and international collaboration of governmental and non-governmental institutions** engaged in the development of methods of teaching and evaluation in the field of modern language learning and in the production and use of materials, including institutions engaged in the production and use of multi-media material.

15. To encourage by all appropriate means, taking into account their particular status, radio and television bodies to co-operate with those in other member states in the planning**, production and exploitation of modern language learning programmes as well as of documentaries on life, society and culture in the countries where the language being learnt is spoken**.

16. To consider means of international co-operation for monitoring the quality of language teaching materials and courses.

17. To take such steps as are necessary to complete the establishment of **an effective European system of information exchange** covering all aspects of language learning, teaching and research, and making **full use of advanced information technology**.

18. To ensure, as far as possible, that programmes which implement measures set out in the different chapters of this recommendation are notified to the Council for Cultural Co-operation, and that government sponsored programmes contain provision wherever possible for consultation and co-operation between the agencies concerned and their counterparts in other member states.

## Language Acquisition

by Henna Lemetyinen

Language is a cognition that truly makes us human. Whereas other species do communicate with an innate ability to produce a limited number of meaningful vocalisations (e.g. bonobos), or even with partially learned systems (e.g. bird songs), there is no other species known to date that can express infinite ideas (sentences) with a limited set of symbols (speech sounds and words).

This ability is remarkable in itself. What makes it even more remarkable is that researchers are finding evidence for mastery of this complex skill in increasingly younger children. Infants as young as 12 months are reported to have sensitivity to the grammar needed to understand causative sentences (who did what to whom; e.g. the bunny pushed the frog (Rowland & Noble, 2010).

After more than 60 years of research into child language development, the mechanism that enables children to segment syllables and words out of the strings of sounds they hear, and to acquire grammar to understand and produce language is still quite an enigma.

### *Early Theories*

One of the earliest scientific explanations of language acquisition was provided by Skinner (1957). As one of the pioneers of behaviorism, he accounted for language development by means of environmental influence.

Skinner argued that children learn language based on behaviorist reinforcement principles by associating words with meanings. Correct utterances are positively reinforced when the child realises the communicative value of words and phrases. For example, when the child says 'milk' and the mother will smile and give her some as a result, the child will find this outcome rewarding, enhancing the child's language development (Ambridge & Lieven, 2011).

### *Universal Grammar*

However, Skinner's account was soon heavily criticised by **Noam Chomsky**, the world's most famous linguist to date. In the spirit of cognitive revolution in the 1950's, Chomsky argued that children will never acquire the tools needed for processing an infinite number of sentences if the language acquisition mechanism was dependent on language input alone.

Consequently, he proposed the theory of **Universal Grammar**: an idea of innate, biological grammatical categories, such as a noun category and a verb category that facilitate the entire language development in children and overall language processing in adults.

Universal Grammar is considered to contain all the grammatical information needed to combine these categories, e.g. noun and verb, into phrases. The child's task is just to learn the words of her language (Ambridge & Lieven). For example, according to the Universal Grammar account, children instinctively know how to combine a noun (e.g. a boy) and a verb (to eat) into a meaningful, correct phrase (A boy eats).

This Chomskian approach to language acquisition has inspired hundreds of scholars to investigate the nature of these assumed grammatical categories and the research is still ongoing.

### *Contemporary Research*

A decade or two later some psycholinguists began to question the existence of Universal Grammar. They argued that categories like noun and verb are biologically, evolutionarily and psychologically implausible and that the field called for an account that can explain for the acquisition process without innate categories.

Researchers started to suggest that instead of having a language-specific mechanism for language processing, children might utilise general cognitive and learning principles.

Whereas researchers approaching the language acquisition problem from the perspective of Universal Grammar argue for early full productivity, i.e. early adult-like knowledge of language, the opposing constructivist investigators argue for a more gradual developmental process. It is suggested that children are sensitive to patterns in language which enables the acquisition process.

An example of this gradual pattern learning is **morphology acquisition**. Morphemes are the smallest grammatical markers, or units, in language that alter words. In English, regular plurals are marked with an -s morpheme (e.g. dog+s). Similarly, English third singular verb forms (she eat+s, a boy kick+s) are marked with the -s morpheme. Children are considered to acquire their first instances of third singular forms as entire phrasal chunks (Daddy kicks, a girl eats, a dog barks) without the ability of teasing the finest grammatical components apart.

When the child hears a sufficient number of instances of a linguistic construction (i.e. the third singular verb form), she will detect patterns across the utterances she has heard. In this case, the repeated pattern is the -s marker in this particular verb form. As a result of many repetitions and examples of the -s marker in different verbs, the child will acquire sophisticated knowledge that, in English, verbs must be marked with an -s morpheme in the third singular form (Ambridge & Lieven, 2011; Pine, Conti-Ramsden, Joseph, Lieven & Serratrice, 2008; Theakson & Lieven, 2005). Approaching language acquisition from the perspective of general cognitive processing is an economical account of how children can learn their first language without an excessive biolinguistic mechanism.

### *Conclusion*

However, finding a solid answer to the problem of language acquisition is far from being over. Our current understanding of the developmental process is still immature. Investigators of Universal Grammar are still trying to convince that language is a task too demanding to acquire without specific innate equipment, whereas the constructivist researchers are fiercely arguing for the importance of linguistic input.

The biggest questions, however, are yet unanswered. What is the exact process that transforms the child's utterances into grammatically correct, adult-like speech? How much does the child need to be exposed to language to achieve the adult-like state?

What account can explain variation between languages and the language acquisition process in children acquiring very different languages to English? The mystery of language acquisition is granted to keep psychologists and linguists alike astonished a decade after decade.

### *References*

Ambridge, B. & Lieven, E.V.M. (2011). *Language Acquisition: Contrasting theoretical approaches.* Cambridge: Cambridge University Press.

Pine, J.M., Conti-Ramsden, G., Joseph, K.L., Lieven, E.V.M., & Serratrice, L. (2008). Tense over time: testing the Agreement/Tense Omission Model as an account of the pattern of tense-marking provision in early child English. *Journal of Child Language*, 35(1): 55-75.

Rowland, C. F. & Noble, C. L. (2010). The role of syntactic structure in children's sentence comprehension: Evidence from the dative. *Language Learning and Development*, 7(1): 55-75.

Theakston, A.L., & Lieven, E.V.M. (2005). The acquisition of auxiliaries BE and HAVE: an elicitation study. *Journal of Child Language*, 32(2): 587-616.

***Recommended Reading***

Pinker, S. (1995). *The New Science of Language and Mind.* Penguin.

Tomasello, M. (2005). *Constructing A Language: A Usage-Based Theory of Language Acquisition.* Harvard University Press.

***How to cite this article:***

Lemetyinen, H. (2012). *Language Acquisition Theory*. Retrieved from *http://www.simplypsychology.org/language.html.*

## What Are Classrooms Like for Students with Learning Disabilities?

By Kate Garnett

Classrooms can be perilous in a number of ways for students with learning disabilities. Here are some tips to remember when working with students with LD.

How do general education classroom environments respond to individual differences and needs? How readily do teachers alter their forms of classroom organization; how readily do they modify approaches?

Common classroom conditions can and do affect many students adversely-to some degree, at one time or another, in one way or other-but, some students are especially vulnerable to classrooms' hazards (e.g., children of poverty, non-native speakers, those with attention deficits). Students with learning disabilities are among the most vulnerable-at chronic risk for "not learning" under the aforementioned conditions, for long-term academic and social problems, and for lifelong debilitating side-effects of their classroom experiences.

Classrooms can be perilous in a number of ways for students with learning disabilities. Remember:

### *Crowded*

Classrooms are crowded environments, arranged to maximize general, not close, observation of students. Being a member of a crowd is hazardous to Keesha's learning; she fades into the woodwork.

### *Busy*

They are busy places, filled with rapid interactions. Rapid verbal exchanges leave Dan with a consistent residue of confusion and misunderstanding (and he equates asking questions with being stupid).

### *Time-driven*

Mostly driven by clock time, they rarely operate in the flow of time. And yet, despite time pressure, much of students' classroom career is spent either waiting or being interrupted. Transitions and interruptions batter Nicholas' already fragile orientation in time and space. His frustration flares up when he loses his grip in time/space and, what's more, he is convinced that you take pleasure in constantly not letting him finish what he's doing.

### *Public arenas for students*

For students, classrooms are public arenas. The public spotlight can, at any moment, bare this child's failings (or that one's worthiness), making clear the official pecking order. Jose experiences the spotlight of public attention as shame, even though you have no such intent. This perception determines his behavior during anything he senses is intended to "teach" him. Avoiding exposure is habitual now and has stunted his willingness to try.

### *Private for teachers*

For teachers, classrooms are private domains, rarely encroached for any length of time or depth of observation by another adult. The privacy of a teacher's domain confines what can be seen about what's going on. More adults, seeing from more angles, might notice that Daniel has extraordinary powers of concentration, except during reading and spelling (when he has attention deficits and behavior problems).

### *Teachers talk*

Teacher talk predominates in classrooms, especially during times of intentional teaching. Student talk is minimal, especially during times of intentional learning. In order to understand and remember content area information, both Dan and Jose need to talk a lot, formulating, rehearsing, and verbalizing the steps of study tasks. They need to talk just when their teacher believes that they should be quietly "working." Further, they require coaching in how to do this.

### *Whole-group instruction*

Overwhelmingly, classroom instruction relies on whole group instruction, accompanied by large amounts of loosely overseen seat work. Without frequent clarifying interchanges, Keesha and Nicholas are left in the dust of group-focused lessons and semi-supervised seatwork.

### *Activity-focused*

The instructional focus is largely at the activity level, with teachers' expressing satisfaction when "things are going well," with students enjoying themselves. When the teacher's focus is on the activity flow, it is not evident that Jose is mentally on the fringes, not learning much of anything. He is terrific at engaging in an aspect of an activity that doesn't push his edges. Notably, Jose loves copying.

***Progress is monitored***

Checking in on students' performance is frequent, but uneven; probing individual students' understanding, providing instructive feedback or monitoring individual progress is rare. It is crucial to give Dan corrective feedback as he practices reading words and to keep weekly track of his word reading progress. Because advancement is slow and in smaller than-common steps, both Dan and the teacher need to see the tangible traces of his learning in order to stay motivated.

These students' particular needs get inadequate attention in most general education classrooms as currently constituted. Common, often central, characteristics of classrooms are at odds with the kinds of activities, interchanges, and consistency their learning requires. While it is possible to remold classrooms to respond more effectively to Dan, Jose, Nicholas and Keesha, there are a number of sizable barriers to such change. One has just been outlined: "not seeing" how particular classroom features are directly affecting what happens (and doesn't happen) throughout the school day and, importantly, how changes in these features can alter classroom dynamics and learning.

Differentiation and the "fairness doctrine".

Another barrier is the common belief that "including" students with learning disabilities is fundamentally a matter of ensuring that the student "fits in." By and large, teachers in general education classrooms aim for their students with learning disabilities to be well accepted, for them to feel comfortable and to "not stick out." This translates into not wanting to treat them differently – a problematic predicament, to say the least! To even begin approaching these students' learning needs requires treating them considerably differently. For example, it will be important to:

> Ensure that Keesha and Dan actively contribute and ask questions during discussions. This will require teaching them how to ask questions, as well as changing their beliefs about the act of questioning in school (i.e., that it is mostly proof of their stupidity or a rude challenge to the teacher).
> Situate Nicholas in time with a personal timer and time chart, altering how you approach him. (Perhaps: "Nick, we have Art in 5 minutes, could you set your timer for blast off?") Also, unlike others, he needs a buddy to navigate the halls, as he gets lost easily. Further, his severe math difficulties require him to work at a foundation level, with materials and procedures not used by the other students.
> Handle Jose with extreme care to avoid his becoming wallpaper for the rest of his schooling. He may well need you to treat him very differently, making bargains about different assignments, using private hand signals to gain his assent before calling on him, arranging a period a day of unpressured work that he chooses, having a daily private conference with him.
> Work intensively with both Dan and Jose on reading skills that your other students acquired with ease three years ago, as well as on explicit strategies for taperecording their essays and using taped books to keep up in social studies.

These are a diverse lot of instructional strategies for a mixed bag of difficulties, strategies tailored to particular youngsters and it is a partial listing, at that. If the goal is for these youngsters to "fit in," such an array of adaptations and alterations is unnecessary. In fact, making these accommodations will expose Jose and company to increased public view, with attendant discomfort and embarrassment.

But, what if their learning requires these? Fitting in and learning may be at odds ... not an easy situation. These students' learning requirements seem to go well beyond what is possible for one teacher to run around and meet, given the other students and priorities in the general education class. So it is understandable that teachers do not add many such adaptations to their already full plates.

In fact, teachers in general education classrooms, even those viewed as "the cream," make minimal accommodations for students with learning disabilities and tend to sustain only those they feel benefit their entire class (e.g., graphic organizers make a topic clearer for all, extra practice helps everyone). There is a prevailing belief that treating students differently is somehow detrimental – either bad for the individual, not good for the group, or both-voiced with particular concern for "fairness." This "fairness doctrine" has the ring of one of those cultural assumptions, worthy of closer examination, given the unfair facts of classroom life.

In actual practice, neither instruction nor discipline is evenhanded in classrooms, differing along lines of gender, race, class, and more. Different students are, in fact, treated substantially differently in all classrooms. Some of this is intended, as when one student spends much time parked outside the principal's office, while another goes there only on high-prestige errands. But much is unintended, even unnoticed. As but one example of such unacknowledged differential treatment: students with learning disabilities receive decreasing academic challenges over time in general education classes. Eventually many of their teachers settle into unspoken agreements with them – "I won't demand of you, if you don't bother me." Thus, "achieving" youngsters receive a continuing diet of cognitive challenges, while many of their classmates who have learning disabilities are dished up less and less.

By high school, the latter are often like phantoms, sliding in and out of classes with little effect. And frequently this complicity is neither desired nor fully "seen" by either teacher or student.

So, in fact, fairness, in the sense of sameness of instruction, or equity of instruction, or even in the sense of "each challenged to near capacity," is not very operative in classrooms, certainly not as much as we might like to think.

So, why the staunch resistance to purposefully treating the Dans, the Joses and the others differently, resistance in the name of fairness? I'll hazard that this concern, voiced by many teachers, has to do with some implicit "rules of the game" that have been handed down via the culture of schools and probably also by the culture at large. School participants, enculturated beings, "feel" when these rules are being violated, and will commonly rush to uphold themeven when they are not in the best interests either of the individual learner or the " rest of the class." Put another way, for classrooms to more fully accommodate students with learning disabilities, it may well take a cultural shift in the current way of "doing school," a more fundamental shift in how the enterprise operates overall, not only for those few. Now that is a tall order and one requiring approaches from multiple directions.

But, wait a minute!

What about the special educators in general classrooms – the consultant teachers, team teachers, collaborators – aren't they doing the needed individual adapting? Well, that certainly is the intention, with the assumption that the special educators' "close-up kid view" will complement as well as rub off on their colleagues. As it turns out though, evidence points in the other direction: special educators, set down in the midst of general education classes, adapt to the prevailing focus on activity, activity flow, and the group's overall engagement and responsiveness. They become supportive regular classroom teachers, even generalizing their "special" advice in stereotypical, rather than kid-specific, terms.

For example: "Semantic maps help kids with learning disabilities."

Instead of "Dan really has to organize his studying into semantic maps, with color cues. He can do it for stories now, but not for information, like Science News. Also, we need to get him to verbally rehearse his maps-then he really remembers! But you know, I've been watching Nicholas – and he's thoroughly confused when you put students' ideas into semantic maps on the board. We need to walk him through these on his own, making the thing very explicit verbally."

The surprising evidence that special educators in regular classrooms do not maintain this sort of student-specific focus suggests that there are sizable "cultural" forces pulling on classroom participants.

### *Ideas to investigate*

The first step is to look with new eyes at what actually may be there to see. Special and general education colleagues could alternate roles as observer and observed to gain new views. Here are some ways that might work.

**Idea 1:** For one week, each take notes on how "different strokes for different folks" is both beneficial and problematic for your students. In addition to noting these when you happen to notice, also take five-minute respites from "doing," and just "be" eyes and ears noticing: Who is doing what-when-for how long? Who is actually getting how much of what? Wait till week's end before comparing notes and chewing over what you've each seen.

**Idea 2:** Together select just one student – Keesha, for example. Uncover what she is actually learning and how she "sees" things at various times during the day. Observe her during whole-class discussions, during paired work, and as she works on her own. But also remember to interview her, caringly probing for what she actually came away with from a discussion, what she remained confused about. Assume that up until now you have only seen 10 percent of who she is and what she's learning. Try constructing a fuller portrait (80%?) of Keesha as a learner. Again, share your notes at week's end. Does your new picture point to changes you can make for her?

**Idea 3:** If everybody is to learn and make their best progress, then they will all need somewhat different amounts and somewhat different ingredients. Learning and progress are the goals that your students need to buy into. Brainstorm (with colleagues and/or your students) ways to re-orient classroom activities so that "different strokes for different folks" is viewed as a value in pursuit of learning. Try one of the ideas for six weeks, supporting one another as the experiment unfolds.

In conclusion

Currently, many general education classrooms make little adaptation to the individual characteristics of students with learning disabilities. It seems that adding adaptations as "one more thing you have to do," is largely unworkable. Some broader change or restructuring of how classrooms operate seems called for. But, remolding classrooms is not simple, involving something like a "cultural shift." Formidable, though not impossible, this is rather like rearranging the living room with an invisible elephant in the middle-the more you "see" where it is, the less it tramples your efforts.

Garnett, K. (2010). *Thinking About Inclusion and Learning Disabilities: A Teachers Guide,* pp 7-12. Division of Learning Disabilities of the Council for Exceptional Children.

*http://www.readingrockets.org/article/39151/*

## 15 Strategies for Managing Attention Problems

By Glenda Thorne, Alice Thomas, and Candy Lawson

Here are 15 tactics that may help children enhance attention and manage attention problems.

The following strategies are offered for enhancing attention and managing attention problems. This listing is by no means exhaustive, but rather is meant as a place to begin. The best resources for strategies are the creative, inventive minds of enlightened assessment professionals, teachers and parents, in partnership with the students they serve. Together they can create multiple alternative strategies.

### *1. Take the Mystery Away*

The first and perhaps most important management strategy is to insure that all students understand how attention works and identify their particular profiles of attention strengths and weaknesses. Then, students should be taught attention management strategies.

### 2. *Understand Consistent Inconsistency*

Teachers and parents should understand that the inconsistency of children with attention problems is not evidence of a poor attitude or lack of motivation. It is a part of their biologically based attention dysfunction, and is beyond their easy control.

### 3. *Explore the Option of Medication*

For many children and adolescents, medication can be helpful in dealing with attentional difficulties. Medication can improve mental alertness and the intensity and duration of concentration. In addition, it may diminish impulsivity and hyperactivity. The student and his parents may wish to explore this option with his physician.

### 4. *Allow for Movement and Breaks*

It is helpful for students who have problems with inconsistent alertness and mental effort to be provided with opportunities to move around. For example, at school, teachers could ask the student to erase the board, collect papers or take a message to the office. At home, parents and/or the student could schedule regular breaks and change work sites. That is, the student could work several minutes at the kitchen table and several minutes on the living room floor. Each time the location is changed, the student may experience a burst of mental energy. Additionally, students may need to be doing something with their hands while seated. They may doodle, roll a piece of clay or perform some other manual tasks that enhance their alertness and arousal.

### 5. *Vary Instructional Strategies*

Teachers should use a variety of instructional strategies and these should be changed approximately every 15 to 20 minutes. For example, they could deliver information for 15 minutes via lecture. This strategy could be followed by small group work or cooperative learning for 20 minutes. Next, students could engage in individual seatwork or watch a video.

### 6. *Use Signals*

The teacher and parents should have a private way of signaling students when they are tuned out. For example, a gentle tap on the shoulder may be effective. Also, the student's teachers and parents may need to signal him when something important is about to be stated. Looking right at him, his teacher or parent could say, "Now listen very carefully. I am about to give you important instructions about tomorrow's test."

### 7. *Leverage Interests*

Attention is enhanced when interest is heightened. Thus, students should be encouraged to read, write and talk about subjects in which they are interested. Additionally, students' attention is enhanced when information is personally relevant to them. For example, if students need to learn a chronological timetable, the teacher could begin with having the students develop a chronological timetable of the important events in their own lives.

### 8. Minimize Noise and Other Distractions

Students who are easily distracted should benefit from a structured auditory environment. They may need preferential seating near the front of the classroom so that noise and distractions from other students are minimized.

### 9. Develop Previewing and Planning Skills

Teachers and parents can help students develop previewing and planning skills by requiring them to formulate plans for writing reports and completing projects. For example, when completing a book report, the students could submit plans for how they are going to accomplish this task. They will likely need specific instruction, followed by modeling, then guided practice, and finally feedback on performance. The concept of previewing should be explained to the students and they should be aware of the fact that the activities they are engaging in will help them develop previewing/planning skills. It is helpful if they are first given practical examples of planning, such as planning for a party.

### 10. Use Behavior Modification and Self-Assessment

The use of behavior modification and self-assessment strategies can be helpful in increasing desired behaviors (e.g., task completion) and/or decreasing behavior problems (e.g., impulsive blurting out during class). The specific behaviors that need to be changed should be identified (e.g., completes reading classwork; raises hand before answering questions; brushes teeth before going to bed; puts dirty clothes in laundry). The specific consequences for behavior change should also be identified. The consequence for positive behaviors must be more rewarding to the student than failure to complete the positive behavior. For example, if the child is allowed to stay up an extra 15 minutes in the evenings, this behavior must be more rewarding than leaving his/her dirty clothes on the bathroom floor.

Additionally, performance of the targeted behavior must be the only way that the student is able to obtain the reward. In the previous example, the child is only able to stay up the extra 15 minutes at night if he puts his dirty laundry in the designated place. School-home notes can be used to communicate back and forth between home and school. In both settings, charts and graphs can be used to monitor progress toward the goal. Students should be encouraged to assess their own behavior in addition to being assessed by the adult. They could be given an additional reward for accurate self-assessment.

### 11. Discourage Frenetic Work Patterns

To help students refrain from rushing through their work, teachers and parents could avoid making statements such as, "You can go out to recess as soon as you finish your assignment" or "You can watch television when you finish your homework." Offers such as these may inadvertently encourage students to work too quickly and carelessly.

***12. Get Organized***

A notebook with three sections labeled "Work to be Completed," "Work Completed" and "Work to be Saved" may be used to help students organize their assignments. Color-coding notebooks for different subjects may also be helpful for organizing work.

***13. Use Daily Planners***

A student should use a structured daily planner to help him organize his assignments and activities. A planner that is broken down by subject within the day and has sufficient room to write all the information he needs would be preferred. ELAN Publishing offers a number of good student organizers (available from CDL's A+ Store). Alternately, he may benefit from using a personal digital assistant (PDA).

***14. Set Up a Home Office***

At home, parents should guide their child/adolescent with setting up his/her own well-organized "office." Parents should schedule a weekly time that their child/adolescent will dedicate to straightening up the office and making sure all office supplies are well-stocked (e.g., post-its, pencils, pens, highlighters, paper, paper clips, stapler). The student should find his/her best time(s) for studying (his/her most alert times of day), and post these times as his/her "Office Hours." The student should also experiment with different kinds of background noise levels that work best for him/her when doing homework of studying. Some children/adolescents actually concentrate better in a noisy environment or while listening to music while others may need to use ear plugs.

***15. Allow Time to Wind Down***

Many students with attention problems have trouble falling asleep at night. It is helpful for them to have an established routine for going to bed at night. For example, they could read a book or have a book read to them. They can engage in stretching exercises before getting in bed. They could drink a glass of milk or hot chocolate prior to going to bed. They might also listen to quiet, easy music while falling asleep. "White noise," such as a fan, may also be helpful in facilitating sleep.

**References**

Thorne, G., Thomas, A., and Lawson, C. (2005). *15 Strategies for Managing Attention Problems*. Metarie, LA: Center for Development and Learning. Retrieved Dec. 7, 2009, from from *http://www.cdl.org/resource-library/articles/Strategies_For_Managing_Attention.php*

## eVoc Strategies: 10 Ways to Use Technology to Build Vocabulary

By Bridget Dalton and Dana L. Grisham

Drawing on research-based principles of vocabulary instruction and multimedia learning, this article presents 10 strategies that use free digital tools and Internet resources to evoke students' engaged vocabulary learning. The strategies are designed to support the teaching of words and word learning strategies, promote students' strategic use of on-demand web-based vocabulary tools, and increase students' volume of reading and incidental word learning. The strategies emphasize developing students' interest in words as they read, view, interact with, and create word meanings in digital and multimedia contexts.

### *In this article:*

> Teaching and learning vocabulary
> Develop strategic digital readers with "on-demand" vocabulary help
> Expand wide reading and incidental word learning with digital text

An eVoc strategy is an electronic, or technologybased, strategy that teachers can use to develop students' vocabulary learning and interest in words. We use the term eVoc both to highlight that the strategies rely on digital tools and resources and to suggest the evoking of learning potential that is possible when technology and media are part of the instructional mix.

As literacy educators, we need to use the tools that 21st century technologies afford us (International Reading Association, 2009). Nearly 100% of schools in the United States have Internet access (Wells & Lewis, 2006). In 2010, we can assume that access to information and communication technologies (ICTs) will continue to improve with the increased availability of inexpensive mobile devices and the U.S. Department of Education's inclusion of technology in education reform (National Education Technology Plan, 2010).

Although the pervasiveness of ICTs in all aspects of 21st century life is quite clear and well accepted, it is less clear how teachers might successfully integrate technology into literacy instruction and specifically vocabulary instruction. Improving students' vocabulary is an area of urgent need if we are to develop the advanced literacy levels required for success in school and beyond (Biancarosa & Snow, 2006; Graves & Watts-Taffe, 2008). Vocabulary is also an area where teachers are asking for guidance on instructional approaches, strategies, and materials (Berne & Blachowicz, 2008). We believe that digital tools and media are available in most schools that teachers could harness now to improve vocabulary learning, tools that capture the interest of students and that provide scaffolds and contexts in which to learn with, and about, words more profitably.

The purpose of this article is to highlight 10 eVoc strategies that hold promise for improving vocabulary learning in intermediate grades and that employ digital tools and resources that are readily available and feasible to implement in today's schools. Given the fast pace of technology innovation, not all of these eVoc strategies have direct research evidence; however, they are all supported by research on effective vocabulary instruction, much of it carried out with print materials (National Institute of Child Health and Human Development [NICHD], 2000; Pearson, Hiebert, & Kamil, 2007), and multimedia learning (Fadel & Lemke, 2008; Mayer, 2001).

We encourage teachers to select one or more of these eVoc strategies to try out and adapt to their particular students, curricula, and teaching context. We hope that they share their successes and limitations with their colleagues and with the broader literacy community on the Internet. In the following sections, we first summarize research on vocabulary learning and then present 10 eVoc strategies organized by three principles of vocabulary instruction applied in a digital context. Across all three areas, the role of interest and engagement with words and word learning is addressed.

### *Teaching and learning vocabulary*

The first five eVoc strategies focus on explicit teaching of vocabulary and helping students become independent word learners.

### *eVoc strategy 1: Learn from visual displays of word relationships within text*

Developing breadth and depth of vocabulary depends on building connections between words and developing elaborate webs of meaning (Boulware- Gooden, Carreker, Thornhill, & Joshi, 2007). Graphic organizers and visual displays highlight the relationships between words (Baumann & Kame'enui, 2004). Two of our favorite word mapping tools that support visual representation are Wordle and Wordsift.

*Wordle* is a free Web application that allows you to create a word cloud based on the frequency of words in a particular text. It can be used to stimulate students' thinking about the meaning, importance, and relationship of words as they analyze, create, and publish Wordles. To create a word cloud, you paste text into the applet and then manipulate the visual display by selecting the color scheme, layout, and font. Word clouds can be used to highlight keywords and themes to prepare students for reading, as well as prompt discussion after reading.

For example, we created the word cloud in Figure 1 based on an online *National Geographic Kids* article about the troubling disappearance of honeybees in North America. Questions about this Wordle might include the following:

- What does the word cloud suggest this article is about?
- What seem to be the most important words?
- How do these words go together?
- Why do you think the Wordle designer chose this shape of word cloud? (Hint: Think of what bees look like when they swarm.)

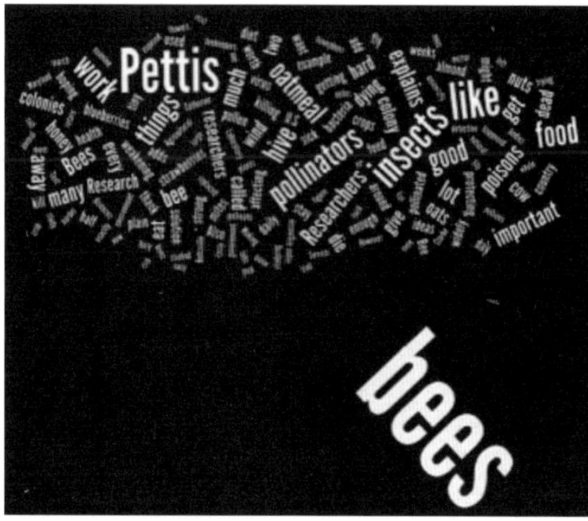


**Figure 1:** Word cloud for bees using Wordle

Students will most likely conjecture that the article is about bees. Some students may notice the less prominent words – dead and poisons – and wonder if the bees are sick. When asked about the color choice, they may speculate that the author/designer chose bright colors to get your attention, or that black goes with poison. What is important in this kind of prereading discussion is students' close attention to the words and how they might relate to one another and to the larger text that they represent. Students actively engage with meaning as they draw on background knowledge about words and concepts as well as on visual literacy skills.

The same bees word cloud could prompt a discussion after reading the article, guided by questions such as,

- Do you think the word cloud captured what was most important to learn?
- Are there keywords or ideas that are left out?
- What superordinate terms reflect the main ideas?

As students manipulate the word cloud's layout, color, and font, they integrate verbal and visual representations, strengthening the multimedia learning effect (Fadel & Lemke, 2008) while developing an important digital literacy skill in our visual society.

For some students, the creative design aspect serves as the hook to engage them in meaning making; for others, it is the words themselves that entice them to explore meanings and relationships. Although Wordles can be published to the public gallery and printed, another option is to use a screen capture program to save the Wordle as an image, creating a bank of images on your desktop or school server. They can then be inserted into a document, PowerPoint, class blog, or other text.

*WordSift* is another free word cloud tool available on the Internet. Like Wordle, a word cloud is created based on text that is cut and pasted into the application. Although WordSift does not support artistic design of the display, it offers important learning supports. Each word can be clicked on to show a collection of related images, a word map, and a listing of sentences from the text that present the word in different contexts. WordSift also sorts words by difficulty and identifies academic words. Note that both Wordle and WordSift support several different languages, a feature particularly helpful to ELs (Adesope, Lavin, Thompson, & Ungerleider, 2010).

### *eVoc strategy 2: Take a digital vocabulary field trip*

In the original vocabulary field trip (Blachowicz & Obrochta, 2005), the teacher begins with a large poster of a topic, such as weather. Students are seated on the carpet, and the teacher leads a field trip that includes having students observe and record what they saw as they read books and other materials. As students volunteer weather words, the teacher records them on sticky notes or tag board and puts them up beside the poster. After the observations are concluded, the teacher returns the students' attention to the words, repeating them and linking them to the poster. Next, students sort the weather words into conceptually related groups and engage in other semantic activities.

Teachers can create a digital version of a vocabulary field trip using a free online program called TrackStar (trackstar.4teachers.org). Like the popular WebQuest (Dodge, 1995), TrackStar allows you to collect a series of websites and annotate them so that students follow the online journey.

On the left side of the figure you can see the questions and multiple websites that we selected to guide students in finding out about weather in Alaska, where the Iditarod takes place. We selected a context where weather is extreme to heighten students' interest and to provide a dramatic contrast to their own local weather. We begin with a website featuring photos and video of dogsledding in Alaska and asked students to respond with descriptions of the weather conditions.

Next, students visit a website on the aurora borealis and look for connections between the aurora and Alaskan weather. They complete the virtual field trip with a visit to a website on weather comparisons, where they examine the differences between local weather and Alaskan weather. Throughout this process, they visit several teacher-selected websites and gain knowledge about words through multiple exposures in different contexts and through different media, including reading, viewing, writing, and conversation.

### *eVoc strategy 3: Connect fun and learning with online vocabulary games*

No list of technology applications for vocabulary would be complete without mention of the vocabulary games that are available for free on the Internet. We recommend two sites that offer a variety of activities to engage students in playing with words and word meanings: *Vocabulary Games* and *Vocabulary*. Games include crossword puzzles, picture-word matches, word scrambles, and 8 Letters in Search of a Word (a game that can draw you in unexpectedly as you race to create as many words as possible from eight letters within the time limit). The games are supplemented with themed word lists, test preparation items, and activities on prefixes and suffixes. These sites can be bookmarked for students' independent practice and can provide a basis for whole-group instruction.

***eVoc strategy 4: Have students use media to express vocabulary knowledge***

The previous eVoc strategies all require student interaction, from manipulating a visual word map to taking an online vocabulary field trip. This strategy focuses on students' vocabulary representations in multiple modes-writing, audio, graphic, video, and animation (Nikolova, 2002; Xin & Rieth, 2001). The first set of examples draws on promising research with universally designed digital text (Dalton & Proctor, 2007), suggesting the benefit of having students develop word meaning as they read a definition, view graphics, listen to the word, write or audiotape a personal connection to the word, create a caption for a graphic, and complete an interactive word map (Proctor et al., 2007; Proctor, Uccelli, Dalton, & Snow, 2009). Figure 2 illustrates how students communicate word knowledge as they create a caption for an image. These types of activities offer students different modes of representation and expression and can be created with a variety of composing tools and formats, such as digital stories, photo essays, podcasts, and so on.

**Figure 2:** Screenshot of Digital Vocabulary Field Trip Using TrackStar

A multimedia composing and presentation tool that is often underused is PowerPoint. We have certainly seen many poor PowerPoint examples (e.g., the ubiquitous three bullet points and silly clip art approach). However, we have found that PowerPoint can be used creatively for expression. In addition to benefiting from reading and viewing multimodal representations of vocabulary, recent research suggests that students may also benefit from creating multimedia representations of words in PowerPoint slides that are hyperlinked together (Pritchard & O'Hara, 2009). Working with fifth graders, Bridget (first author) created an example of a multimedia glossary item for camouflage, a word from the science curriculum (see Figure 3).

The model elaborates word knowledge in context and illustrates how design influences the message. To provide a structure to guide students in creating their own entries, Bridget created a template that students could fill in and adapt. The template includes a space for the word, a short definition, an expla-

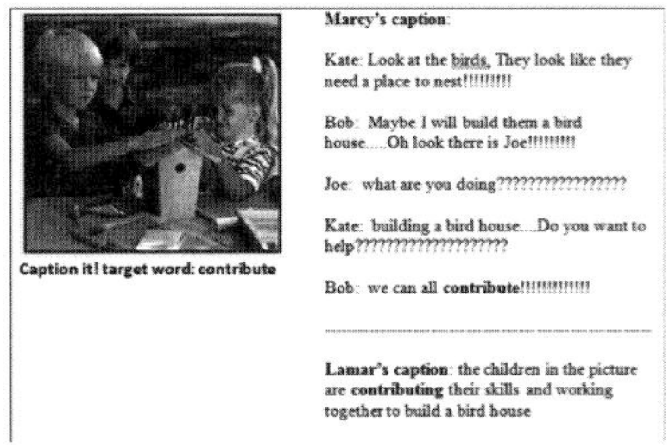


**Figure 3:** Students Create Captions to Illustrate Their Understanding of *Contribute*

nation for why the word is important, a graphic, an audio recording or sound, and a source. As students create and revise their entries, they reflect on the word's meaning (What does this mean?), its representation (How does this particular graphic and sound effect illustrate this word?) and process (What images did you consider and discard?).

Students' glossary items can be combined into a master document and sorted by word to show multiple meanings and representations (Pritchard & O'Hara, 2009). Another approach to compiling students' individual work is to teach them how to hyperlink their slides so that a view of one version of a word includes hyperlinks to others' versions of that word. Although this example uses PowerPoint as the media format, these types of vocabulary collections can be created in different modes and published online as a word wiki or word blog. This kind of collaborative publication and engagement with an external audience is characteristic of successful multimedia learning (Fadel & Lemke, 2008). There really is no end to the creative possibilities when students use media to develop and celebrate the wonder of words.

**Figure 4:** Multimedia glossary example of *Camouflage Using a PowerPoint Template*

***eVoc strategy 5: Take advantage of online word reference tools that are also teaching tools***

Many online word reference tools are also excellent teaching resources. For example, the *Visual Thesaurus website* complements its fee-based content with free information such as the Behind the Dictionary and Teachers at Work columns and teacher-created themed word lists. Many use multiple distribution platforms to reach learners wherever they are. For example, the Back in School webpage of Dictionary.com (dictionary.reference.com/studenthandbook) links to Facebook, has an iPhone application, a free toolbar application, a word of the day that is communicated on Twitter or as a text message on your mobile phone, and a free weekly word explorer audio podcast on iTunes.

Develop strategic digital readers with "on-demand" vocabulary help

This section highlights two online tools that provide just-in-time support while reading. Students can develop their strategic learning repertoire as they customize their own collection of supports.

***eVoc strategy 6: Support reading and word learning with just-in-time vocabulary reference support***

Whether avid or reluctant reader, we all encounter unfamiliar words in our reading and need strategies for what to do when this occurs. Rather than using print dictionaries or asking the teacher, students can learn to use online dictionaries and thesauri. When they have access to word help on demand, at the point of need, both monolingual (Reinking & Rickman, 1990) and bilingual (Yoshii, 2006) students tend to use them more often than print references and improve their understanding. Many of these Internet-based tools are free (they vary in difficulty, so try out different applications to determine the best fit for your students).

Some word reference tools can be mounted on the browser toolbar, allowing you to right click on any word to look it up and have a *brief definition display*. More comprehensive dictionaries can be bookmarked for easy access while reading on the computer. The increasingly popular e-book readers, which are becoming more common in schools and homes, usually provide dictionary help in the form of audio pronunciations of the word and brief definitions.

Two popular free online dictionaries/thesauri are *Reference.com* and *Merriam-Webster*. Tools expressly designed for students include *Word Central* from Merriam-Webster , Back in School from *Dictionary.com*, and *Yahoo Kids! American Heritage Dictionary of the English Language*.

A strength of digital text is its capacity to communicate in multiple modes, enhancing understanding by providing two channels of input, visual/spatial and linguistic (Mayer, 2001). Merriam-Webster offers an online visual dictionary (visual.merriam-webster .com/index.php), and *Enchanted Learning* provides a picture dictionary for young children. Be on the alert for educational sites that offer specialized picture glossaries, such as *NASA's online space picture dictionary*. These sites can be added to your browser favorites. And, finally, it is important to teach students to notice and strategically use the vocabulary help that is offered on various sites, such as the word wizard that pops up when students are reading *Scholastic News Online.*

### *eVoc strategy 7: Use language translators to provide just-in-time help for ELLs*

Successful ELs leverage first-language knowledge to develop their English (Adesope et al., 2010; Jiménez, García, & Pearson, 1996). Online dictionaries often support multiple languages (e.g., the Yahoo! Kids dictionary supports 90 languages), and EL students should be taught to look for this option. Another resource is the language translator. The value of a translator is that it supports learning words as they occur naturally in authentic text and allows students to view bilingual versions of a text side by side so that they can use their first-language knowledge to develop their English vocabulary. You can paste text into the translator field, select the input and output languages, and view the translation (see *Babelfish, Google translator,* and *Bing Translator*). You may also download a toolbar extension that *translates* any webpage automatically. Although these tools are not perfect (and may never be, given the nuances involved in translation), they are a good place to start for ELs. In fact, students often find the translator's mistakes both humorous and an entry point for discussing the nuances of word meanings.

### *Expand wide reading and incidental word learning with digital text*

Reading widely and deeply is important for vocabulary development and reading comprehension. These two strategies help increase students' volume of reading and, indirectly, their incidental word learning (Cunningham & Stanovich, 2001; Nagy & Herman, 1985).

### *eVoc strategy 8: Increase reading volume by reading digital text*

Class libraries, read-alouds, book clubs, and independent reading time during the school day can increase the amount and variety of student reading. However, it is challenging to find the resources and time required to provide up-to-date material, to be responsive to students' interests, and to accommodate readers at different reading levels. Teachers can dramatically expand text options for students by including reading on the Internet and other digital texts. A high percentage of students already use the Internet for homework; we can extend their learning and exploration of words in context as they read and view varied text genres on the Internet, or read texts downloaded onto a class computer, an e-book reading device, or a smartphone.

Increasing the reading of informational text is especially important for learning in the content areas, and informational content reigns supreme on the Internet. To use current events as one example, the currency of information and use of media to communicate the news is unparalleled. To begin, we recommend bookmarking quality sites that students read on a regular basis. Many educational publishers and organizations provide free online content, including articles and media about current events, some of which are generated by students themselves. A few of our favorites include the following:

- Time for Kids
- Weekly Reader
- National Geographic Kids
- National Geographic Kids' blogs
- Science News for Kids

A recent visit to some of our favorite sites included articles about the top stories in the news, a student blog about animal myths featured in the animated film Fantastic Mr. Fox, and an explanat ion of threesided snowflakes. The texts include graphics, video, and sound, along with written text, providing many ways of engaging with the content. Students can rotate taking on the role of Internet news repor ter, scanning bookmarked sites for interesting news to share with the class or post to a class blog. Students can also pursue individual interests as they read digital text during sustained silent reading.

A second example is based on literature students read in the classroom, generating interest in more reading by developing intertextual connections (Hartman, 1992). Using a digital poster or PowerPoint screen to show a splash of book cover images and screen captures of websites, movie trailers, and blogs invites students to pursue their interests in particular authors, books, genres, popular culture, and media.

For example, a screen displaying a book that the class is reading, such as Kate DiCamillo's The Tale of Despereaux, links to several screens, one featuring her website and online interviews, another to a site with video clips from The Tale of Despereaux movie, and still another highlighting other fantasy books and comics. The splash screens can be printed out to build a wall mural that students expand as they continue reading.

These examples highlight the value of teachers previewing Internet content. However, students will also need support in learning how to search and find their own reading materials on the Internet. This will necessitate teaching Internet safety, something that is now required to obtain E-Rate funding (Protecting Children in the 21st Century Act, 2009), as well as strategies for searching and evaluating Internet content (Henry, 2006).

#### *eVoc strategy 9: Increase reading volume by listening to digital text with a text-to-speech tool and audio books*

A common concern among educators is the readability of websites and Internet content. One powerful strategy is to allow students to listen to text with a text-to-speech (TTS) tool or, when available, listen to audio narration. This provides students with access to age-appropriate content and grade-level curriculum, a right mandated by the Individuals with Disabilities Education Improvement Act of 2004. For struggling readers, TTS increases their reading speed, reduces stress, and for some, but not all, improves comprehension (Elkind & Elkind, 2007).

Fortunately, there are free TTS tools that can be mounted on the browser toolbar for easy access while reading, such as Click, Speak for Firefox (click speak.clcworld.net), or downloaded to your desktop, such as the NaturalReader free *TTS utility*. *Balabolka* is a PC-based TTS application that can run off a thumb drive. Some e-book readers such as Microsoft Reader are free to download and can be used with public domain content that is part of their e-book library.

There are also commercial TTS tools that range in price depending on the features, such as those from Kurzweil, Aeques, TextHELP, and Recording for the Blind & Dyslexic (RFB&D). Note that students who have a documented print disability may obtain digital versions of core curriculum texts from organizations such as *Bookshare* and *RFB&D*. To explore strategies for listening to text, check out the *Learning Through Listening website*. Johnson (2003) also offered suggestions for using audiobooks in the classroom in her Reading Online article, "Audiobooks: Ear-resistible!"

### *eVoc strategy 10: Combine vocabulary learning and social service*

Many of these eVoc strategies use Web 2.0 technologies to promote social learning. They also tap into students' natural desire to create, to participate in communities, and to develop strategic competence. Recent reports on students' digital literacies highlight the importance of this kind of learning (Ito et al., 2010). This final eVoc strategy is a free online vocabulary game, *Free Rice* that has attracted millions of users, young and old. We believe it offers an opportunity to promote students' engagement with words while contributing to the social good.

Free Rice presents a word and four answer choices on the screen. For each correct answer, the United Nations World Food Programme donates 10 grains of rice to countries in need. The game adjusts its difficulty level based on the response, filling a bowl with rice as the player adds to his or her score. As a class activity, the teacher could project the website on screen and guide students in playing the game for 5 minutes daily, discussing choices (e.g., "I think it must be 'x' because 'y'") and strategies (e.g., "Any words we can eliminate? Does the root word give us a clue we can use?"). Students can play individually or with a partner, reporting back to class on their rice earnings and sharing intriguing new words.

In closing, we invite you to go digital with word learning. These 10 eVoc strategies use technology to support the wide reading, direct instruction, active learning, and interest in words that we know are essential to vocabulary development. In a digital world, knowing how to use the tools and resources available online is part of becoming a strategic learner. We hope that this list provides a useful and evocative jumpingoff point for integrating technology and media into your students' vocabulary learning experience.

**References**

Dalton, B. and Grisham, D. L. (2011), *eVoc Strategies: 10 Ways to Use Technology to Build Vocabulary*. The Reading Teacher, 64: 306–317. doi: 10.1598/RT.64.5.1

## Using Songs in the English Classroom

By Hans Mol, Australia

Hans Mol is a writer, trainer and teacher working from Australia. He is published worldwide for young learners, teens and adults. His next book (Grammar for Young Learners) is published by OUP in 2009. He is co-director of *www.supasongs.com* and fracasenglish.com. E-mail: hans@fracasenglish.com, connexxions@bigpond.com

### *Songs in the classroom: a useful tool*

Songs are part of daily life for most people. Who doesn't enjoy music at home, while travelling or studying, or even at work? Language teachers can use songs to open or close their lessons, to illustrate themes and topics, to add variety or a change of pace, present new vocabulary or recycle known language. But how do songs actually benefit your students? In the first part of this article we look at the theoretical background to these questions; in the second half we look at what we can do with songs in the classroom.

There is strong practical evidence supporting the use of music in the English language classroom; there is also a growing body of research confirming that songs are a useful tool in language acquisition. In fact musical and language processing occur in the same area of the brain. (Medina, 1993)

### *Types of songs*

There are many types of songs which can be used in the classroom, ranging from nursery rhymes to contemporary pop music. There is also a lot of music written specifically for English language teaching. A criticism of the latter is that they often lack originality and musical appeal but there are good examples to be found of stimulating, modern, 'cool' music, appealing to the real tastes of language learners. 'Real' music that the children hear and play every day can be extremely motivating in the classroom, too. However, the lyrics may not always be suitable: they may, for instance, contain slang or offensive words, there may be grammatical mistakes and they may only marginally teach the language points you want to focus on.

### *Which learners like songs?*

Howard Gardner once said: *"It's not how intelligent you are, but how you are intelligent."* No two students learn in exactly the same way. In any classroom there will be a mix of learning styles, and one student may 'use' more than one style, depending on what the task or topic is. To appeal to these differences is a huge teaching challenge. Gardner distinguished eight styles of learning, and students in his 'aural/musical' category will have a lot of benefit from learning through songs. They are strong in singing, picking up sounds, remembering melodies and rhythms; they like to sing, hum, play instruments and listen to music.

This is not to say that learners with other learning styles cannot benefit from songs. Of course they can, because in the activities we develop with songs we can dance and act (physical learning style), read, draw and do puzzles (spatial intelligence) tell stories, and write (verbal learning styles).

### *Why are songs so suitable?*

We can't generalise, but research has found that pop songs have characteristics that help learning a second language: they often contain common, short words; they are written at about 5$^{th}$ grade level (US); the language is conversational, time and place are usually imprecise; the lyrics are often sung at a slower rate than spoken words and there is repetition of words and grammar. (Murhpy, 1992). Furthermore, songs are also known to lower the "affective filter" or, in other words, to motivate learners to learn. So, what positive contributions to language learning can songs make?

*Socio-emotional growth*

You'll often find learners of any age singing together socially – when they are visiting friends, at a party or in karaoke bars. Teenagers and young adults seem to know an endless number of songs by heart and share them continuously through the Internet and portable music players. Even though it's not always easy to copy this spontaneous love of music in the classroom, singing songs in and with a class is a social act which allows learners to participate in a group and express their feelings, no matter what their English is like.

*Physical development*

Songs provide a great opportunity for young learners to move around. Clapping, dancing and playing instruments stimulate memory, which makes it possible for learners to hear chunks of language as they sing and use them in different situations later. Older learners can also benefit from clapping, dancing, rocking, tapping, and snapping their fingers to music and songs.

*Cognitive training*

We all know the phenomenon of the song-that-is-stuck-in-my-head. With the right kind of song it is easy to simulate that in the classroom. Interacting with songs again and again is as important to language learners as repeatedly practicing a tennis technique is for a tennis player. The skill which develops from this is called 'automaticity'. Learners get to know what to say and to produce language rapidly without pausing.

*Cultural literacy*

Now that most music is accessible to almost anyone anywhere, either through radio, CDs, DVDs and downloads from the Internet, learners can enjoy songs from all corners of the globe. Songs used in English classes can, in that way, shed light on interesting musical traditions in countries, but can also teach teens, young adults and adults to appreciate other cultures. For adult learners they can be "a rich mine of information about human relations, ethics, customs, history, humor, and regional and cultural differences" (Lems, 2001).

*Language learning*

In a world where non-native speakers of English are likely to produce the majority of songs in English, learners have the opportunity to listen to pronunciation in a wide range of varieties of the language. Songs will help learners become familiar with word stress and intonation, and the rhythm with which words are spoken or sung also helps memorization. Again, this will enable learners to remember chunks of language which they can then use in conversations or in writing. As language teachers, we can use songs to practice listening, speaking, reading and writing.

### *What can you do with songs in the classroom?*

The sky is the limit! There are a few things to keep in mind: simple, repetitive songs often contain a recurrent grammatical pattern which is useful to teach (especially with younger children). More difficult songs often contain interesting vocabulary and idioms. Also there is often a message, a theme, or a story underlying a song which students can discuss, explain, debate, and write about at almost any level.

### *Practical tips and tasks for using songs*

*Focus it*

Start with a focusing activity: anything that will get students thinking about the subject of the song. Have them think about the title of the song, in groups of pairs. Find a picture that relates to the subject of the song and have students make guesses about it.

*Highlight it*

Put a selection of important words from the song on your board. Have students ask each other what the words mean. Then, have students in groups write or tell a quick story that uses the words. You can also get students to circle, underline or highlight specific words or word categories.

*Stop it*

Again, write a selection of words on the board. Students must shout STOP any time they hear one of the new words. You could also stop the song before a word you want them to guess.

*Lip sync it*

Have students lip sync the song before a team of judges in a Class Idol show. This allows them to become familiar with the words, rhythm, stress and intonation before actually singing the words out loud.

*Strip it*

Cut the song into strips. Give each student one strip to memorize. Students put the strips in their pockets. They get up and tell each other their part of the song, without looking at their part or showing their part to anyone else. Students then organize themselves in the right order, speak the song and then listen and check. You can also have students put the strips on a table in order.

*Question it*

Have students ask each other questions about the song (about the words, about the topics or about characters in the song). For more advanced students you could choose two songs of a similar theme, and split the class into two teams. Have each group listen to their song and draw up a list of (open or True/False) questions. Pair each student with a member of the opposite team and have them take turns asking their questions.

*Gap it*

You can prepare a gapped version of the lyrics and let students complete them before listening and then check afterwards.

*Write it*

Have students write a letter to the main character or the singer, send an answer to a person referred to in the song, rewrite the song as a story, write a story which began before the story in the song and led to it, or write a story which will continue after the song.

*Change it*

Change words (adjectives, adverbs, nouns -names, places or feelings), and invent new lyrics for the melody. If you have karaoke versions of the songs you can then let students sing their own versions.

*Draw it*

Get students to draw or collage the song and compare the visualisations in class.

The possibilities are endless. Music and songs are fun, and most people enjoy them. Make songs a regular feature in your lessons!

**References**

Lems, Kirsten, *Using Music in the Adult ESL Classroom,* ERIC Digest, 2001.

Medina, Suzanne L., *The Effect of Music on Second Language Vocabulary Acquisition,* 'National Network for Early Language Learning', Vol 6-3, 1993.

Murphy, T. (1992), *The discourse op pop songs,* TESOL Quarterly 26(4), 770-774.

## • Bullying in Schools

**ERIC Identifier:** ED407154
**Publication Date:** 1997-04-00
**Author:** Banks, Ron
**Source:** ERIC Clearinghouse on Elementary and Early Childhood Education Champaign IL.

Bullying in schools is a worldwide problem that can have negative consequences for the general school climate and for the right of students to learn in a safe environment without fear. Bullying can also have negative lifelong consequences–both for students who bully and for their victims. Although much of the formal research on bullying has taken place in the Scandinavian countries,

Great Britain, and Japan, the problems associated with bullying have been noted and discussed wherever formal schooling environments exist.

Bullying is comprised of direct behaviors such as teasing, taunting, threatening, hitting, and stealing that are initiated by one or more students against a victim. In addition to direct attacks, bullying may also be more indirect by causing a student to be socially isolated through intentional exclusion. While boys typically engage in direct bullying methods, girls who bully are more apt to utilize these more subtle indirect strategies, such as spreading rumors and enforcing social isolation (Ahmad & Smith, 1994; Smith & Sharp, 1994). Whether the bullying is direct or indirect, the key component of bullying is that the physical or psychological intimidation occurs repeatedly over time to create an ongoing pattern of harassment and abuse (Batsche & Knoff, 1994; Olweus, 1993).

### *Extent of the problem*

Various reports and studies have established that approximately 15% of students are either bullied regularly or are initiators of bullying behavior (Olweus, 1993). Direct bullying seems to increase through the elementary years, peak in the middle school/junior high school years, and decline during the high school years. However, while direct physical assault seems to decrease with age, verbal abuse appears to remain constant. School size, racial composition, and school setting (rural, suburban, or urban) do not seem to be distinguishing factors in predicting the occurrence of bullying. Finally, boys engage in bullying behavior and are victims of bullies more frequently than girls (Batsche & Knoff, 1994; Nolin, Davies, & Chandler, 1995; Olweus, 1993; Whitney & Smith, 1993).

### *Characteristics of bullies and victims*

Students who engage in bullying behaviors seem to have a need to feel powerful and in control. They appear to derive satisfaction from inflicting injury and suffering on others, seem to have little empathy for their victims, and often defend their actions by saying that their victims provoked them in some way. Studies indicate that bullies often come from homes where physical punishment is used, where the children are taught to strike back physically as a way to handle problems, and where parental involvement and warmth are frequently lacking. Students who regularly display bullying behaviors are generally defiant or oppositional toward adults, antisocial, and apt to break school rules.

In contrast to prevailing myths, bullies appear to have little anxiety and to possess strong self-esteem. There is little evidence to support the contention that they victimize others because they feel bad about themselves (Batsche & Knoff, 1994; Olweus, 1993). Students who are victims of bullying are typically anxious, insecure, cautious, and suffer from low self-esteem, rarely defending themselves or retaliating when confronted by students who bully them. They may lack social skills and friends, and they are often socially isolated. Victims tend to be close to their parents and may have parents who can be described as overprotective. The major defining physical characteristic of victims is that they tend to be physically weaker than their peers–other physical characteristics such as weight, dress, or wearing eyeglasses do not appear to be significant factors that can be correlated with victimization (Batsche & Knoff, 1994; Olweus, 1993).

### *Consequences of bullying*

As established by studies in Scandinavian countries, a strong correlation appears to exist between bullying other students during the school years and experiencing legal or criminal troubles as adults. In one study, 60% of those characterized as bullies in grades 6-9 had at least one criminal conviction by age 24 (Olweus, 1993). Chronic bullies seem to maintain their behaviors into adulthood, negatively influencing their ability to develop and maintain positive relationships (Oliver, Hoover, & Hazler, 1994). Victims often fear school and consider school to be an unsafe and unhappy place. As many as 7% of America's eighth-graders stay home at least once a month because of bullies. The act of being bullied tends to increase some students' isolation because their peers do not want to lose status by associating with them or because they do not want to increase the risks of being bullied themselves. Being bullied leads to depression and low self-esteem, problems that can carry into adulthood (Olweus, 1993; Batsche & Knoff, 1994).

### *Perceptions of bullying*

Oliver, Hoover, and Hazler (1994) surveyed students in the Midwest and found that a clear majority felt that victims were at least partially responsible for bringing the bullying on themselves. Students surveyed tended to agree that bullying toughened a weak person, and some felt that bullying "taught" victims appropriate behavior. Charach, Pepler, and Ziegler (1995) found that students considered victims to be "weak," "nerds," and "afraid to fight back." However, 43% of the students in this study said that they try to help the victim, 33% said that they should help but do not, and only 24% said that bullying was none of their business.

Parents are often unaware of the bullying problem and talk about it with their children only to a limited extent (Olweus, 1993). Student surveys reveal that a low percentage of students seem to believe that adults will help. Students feel that adult intervention is infrequent and ineffective, and that telling adults will only bring more harassment from bullies. Students report that teachers seldom or never talk to their classes about bullying (Charach, Pepler, & Ziegler, 1995). School personnel may view bullying as a harmless right of passage that is best ignored unless verbal and psychological intimidation crosses the line into physical assault or theft.

### *Intervention programs*

Bullying is a problem that occurs in the social environment as a whole. The bullies' aggression occurs in social contexts in which teachers and parents are generally unaware of the extent of the problem and other children are either reluctant to get involved or simply do not know how to help (Charach, Pepler, & Ziegler, 1995). Given this situation, effective interventions must involve the entire school community rather than focus on the perpetrators and victims alone. Smith and Sharp (1994) emphasize the need to develop whole-school bullying policies, implement curricular measures, improve the schoolground environment, and empower students through conflict resolution, peer counseling, and assertiveness training. Olweus (1993) details an approach that involves interventions at the school, class, and individual levels. It includes the following components:

An initial questionnaire can be distributed to students and adults. The questionnaire helps both adults and students become aware of the extent of the problem, helps to justify intervention efforts, and serves as a benchmark to measure the impact of improvements in school climate once other intervention components are in place.

A parental awareness campaign can be conducted during parent-teacher conference days, through parent newsletters, and at PTA meetings. The goal is to increase parental awareness of the problem, point out the importance of parental involvement for program success, and encourage parental support of program goals. Questionnaire results are publicized.

Teachers can work with students at the class level to develop class rules against bullying. Many programs engage students in a series of formal role-playing exercises and related assignments that can teach those students directly involved in bullying alternative methods of interaction. These programs can also show other students how they can assist victims and how everyone can work together to create a school climate where bullying is not tolerated (Sjostrom & Stein, 1996).

Other components of anti-bullying programs include individualized interventions with the bullies and victims, the implementation of cooperative learning activities to reduce social isolation, and increasing adult supervision at key times (e.g., recess or lunch). Schools that have implemented Olweus's program have reported a 50% reduction in bullying.

### *Conclusion*

Bullying is a serious problem that can dramatically affect the ability of students to progress academically and socially. A comprehensive intervention plan that involves all students, parents, and school staff is required to ensure that all students can learn in a safe and fear-free environment.

This publication was funded by the Office of Educational Research and Improvement, U.S. Department of Education, under contract no. RR93002007. The opinions expressed in this report do not necessarily reflect the positions or policies of OERI. ERIC Digests are in the public domain and may be freely reproduced.

**Resources**

Ahmad, Y., & Smith, P. K. (1994). *Bullying in schools and the issue of sex differences.* In John Archer (Ed.), Male Violence. London: Routledge.

Batsche, G. M., & Knoff, H. M. (1994). *Bullies and their victims: Understanding a pervasive problem in the schools.* School Psychology Review, 23 (2), 165-174. EJ 490 574.

Charach, A., Pepler, D., & Ziegler, S. (1995). *Bullying at school - a Canadian perspective: A survey of problems and suggestions for intervention.* Education Canada, 35 (1), 12-18. EJ 502 058.

Nolin, M. J., Davies, E., & Chandler, K. (1995). *Student Victimization at school.* National Center for Education Statistics–Statistics in Brief (NCES 95-204). ED 388 439.

Oliver, R., Hoover, J. H., & Hazler, R. (1994). *The perceived roles of bullying in small-town Midwestern schools.* Journal Of Counseling And Development, 72 (4), 416-419. EJ 489 169.

Olweus, D. (1993). *Bullying At School: What We Know And What We Can Do.* Cambridge, MA: Blackwell. ED 384 437.

Sjostrom, Lisa, & Stein, Nan. (1996). *Bully Proof: A Teacher's Guide On Teasing And Bullying For Use With Fourth And Fifth Grade Students.* Boston, MA: Wellesley College Center for Research on Women and the NEA Professional Library. PS 024 450.

Smith, P.K., & Sharp, S. (1994). *School Bullying: Insights And Perspectives.* London : Routledge. ED 387 223.

Whitney, I., & Smith, P. K. (1993). *A survey of the nature and extent of bullying in junior/middle and secondary schools.* Educational Research, 35 (1), 3-25. EJ 460 708.

## Erik Erikson

by Saul McLeod, published 2008

**Erik Erikson (1950)** does not talk about Psychosexual Stages, he discusses *psychosocial stages.*

His ideas, though, were greatly influenced by Freud, going along with Freud's ideas about the structure and topography of personality but whereasFreud was an id psychologist, Erikson was an ego psychologist. He emphasized the role of culture and society and the conflicts that can take place within the ego itself, whereas Freud emphasized the conflict between the id and the superego.

At all psychosexual stages Erikson claimed that the individual develops on three levels simultaneously: Biological, social and psychological (representing the organism, membership of Society and Individualism respectively).

His model was a lifespan model of development, taking in 5 stages up to the age of 18 years and three further stages beyond, well into adulthood. Erikson suggests that there is still plenty of room for continued growth and development throughout one's life.

Erikson put a great deal of emphasis on the adolescent period, feeling it was a crucial stage for developing a person's identity (see Hayes, pg. 784-787).

Like Freud and many others, Erik Erikson maintained that personality develops in a predetermined order. Instead of focusing on sexual development, however, he was interested in how children socialize and how this affects their sense of self.

### *Psychosocial Stages*

He saw personality as developing throughout the lifetime and looked at identity crises at the focal point for each stage of human development.

**Erikson's Theory of Psychosocial Development has eight distinct stages**, each with two possible outcomes. According to the theory, successful completion of each stage results in a healthy personality and successful interactions with others.

Failure to successfully complete a stage can result in a reduced ability to complete further stages and therefore a more unhealthy personality and sense of self. These stages, however, can be resolved successfully at a later time.

### *1. Trust Versus Mistrust (birth - 1 year)*

Is the world a safe place or is it full of unpredictable events and accidents waiting to happen?

Erikson claimed that in this stage the child will develop a sense of basic trust in the world and in his ability to affect events around him. The development of this depends on the consistency of the child's major caregiver. If the care the child receives is consistent, predictable and reliable then the child will develop a sense of trust which he will carry with him to other relationships, and is able to feel secure even when threatened. Success in this stage will lead to the virtue of **hope**.

However, if the care has been harsh or inconsistent, unpredictable and unreliable then the child will develop a sense of mistrust and will not have confidence in the world around them or in their abilities to influence events. This child will carry the basic sense of mistrust with him to other relationships. It may result in anxiety, heightened insecurities, and an over feeling of mistrust in the world around them.

### *2. Autonomy vs. Shame and Doubt (2 - 3 years)*

The child is developing physically and becoming more mobile. Between the ages of one and three, children begin to assert their independence, by walking away from their mother, picking which toy to play with, and making choices about what they like to wear, to eat, etc.

Erikson says that this is the point at which the child can develop a certain amount of independence/autonomy. It is at this stage that the child needs support from parents so that repeated failures and ridicule are not the only experiences encountered. So, the parents need to encourage the child to becoming more independent whilst at the same time protecting the child so that constant failure is avoided. A delicate balance is required from the parent .... they must try not to do everything for the child but if the child fails at a particular task they must not criticize the child for failures and accidents (particularly when toilet training). The aim has to be "self control without a loss of self-esteem" (Gross, 1993). Success in this stage will lead to the virtue of **will**.

If children in this stage are encouraged and supported in their increased independence, they become more confident and secure in their own ability to survive in the world. If children are criticized, overly controlled, or not given the opportunity to assert themselves, they begin to feel inadequate in their ability to survive, and may then become overly dependent upon others, lack self-esteem, and feel a sense of shame or doubt in their own abilities.

### *3. Initiative vs. Guilt (3 - 5 years)*

These are particularly lively, rapid-developing years in a child's life. According to Bee (1992) it is a "time of vigor of action and of behaviors that the parents may see as aggressive". The child takes initiatives which the parents will often try to stop in order to protect the child. The child will often overstep the mark in his forcefulness and the danger is that the parents will tend to punish the child and restrict his initiatives too much.

Around age three and continuing to age six, children assert themselves more frequently. They begin to plan activities, make up games, and initiate activities with others. If given this opportunity, children develop a sense of initiative, and feel secure in their ability to lead others and make decisions. Conversely, if this tendency is squelched, either through criticism or control, children develop a sense of guilt. They may feel like a nuisance to others and will therefore remain followers, lacking in self-initiative.

It is at this stage that the child will begin to ask many questions as his thirst for knowledge grows. If the parents treat the child's questions as trivial, a nuisance or embarrassing or other aspects of their behavior as threatening then the child may have feelings of guilt for "being a nuisance". Too much guilt can make the child slow to interact with others and may inhibit their creativity. Some guilt is, of course, necessary otherwise the child would not know how to exercise self control or have a conscience. A healthy balance between initiative and guilt is important. Success in this stage will lead to the virtue of **purpose**.

### *4. Industry (competence) vs. Inferiority (6 - 12 years)*

Children are at the stage where they will be learning to read and write, to do sums, to make things on their own. Teachers begin to take an important role in the child's life as they teach the child specific skills. It is at this stage that the child's peer group will gain greater significance and will become a major source of the child's self esteem. The child now feels the need to win approval by demonstrating specific competences that are valued by society, and begin to develop a sense of pride in their accomplishments.

If children are encouraged and reinforced for their initiative, they begin to feel industrious and feel confident in their ability to achieve goals. If this initiative is not encouraged, if it is restricted by parents or teacher, then the child begins to feel inferior, doubting his own abilities and therefore may not reach his potential.

If the child cannot develop the specific skill they feel society is demanding then they may develop a sense of inferiority. Some failure may be necessary so that the child can develop some modesty. Yet again, a balance between competence and modesty is necessary. Success in this stage will lead to the virtue of **competence**.

### *5. Identity vs. Role Confusion (13 - 18 years)*

During adolescence, the transition from childhood to adulthood is most important. Children are becoming more independent, and begin to look at the future in terms of career, relationships, families, housing, etc.

This is a major stage in development where the child has to learn the roles he will occupy as an adult. It is during this stage that the adolescent will re-examine his identity and try to find out exactly who he is. Erikson suggests that two identities are involved: the sexual and the occupational. According to Bee (1992), what should happen at the end of this stage is "a reintegrated sense of self, of what one wants to do or be, and of one's appropriate sex role". During this stage the body image of the adolescent changes.

Erikson claims that the adolescent may feel uncomfortable about their body for a while until they can adapt and "grow into" the changes. Success in this stage will lead to the virtue of **fidelity**.

During this period, they explore possibilities and begin to form their own identity based upon the outcome of their explorations. This sense of who they are can be hindered, which results in a sense of confusion ("I don't know what I want to be when I grow up") about themselves and their role in the world.

### *6. Intimacy vs. Isolation (young adulthood)*

Occurring in Young adulthood, we begin to share ourselves more intimately with others. We explore relationships leading toward longer term commitments with someone other than a family member. Successful completion can lead to comfortable relationships and a sense of commitment, safety, and care within a relationship. Avoiding intimacy, fearing commitment and relationships can lead to isolation, loneliness, and sometimes depression.

### *7. Generativity vs. Stagnation (middle adulthood)*

During middle adulthood, we establish our careers, settle down within a relationship, begin our own families and develop a sense of being a part of the bigger picture. We give back to society through raising our children, being productive at work, and becoming involved in community activities and organizations. By failing to achieve these objectives, we become stagnant and feel unproductive.

***8. Ego Integrity vs. Despair (old age)***

As we grow older and become senior citizens, we tend to slow down our productivity, and explore life as a retired person. It is during this time that we contemplate our accomplishments and are able to develop integrity if we see ourselves as leading a successful life.

Erik Erikson believed if we see our lives as unproductive, feel guilt about our pasts, or feel that we did not accomplish our life goals, we become dissatisfied with life and develop despair, often leading to depression and hopelessness.

**References and Further Reading**

Erikson, E.H. (1950). *Childhood and Society.* New York: Norton.

Erikson, E.H. (1958). *Young Man Luther.* New York: Norton.

Erikson, E.H. (1964). *Insight and Responsibility.* NewYork: Norton.

Erikson, E.H. (1968). *Identity: Youth and Crisis.* NewYork: Norton.

How to cite this article:

McLeod, S. A. (2008). *Erik Erikson | Psychosocial Stages.* Retrieved from *http://www.simplypsychology.org/Erik-Erikson.html*

## Positiveness: Strengthening Family Relationships

Published on December 10, 2012 by Kenneth Barish, Ph.D. in Pride and Joy

Most parents would agree that children are likely to thrive in a family atmosphere of "positiveness" – when parents are able to be supportive and encouraging, and nurture in their children positive expectations for their futures.[1] In the daily life of many families, however, positiveness has been eroded. As we struggle to cope with the demands of being parents, with our uncertainty and stress, moments of joyfulness and pride in our children too often give way to argument and withdrawal. Sadly, many parents now report that being a parent does not bring greater happiness to their daily lives.[2]

The emerging field of positive psychology offers new insights into the benefits of positive emotions, throughout our lives. Positive emotions have been shown to broaden our thinking; to speed our recovery from emotional distress; and to improve our health, our longevity, and the success of our marriages. Positive emotions increase our productivity at work and our willingness to give to others.

A plan to improve children's emotional health therefore begins with an effort to strengthen positiveness in family life. Increased positiveness is a first step toward improving our relationships with our children – and toward more cooperative behavior.

> Express enthusiastic interest in your child's interests, even if these are not the interests you would choose.

---

1 I have taken the word positiveness from a 1993 research study by Jean Dumas and Peter LaFreniere. Dumas and LaFreniere found that mothers of the most socially competent preschool children (in contrast to children who were rated by their teachers as anxious, aggressive, or average in their social skills) showed higher levels of positiveness (laughter, helping, approving, and affectionate behaviors) and more frequent expressions of positive feelings (for example, words of endearment and affectionate gestures) in their interactions with their children. The authors report, "Whenever competent children behaved positively, their mothers were likely to immediately reciprocate positively" (p. 1750). These mothers, of course, were not ***always*** positive with their children. When mothers were more positive with their children, however, children were more likely to respond to, rather than ignore, their mothers' expressions of disapproval.
Dumas, J. E., and LaFreniere, P. (1993). Mother-Child Relationships as Sources of Support or Stress: A Comparison of Competent, Average, Aggressive, and Anxious Dyads. *Child Development*, 64, 1732–1754.
There is now a substantial body of developmental and clinical research that supports and extends these observations of preschool children. Almost all empirically validated programs to reduce oppositional behavior in young children now include increased positiveness – in the form of more child-directed interactive play, more expressions of enthusiasm, or more frequent statements of appreciation and praise – as an essential component.

2 Senior, J. (2010). All Joy and No Fun: Why Parents Hate Parenting. *New York Magazine*, July 12, 2010.

As parents, our enthusiastic responsiveness to our children's interests is the surest way to engage them in meaningful dialogue and interaction, and a first principle of strengthening family relationships.

"Mommy, Can you sign me up for this?"

My therapeutic work with children has taught me, over and over, a fundamental lesson: Children respond to our enthusiastic expressions Of interest in their interests with evident pleasure. Children enjoy this interaction, and they want more of it. Often, when I begin therapy with a child, after even a brief period of talking about his interests and engaging in animated play, he may comment, "Mommy, this is fun. Can you sign me up for this?" or "Can I come here every day?"

In three decades of talking with children, I have met few, if any, children who did not want to share their interests with their parents – and few who were not deeply disappointed when their parents, for whatever reason, did not respond with enthusiasm. Children in therapy frequently tell me, "I tried to show this to my mom, but she wasn't interested." This leads, first, to sadness and disappointment and, later, to resentment and withdrawal.

When parents respond with genuine interest in their child's interests, most children soon begin to show more enthusiasm and emotional aliveness (and, often, less stubbornness). They are also likely to recover more quickly from moments of discouragement and frustration. These positive interactions seem to operate as a protective factor in children's emotional lives, to confer some degree of immunity against the effects of emotional distress.

We need to frequently and actively share in our children's interests, on a daily basis, beyond being present at their performances and athletic events. Find out what arouses their interest and become interested in it. Ask them about their collections – their cards and their dolls – and about the musicians, athletes and celebrities they admire. If they are only interested in watching television and playing video games, watch and play with them. Ask them to teach you the game. I have never met any child who did not want to show (and tell) his parents about the video games he liked to play.

### Psychological Nutrition

I think of parents' responsiveness to their children's interests (along with enthusiastic play) as the psychological equivalent of good nutrition. Nutrition does not prevent all diseases or cure diseases once they have reached a certain stage. Still, good psychological nutrition is essential to emotional health and helps promote psychological immunity. And we know that these moments are important in the lives of our children – because children tell us about them.

I therefore make enthusiastic sharing of interests a first recommendation, or "prescription," for the healthy parenting of all children, especially when families have become stuck in negative cycles of criticism, defiance, and withdrawal.

### *Focus on their strengths*

In his important book, ***Authentic Happiness***, Martin Seligman reports a personal insight, a lesson he learned from his then 5-year-old daughter. "Raising children," Seligman realized, was about "far more than just fixing what was wrong with them. It was about identifying and amplifying their strengths and virtues and helping them find the niche where they can live these positive traits to the fullest."

I agree. We spend far too much time correcting our children's mistakes, trying to help them improve, and not enough time recognizing and valuing what Seligman calls their "signature strengths." Seligman suggests that, for all of us, our satisfaction in life derives, more than anything else, from the combination of engaging our signature strengths in a way that also helps others.[3]

In school, we teach children that it is important to do well in all their classes. In life, however, our success depends much more on doing one thing well. I recently learned that George Gershwin, as a young boy, was incorrigible, truant, and hyperactive - until he found music. And, of course, so was Babe Ruth - until (and perhaps after) he found baseball.

Even children with significant learning problems demonstrate areas of competence, or qualities of character, that should be a source of inner pride and a foundation for their future success. These strengths need to be recognized and supported. We should help children develop a different picture of themselves. In this picture, their strengths should be in the center, and their difficulties and frustrations should be in the corner, not the other way around.



Kenneth Barish, Ph.D. is the author of *Pride and Joy: A Guide to Understanding Your Child's Emotions and Solving Family Problems.*

## Maria Montessori

The following extract is from an article Dr. Montessori wrote on 'Disarmament in Education'. The article first appeared in the Montessori Magazine Vol. 4 No. 3, July 1950 and was later reprinted in Communication 1965, 4.

### *Have Faith in the Child*

It is not enough to be well intentioned and perceptive. Love is dynamic. If we love someone, we want to do something for him. If we love the child, we must realise that he has been neglected and forgotten in a world very rich in varied and beautiful things that are superfluous. We must therefore follow a new and wider path. This will not only make the child happier but will be a source of unimagined wealth and glory for our own lives.

From this we realise that an adequate social environment must be created from the start of life. Love teaches us to be constructive. Not only that, but if

3 Seligman, M. (2002). *Authentic Happiness.* New York: Simon and Shuster.

one looks back on the dim trail of human existence we find something very strange. Love has made us humble and has made builders of us. We are like bees which not only collect honey for their very young, but build for them a house of wax because both the honey and the wax are essential to them. This is so for the physical side, but as far as mental health is concerned the human young is still a 'forgotten citizen'. This is why we must construct a social environment. On the physical side the child's needs have begun to be recognised and many architects are now specialising in the building of houses for children whose needs and tastes are different from ours and who have the right to a house of their own and to all that is needful for their physical life and growth.

This is the direction which we must take if we wish to create a new humanity because the loving child who feels himself loved has a dynamic character. He is a child who works a great deal, who has no fear of effort and who seeks that discipline which is natural to men who live normal lives. The loving child if provided for, when reaching maturity will be the New Man.

I maintain that it is possible to foresee a new society in which man will be more world-social, because when he was a child, people had faith in him. He will also be more cultured, have more mental energy and more equilibrium. I also hold that, if properly provided for, the children - who love to work and who therefore work spontaneously and without fatigue - will absorb by the time they are twelve as much as is expected now of a child fifteen. 'But', it will be objected, 'when the children grow old, they will not always be fresh spiritually; you have too much confidence in human goodness'.

No, I am not over-confident. My personal experiences with humanity have been such as to make me the most fanatic pessimist. Mine is not a vision, it is reality. It is possible that when these children I speak of will grow old, they will no longer be spiritually fresh, so pure, so dynamic. But they will have this advantage over us, they will have faith in youth and provide for their spirit. The spirit should be eternally young – and it is the spirit which recognises the essential goodness of mankind.

### *From Dr Montessori's 'A New World and Education'*

Dr. Maria Montessori spent the years between 1939 and 1946 in the Indian Sub-Continent. During those seven years she gave a number of courses and public lectures, including a course in Sri Lanka (formerly Ceylon) in 1944. Her lecture "A New World and Education" was edited by A. Gnana Prakasam and published under the auspices of AMI, Ceylon in 1947. In his introduction, A. Gnana Prakasam said: 'This address of Dr. Montessori contains fundamental ideas on education which may appear to be revolutionary but after careful study and consideration will, I am sure, be accepted as correct by thinking persons who have the interests of their own country and of mankind at heart.' From the extract chosen, it is evident that what Dr. Montessori had to say then is still relevant today; in fact, it is not only relevant - it has become imperative to heed her call to enlightened action if civilisation is to survive and flourish. [...]

Today the progress of civilisation has made formidable conquests of unlimited extensions, which no one can own and which, therefore, belong to all. It would be absurd for anyone to attempt to own the atmosphere, electricity, the cosmic rays, or the vibrations of the ether. Yet it is these powers that form the world of today. It is upon these powers that our civilisation, which tends to expand with vertiginous progress, is based.

The danger is very real. It is not the energies of the new world that are dangerous. It is the lack of development in man. If there is one task which will make the new world a beneficial reality, that task is the help which has to be given for the development of man. For humanity must acquire a new consciousness and thus realise a psychic adaptation suited to the new world in which it lives. The tragic absurdity of old sentiment in these new conditions is revealed by those groups of men who, urged by anticipations of universal power, still clung to the illusion that they could act as men acted in the past.

No matter what political ideology they held, [...] each wished to become master of the world. The powerful means which were within the grasp of man encouraged them to attempt to realise their illusion. But if each group were to seek to conquer the whole world and its supernatural powers for itself, there would result a general clash, a cyclone of universal destruction. This is the reality which threatens us in this epoch.

The education for this new world must aim, first of all, at bringing help to the consciousness of humanity so that it may adapt itself to the present conditions which have been created through the progress of civilisation. A new education is necessary. Everyone agrees on this point. Though the necessity is universally recognised, there is as yet no guide for its realisation. How are we to proceed? What is the practical way to bring about this new education?

At present, we have to battle with the hope of bringing happiness or joy to children, to men and women. For how can one inspire joy when a cataclysm is threatening the whole world? Many advocate the instilling of a spirit of optimism. But why advocate an illusion? Nor can the remedy be in freedom without law; for in a world where a vaster organisation is necessary, man must learn to obey laws which are as strict and as sure as those which govern the universe. Nor can the preaching of brotherhood, the insistent advice to love and understand one another bring a solution to the problem. Experience has shown that wars have grown ever more cruel during the tens of centuries which have elapsed since man first began to preach the great principles of fraternal love. The bitter reality is that events have overcome the sentiment and the will of man.

Education cannot express itself in terms of any of these incomplete ideas of the past. The joy of life, the optimism of hope, freedom and independence, love amongst men, are the spontaneous and natural consequences of an education based on life. If these are to be realised, it is necessary to have the right conditions for normal life. It is necessary that all the latent energies should have the possibility of expansion. Only then can the character of man be formed; man will then be sure of his actions and capable of controlling them.

Character is not an item of knowledge which can be taught through learning or imitation. It is a conquest made during life through personal exercise and through personal experience. Two things are necessary in education. The first is to study man who, as Dr. Carrel expressed it, is still an unknown. The second thing is to help man in his normal development. For this, all the laws and energies put there by nature for the creation of man must be utilised. It is, therefore, necessary to know man from birth itself, to be aware of the processes of development through the different epochs of life, or, better still, to have a scientific knowledge of all the phases of growth from birth till maturity is reached.

This is what education ought to be; an education which starts from birth and which is based upon the knowledge of the psychology of human growth; an education which aims at giving the means and creating the conditions required for the development of man himself. It is evident that, as man is a living being of a determined species, his education must fundamentally be common to all humanity. This education must be based upon freedom, because it is necessary to respect the laws of development. This education must be based upon independence, because if man is dependent, he does not exist as a functioning individual. The purpose of this education is the development of character so as to make man master of himself and sure of his actions.

[...] Moral education, which is so necessary today, must insist upon the appreciation of civilisation rather than upon the appreciation of the character of one's country or of one's race, as has been the case in the past. Civilisation was created by man the intellectual, man the worker, and man the genius, who carried out a mission of progress, urged by extraordinary energies. It is man that must be appreciated irrespective of race or country – the man who has influenced progress, as well as the man who, by his work, kept up this loftier environment in which all humanity lived.

The new education must foster a new understanding of the real values of humanity and gratitude must be felt for those workers upon whom human life depends. If man is not appreciated, if there is no respect and veneration for human life, how can we expect or hope that men will become friends and work in peaceful collaboration?

There is something more. There is also the fact that if one has grown up with a veneration for humanity, one will not consent to become an unconscious, destructive force to destroy humanity. Men will not lend themselves to those erroneous ways which foolishly destroy the creators and maintainers of everything that provides for their existence. They will be unwilling to use the supernatural and universal powers which they possess for a cosmic cataclysm to destroy the fruits of civilisation. Having developed a conscience and sentiment towards human life, they will be incapable of cruelty; for cruelty belongs to a dead soul. [...]Men conscious of the value of humanity will refuse to obey an insane and absurd command as the one to destroy those who produce and maintain the civilisation in which we all live.

Through all this shine forth the necessity and importance of educating the child. The child must not be considered as he is today, in his apparent weakness in relation to us. He must be considered in his power of potential man. Every human being is the result of the growth of the child; as every tree, even if gigantic, originated from the seed which potentially contained it.
Dr Maria Montessori
From 'A New World and Education'
First published in 1947

## • Cyberbulling

**STOP**
**cyberbullying**

***What is cyberbullying, exactly?***
"Cyberbullying" is when a child, preteen or teen is tormented, threatened, harassed, humiliated, embarrassed or otherwise targeted by another child, preteen or teen using the Internet, interactive and digital technologies or mobile phones. It has to have a minor on both sides, or at least have been instigated by a minor against another minor. Once adults become involved, it is plain and simple cyber-harassment or cyberstalking. Adult cyber-harassment or cyberstalking is NEVER called cyberbullying.

It isn't when adult are trying to lure children into offline meetings, that is called sexual exploitation or luring by a sexual predator. But sometimes when a minor starts a cyberbullying campaign it involves sexual predators who are intrigued by the sexual harassment or even ads posted by the cyberbullying offering up the victim for sex.

The methods used are limited only by the child's imagination and access to technology. And the cyberbully one moment may become the victim the next. The kids often change roles, going from victim to bully and back again.

Children have killed each other and committed suicide after having been involved in a cyberbullying incident.

Cyberbullying is usually not a one time communication, unless it involves a death threat or a credible threat of serious bodily harm. Kids usually know it when they see it, while parents may be more worried about the lewd language used by the kids than the hurtful effect of rude and embarrassing posts.

Cyberbullying may rise to the level of a misdemeanor cyberharassment charge, or if the child is young enough may result in the charge of juvenile delinquency. Most of the time the cyberbullying does not go that far, although parents often try and pursue criminal charges. It can typically result in a child losing their ISP or IM accounts as a terms of service violation. And in some cases, if hacking or password and identity theft is involved, can be a serious criminal matter under state and federal law.

When schools try and get involved by disciplining the student for cyberbullying actions that took place off-campus and outside of school hours, they are often sued for exceeding their authority and violating the student's free speech right. They also, often lose. Schools can be very effective brokers in working with the parents to stop and remedy cyberbullying situations. They can also educate the students on cyberethics and the law. If schools are creative, they can sometimes avoid the claim that their actions exceeded their legal authority for off-campus cyberbullying actions. We recommend that a provision is added to the school's acceptable use policy reserving the right to discipline the student for actions taken off-campus if they are intended to have an effect on a student or they adversely affect the safety and well-being of student while in school. This makes it a contractual, not a constitutional, issue. **How cyberbullying works**

There are two kinds of cyberbullying, direct attacks (messages sent to your kids directly) and cyberbullying by proxy (using others to help cyberbully the victim, either with or without the accomplice's knowledge). Because cyberbullying by proxy often gets adult.

### *Why do kids cyberbully each other?*

Who knows why kids do anything? When it comes to cyberbullying, they are often motivated by anger, revenge or frustration. Sometimes they do it for entertainment or because they are bored and have too much time on their hands and too many tech toys available to them. Many do it for laughs or to get a reaction. Some do it by accident, and either send a message to the wrong recipient or didn't think before they did something. The Power-hungry do it to torment others and for their ego. Revenge of the nerd may start out defending themselves from traditional bullying only to find that they enjoy being the tough guy or gal. Mean girls do it to help bolster or remind people of their own social standing. And some think they are righting wrong and standing up for others.

Because their motives differ, the solutions and responses to each type of cyberbullying incident has to differ too. Unfortunately, there is no "one size fits all" when cyberbullying is concerned. Only two of the types of cyberbullies have something in common with the traditional schoolyard bully. Experts who understand schoolyard bullying often misunderstand cyberbullying, thinking it is just another method of bullying. But the motives and the nature of cybercommunications, as well as the demographic and profile of a cyberbully differ from their offline counterpart.

### *Preventing cyberbullying*

Educating the kids about the consequences (losing their ISP or IM accounts) helps. Teaching them to respect others and to take a stand against bullying of all kinds helps too.

***How can you stop it once it starts?***

Because their motives differ, the solutions and responses to each type of cyberbullying incident has to differ too. Unfortunately, there is no "one size fits all" when cyberbullying is concerned. Only two of the types of cyberbullies have something in common with the traditional schoolyard bully. Experts who understand schoolyard bullying often misunderstand cyberbullying, thinking it is just another method of bullying. But the motives and the nature of cybercommunications, as well as the demographic and profile of a cyberbully differ from their offline counterpart.

***What is the school's role in this?***

When schools try and get involved by disciplining the student for cyberbullying actions that took place off-campus and outside of school hours, they are often sued for exceeding their authority and violating the student's free speech right.

Find more information in: *www.stopcyberbullying.org*

## Student-centred learning: What does it mean for students and lecturers?

Geraldine O'Neill and Tim McMahon
University College Dublin
E-mail: geraldine.m.oneill@ucd.ie / tim.mcmahon@ucd.ie

***Introduction***

The term student-centred learning (SCL) is widely used in the teaching and learning literature. Many terms have been linked with student-centred learning, such as *flexible learning* (Taylor 2000), *experiential learning* (Burnard 1999), *self-directed learning* and therefore the slightly overused term 'student-centred learning' can mean different things to different people. In addition, in practice it is also described by a range of terms and this has led to confusion surrounding its implementation.

The concept of student-centred learning has been credited as early as 1905 to Hayward and in 1956 to Dewey's work (O'Sullivan 2003). Carl Rogers, the father of client-centred counseling, is associated with expanding this approach into a general theory of education (Burnard 1999; Rogoff 1999). The term student-centred learning was also associated with the work of Piaget and more recently with Malcolm Knowles (Burnard 1999). Rogers (1983a:25), in his book 'Freedom to Learn for the 80s', describes the shift in power from the expert teacher to the student learner, driven by a need for a change in the traditional environment where in this 'so-called *educational* atmosphere, students become passive, apathetic and bored'. In the School system, the concept of child-centred education has been derived, in particular, from the work of Froebel and the idea that the teacher should not '*interfere with this process of maturation, but act as a guide*' (Simon 1999). Simon highlighted that this was linked with the process of development or 'readiness', i.e. the child will learn when he/she is ready (1999).

The paradigm shift away from teaching to an emphasis on learning has encouraged power to be moved from the teacher to the student (Barr and Tagg 1995). The teacher-focused/transmission of information formats, such as lecturing, have begun to be increasingly criticised and this has paved the way for a widespread growth of 'student-centred learning' as an alternative approach. However, despite widespread use of the term, Lea et al. (2003) maintain that one of the issues with student-centred learning is the fact that '*many institutions or educators claim to be putting student-centred learning into practice, but in reality they are not*'(2003:322).

This chapter aims to:

> Give an overview of the various ways student-centred learning is defined,
> Suggest some ways that student-centred learning can be used as the organising principle of teaching and assessment practices,
> Explore the effectiveness of student-centred learning and
> Present some critiques to it as an approach.

***What is student-centred learning?***

Kember (1997) described two broad orientations in teaching: the teacher centred/content oriented conception and the student centred/learning oriented conceptions. In a very useful breakdown of these orientations he supports many other authors views in relation to student-centred view including: that knowledge is constructed by students and that the lecturer is a facilitator of learning rather than a presenter of information. Rogers (1983b:188) identified the important precondition for student-centred learning as the need for: '*... a leader or person who is perceived as an authority figure in the situation, is sufficiently secure within herself (himself) and in her (his) relationship to others that she (he) experiences an essential trust in the capacity of others to think for themselves, to learn for themselves*'.

Choice in the area of the learning is emphasised by Burnard, as he interprets Rogers' ideas of student-centredness as '*students might not only choose what-to study, but how and why that topic might be an interesting one to study*' (1999:244). He also emphasises Rogers' belief that students' perceptions of the world were important, that they were relevant and appropriate. This definition therefore emphasises the concept of students having 'choice' in their learning.

Harden and Crosby (2000:335) describe teacher-centred learning strategies as the focus on the teacher transmitting knowledge, from the expert to the novice. In contrast, they describe student-centred learning as focusing on the students' learning and '*what students do to achieve this, rather than what the teacher does*'. This definition emphasises the concept of the student 'doing'.

Other authors articulate broader, more comprehensive definitions. Lea et al. (2003:322) summarises some of the literature on student-centred learning to include the followings tenets:

1. '*the reliance on active rather than passive learning,*
2. an emphasis on deep learning and understanding,
3. increased responsibility and accountability on the part of the student,
4. an increased sense of autonomy in the learner
5. an interdependence between teacher and learner,
6. mutual respect within the learner teacher relationship,
7. *and a reflexive approach to the teaching and learning process on the part of both teacher and learner.*'

Gibbs (1995) draws on similar concepts when he describes student-centred courses as those that emphasise: learner activity rather than passivity; students' experience on the course outside the institution and prior to the course; process and competence, rather than content; where the key decisions about learning are made by the student through negotiation with the teacher. Gibbs elaborates in more detail on these key decisions to include: '*What is to be learnt, how and whenit is to be learnt, with what outcome, what criteria and standards are to be used, how the judgements are made and by whom these judgements are made*' (1995:1). In a similar vein in earlier literature, the student-teacher relationship is particularly elaborated upon by Brandes and Ginnis (1986). In their book for use in second level education (post-primary), entitled 'A Guide to Student-Centred Learning', they present the main principles of student-centred learning as:

- The learner has full responsibility for her/his learning
- Involvement and participation are necessary for learning
- The relationship between learners is more equal, promoting growth, development
- The teacher becomes a facilitator and resource person
- The learner experiences confluence in his education (affective and cognitive domains flow together)
- The learner sees himself differently as a result of the learning experience.

The theoretical standing of student-centred learning is often surprisingly absent in the literature. However, it appears to relate primarily to the constructivist view of learning in the importance it places on activity, discovery and independent learning (Carlile and Jordan 2005). Cognitive theory also highlights activity but in a different form than that supported by the constructivists (Cobb 1999). The cognitive view supports the idea that the activity of learning is computed in the head, or as often described 'in the mind'. The constructivist view of activity is related more to performing physical activities, for example, projects, practicals. Student-centred learning has some connections with the social constructivist view, which emphasises activity and the importance of communities of practice/others in the learning process. However, the definitions of SCL do not necessarily highlight the importance of peers in learning (Cobb 1999; Bredo 1999).

In summary, it appears from the literature that some view student-centred learning as: the concept of the student's **choice** in their education; others see it as the being about the student **doing** more than the lecturer (active versus passive learning); while others have a much broader definition which includes both of these concepts but, in addition, describes the shift in the **power relationship** between the student and the teacher.

### *How can you implement student-centred learning?*

Learning is often presented in this dualism of either student-centred learning or teacher-centred learning. In the reality of practice the situation is less black and white. A more useful presentation of student-centred learning is to see these terms as either end of a continuum, using the three concepts regularly used to describe student-centred learning (See Table 1).

| Teacher-centred Learning | Student-centred Learning |
|---|---|
| Low level of student choice | High level of student choice |
| Student passive | Student active |
| Power is primarily with teacher | Power primarily with the student |
| ◄ | ► |

**Table 1:** Student-centred and teacher-centred continuum

In examining how you might look at this in practice, it is worth thinking how far up the continuum you are able to move within the contextual barriers in your teaching situation. The next sections will present some ideas for your practice to aid you in making that progression.

### *Implications for curriculum design*

In relation to curriculum design, student-centredness includes the idea that students have choice in what to study, how to study. However, to what extent can this be carried out in the structures of today's Universities? Modularisation, which will be expected in all European undergraduate courses by 2006, provides a structure that allows students an element of choice in what modules they study. Donnelly and Fitzmaurice (2005) in their chapter in this collection on 'Designing Modules for Learning' highlight the importance of attempting to focus on the needs of the students at the early stage of curriculum design. Choice in the curriculum is not without its difficulties and Edwards argues about the dangers of individuality in the concept of the social learner and how this can in a seemingly contradictory way lead to disempowerment (2001).

One student-centred approach to curriculum design, Problem-Based Learning (PBL), allows for some choice within a programme of areas that students may study. It allows students to set some of their own learning objectives/outcomes, dependent on prior knowledge. Problem-Based Learning, through the use of problems/issues/triggers, encourages the students to develop their own learning goals, thereby filling in the gaps in their knowledge or understanding (Boud and Feletti 1997). This element of choice or control is referred to in many of the definitions of student-centred learning. This aspect of responsibility aligns with the Lea et al. (2003) view that student-centred learning involves '*increased responsibility and accountability on the part of the student*'. Problem-based learning is higher up the student **choice** aspect of the SCL continuum in Table 1 , than the usual problem-solving or problem-oriented exercises performed in a lecture/tutorial. These approaches are more controlled by the teacher in their presentation and outcome (Davis and Harden 1999). However, they are useful in addressing the **active learning** aspect of student-centred learning. Other approaches to curriculum design also support the idea of student choice and activity in learning, for example, the systems-based approach, resource-based learning, and experiential/ personal relevance approach (Toohey 2000).

A growing practice in course design internationally is the writing of learning outcomes/objectives focusing on what the student will be able to do, rather than on the content being covered by the teacher (UCD Centre for Teaching and Learning 2005). This practice is an example of the move towards student-centred learning in the curriculum and helps to shift the emphasis on the learner as opposed to a coverage model by the teacher. Donnelly and Fitzmaurice (2005) re-iterate the importance of this shift in emphasis. This is also reflected in Gibbs' (1995) definition, i.e. an emphasis on the process and competence, rather than content. Table 2 presents some examples of student-centred learning outcomes.

| Student-centred Learning Outcomes: Some examples | Traditional Learning Outcomes/Objectives |
|---|---|
| *By the end of this modules:* **you** *(the student) will be able to:* | *The course will cover:* |
| Recognise the structures of the heart | The anatomy of the heart |
| Critique one of Yeats' poems | A selection of Yeats poems |

**Table 2:** Learning Outcomes and Student-centred Learning

### *Implications for teaching/learning methods*

The University of Glasgow (2004) identified four main strategies in a study on student-centred learning practices in their University. The first strategy was to make the student more active in acquiring knowledge and skills and might include exercises in class, fieldwork, use of CAL (computer assisted learning) packages etc. The second strategy was to make the student more aware of what they are doing and why they are doing it. A third strategy is a focus on interaction, such as the use of tutorials and other discussion groups. The final strategy is the focus on transferable skills. This last strategy is not mentioned in other definitions of the student-centred learning but does look beyond the immediate course requirements to other benefits to the student in later employment. Table 3 highlights a sample of student-centred learning/teaching methods and includes some ideas for lecturers both within (more teacher-centred) and outside of the lecture format. You may consider, however, in striving to reduce the amount of lecture contact hours for more student-centred formats, where possible.

| Outside of the lecture format | In the Lecture |
|---|---|
| Independent projects | Buzz groups (short discussion in twos) |
| Group discussion | Pyramids/snowballing (Buzz groups continuing the discussion into larger groups) |
| Peer mentoring of other students | Cross-overs (mixing students into groups by letter/number allocations) |
| Debates | Rounds (giving turns to individual students to talk) |
| Field-trips | Quizes |
| Practicals | Writing reflections on learning (3/4 minutes) |
| Reflective diaries, learning journals | Student class presentations |
| Computer assisted learning | Role play |
| Choice in subjects for study/projects | Poster presentations |
| Writing newspaper article | Students producing mind maps in class |
| Portfolio development | |

**Table 3:** Examples of student centred learning/teaching methods

### *Implications for assessment practices*

Black (1999) summarised some of the difficulties highlighted in the literature in the area of assessment, for example, a) that the giving of marks and grades are over emphasised, while the giving of advice and the learning function are under emphasised, b) pupils are compared with one another which highlights competition rather than personal improvement. He also explains the concept of self-assessment as essential activity to help students '*take responsibility for their own learning*', an important aspect of SCL (Benett 1999; Black 1999:126). Foucault argued that the examination was a technique of power, where a student is *'controlled through a system 'micro penalties', the constant giving of marks which constitutes a whole field of surveillance'* (cited in Broadfoot 1999:88). The use of the written examination is still a strong practice in today's Universities and is primarily a summative assessment, i.e. an assessment for judgement or accreditation. The addition of more formative assessment, which emphasises feedback to students on their learning, would 'enhance their (student) learning' (Brown et al. 1997; Light and Cox 2001:170). By developing more formative assessment in your courses you can provide a focus for the student by highlighting their learning gaps and areas that they can develop. Examples of formative assessment include feedback on essays, written comments on assignments, grades during the year that do not add to end of year mark and multiple-choice questions/answers for feedback only. The addition of more formative assessment encourages a more student-centred approach.

Table 4 presents practical examples of student-centred assessments as presented by Gibbs (1995). Further details of some of these assessments can be seen on the UCD Centre for Teaching and Learning website (*http://www.ucd.ie/teaching*).

| | |
|---|---|
| • Diaries, logs and journals<br>• Portfolios<br>• Peer/self assessment<br>• Learning contracts and negotiated assessment | • Projects<br>• Group work<br>• Profiles<br>• Skills and competencies |

**Table 4:** Examples of student-centred assessments (Gibbs 1995)

Peer and self-assessment both give some control and responsibility back to the student, emphasising '*an increased sense of autonomy in the learner*' as noted in Lea et al.'s definition of student-centred learning (2003). Learning contracts/negotiated contracts are goals set by the student, depending on their learning gaps, which are in turn negotiated with the lecturer (Knight 2002). The contract can also highlight the manner in which the student would like to be assessed in order to demonstrate that they have reached the goals. This can add choice in what to study and, in addition, choice in how the student will be assessed. Choice is one of the key terms in relation to student-centred learning. The concept of negotiation of learning also addresses the unique change in relationship between lecturer and student noted by Lea et al. (2003) in their definition of student-centred learning.

Gibbs (1995:1), as mentioned earlier, describes the range of choices available to students in relation to assessment as: '*......, what criteria and standards are to be used, how the judgements are made and by whom these judgements are made*'. In practice, how do we give students some autonomy and decision-making in an area such as assessment? Brown et al. (1994) highlight a range of suggestions on how lecturers can involve students in the assessment process: (Table 5).

| | |
|---|---|
| Involving students at the stage when the task is set: | • Choosing the assessment task<br>• Setting the assessment task<br>• Discussion the assessment criteria<br>• Setting the assessment criteria |
| Involving students at the stage after the task is completed: | • Making self-assessment comments<br>• Making peer-assessment feedback comments<br>• Suggesting self-assessment grades/marks<br>• Negotiating self-assessment grades/marks<br>• Assigning self-assessment grades/marks<br>• Assigning peer-assessment grades/marks |
| (Brown, Rust, and Gibbs 1994) | |

**Table 5:** Assessment process and student-centred learning

The suggestions in Table 5 above may seem a large jump from your current practices, therefore, you might consider moving your assessment practice slightly up the teacher/student-centred continuum. An example of a small but significant change is to provide a choice of essay topics and exam questions as a manageable starting point.

### *Summary*

The changing demographics of the student population and the more consumer/client-centred culture in today's society have provided a climate where the use of student-centred learning is thriving. The interpretation of the term 'student-centred learning' appears to vary between authors as some equate it with 'active learning', while others take a more comprehensive definition including: active learning, choice in learning, and the shift of power in the teacher-student relationship. It is used very commonly in the literature and in University policy statements, but this has not necessarily transferred into practice.

Student-centred learning is not without some criticism but in general it has been seen to be a positive experience, for example, Edwards (2001) emphasises the value of student-centred learning: *'Placing learners at the heart of the learning process and meeting their needs, is taken to a progressive step in which learner-centred approaches mean that persons are able to learn what is relevant for them in ways that are appropriate. Waste in human and educational resources is reduced as it suggested learners no longer have to learn what they already know or can do, nor what they are uninterested in'.* (Edwards 2001:37).

Although recognizing that it is not necessarily an easy task, it is hoped that this chapter has gone some way to providing evidence and ideas to move you higher up the continuum towards a more student-centred practice.

### References

Barr, R.B. and J. Tagg (1995, Nov/Dec). *From teaching to learning - A new paradigm for undergraduate education. Change,* 13-25.

Benett, Y. (1999). The validity and reliability of assessments and self-assessments of Work Based Learning. In P. Murphy (Ed.), *Learners, Learning and Assessment.* London: Open University Press.

Black, P. (1999). Assessment, learning theories and testing systems. In P. Murphy (Ed.), *Learners, Learning and Assessment.* London: Open University Press.

Boud, D. and G. Feletti (1997). *The Challenge of Problem Based Learning.* London: Kogan Page.

Brandes, D. and P. Ginnis (1986). *A Guide to Student Centred Learning.* Oxford: Blackwell.

Bredo, E. (1999). Reconstructing educational psychology. In P. Murphy (Ed.), *Learners, Learning and Assessment.* London: Open University Press.

Broadfoot, P. (1999). Assessment and the emergence of modern society. In B. Moon and P. Murphy (Eds.), *Curriculum in Context.* London: Sage Publications.

Brown, G., J. Bull, and M. Pendlebury (1997). What is assessment? In *Assessing Student Learning in Higher Education.* London: Routledge.

Brown, S., C. Rust, and G. Gibbs (1994). Involving students in assessment. In *Strategies for Diversifying Assessment in Higher Education.* Oxford: The Oxford Centre for Staff Development.

Burnard, P. (1999). Carl Rogers and postmodernism: Challenged in nursing and health sciences. *Nursing and Health Sciences 1,* 241-247.

Carlile, O. and A. Jordan (2005). It works in practice but will it work in theory? The theoretical underpinnings of pedagogy. In S. Moore, G. O'Neill, and B. McMullin (Eds.), *Emerging Issues in the Practice of University Learning and Teaching.* Dublin: AISHE.

Cobb, P. (1999). Where is the Mind? In P. Murphy (Ed.), *Learners, Learning and Assessment.* London: Open University Press.

Davis, M. H. and R. M. Harden (1999). AMEE Medical Education Guide No. 15: Problem-based learning: A practical guide. *Medical Teacher 21*(2), 130-140.

Donnelly, R. and M. Fitzmaurice (2005). Designing Modules for Learning. In S. Moore, G. O'Neill, and B. McMullin (Eds.), *Emerging Issues in the Practice of University Learning and Teaching.* Dublin: AISHE.

Edwards, R. (2001). Meeting individual learner needs: power, subject, subjection. In C. Paechter, M. Preedy, D. Scott, and J. Soler (Eds.), *Knowledge, Power and Learning.* London: SAGE.

Gibbs, G. (1995). *Assessing Student Centred Courses.* Oxford: Oxford Centre for Staff Learning and Development.

Hall, J. and P. Saunders (1997). Adopting a student-centred approach to management of learning. In C. Bell, M. Bowden, and A. Trott (Eds.), *Implementing Flexible Learning.* London: Kogan Page.

Harden, R. M. and J. Crosby (2000). AMEE Guide No 20: The good teacher is more than a lecturer-the twelve roles of the teacher. *Medical Teacher 22*(4), 334-347.

Kember, D. (1997). A reconceptualisation of the research into university academics conceptions of teaching. *Learning and Instruction* 7(3), 255-275.

Knight, P. (2002). Learning Contracts. In *Assessment for Learning in Higher Education.* Birmingham: SEDA series.

Lea, S. J., D. Stephenson, and J. Troy (2003). Higher Education Students' Attitudes to Student Centred Learning: Beyond 'educational bulimia'. *Studies in Higher Education 28*(3), 321-334.

Light, G. and R. Cox (2001). Assessing: student assessment. In *Learning and Teaching in Higher Education: The Reflective Practitioner.* London: Paul Chapman Publishing.

Lonka, K. and K. Ahola (1995). Activating instruction: How to foster study and thinking skills in Higher Education. *European Journal of Psychology ofEducation 10,* 351-368.

O'Sullivan, M. (2003). The reconceptualisation of learner-centred approaches: A Nambian case study. *InternationalJournal of Educational Development.* In Press.

Perry, W. G. (1970). *Forms of Intellectual and Ethical Development in the College Years.* New York: Holt, Rinehart and Winston.

Prosser, K. and M. Trigwell (2002). Experiences of teaching in Higher Education. In *Understanding Learning and Teaching: The Experience of Higher Education.* Buckingham: SRHE and Open University Press.

Rogers, C. R. (1983a). As a teacher, can I be myself? In *Freedom to Learn for the 80's.* Ohio: Charles E. Merrill Publishing Company.

Rogers, C. R. (1983b). The politics of education. In *Freedom to Learn for the 80's.* Ohio: Charles E. Merrill Publishing Company.

Rogoff, B. (1999). Cognitive development through social interaction: Vgotsky and Piaget. In P. Murphy (Ed.), *Learners, Learning and Assessment.* London: Open University Press.

Simon, B. (1999). Why no pedagogy in England? In J. Leach and B. Moon (Eds.), *Learners and Pedagogy.* London: Sage Publications.

Stevenson, K. and P. Sander (2002). Medical students are from Mars-business and psychology students are from Venus-University teachers are from Pluto? *Medical Teacher 24*(1), 27-31.

Taylor, P. G. (2000). Changing Expectations: Preparing students for Flexible Learning. *The International Journal of Academic Development* 5(2), 107-115.

Toohey, S. (2000). *Designing Courses for Higher Education.* Buckingham: SRHE and Open University Press.

UCD Centre for Teaching and Learning (2005). Course Design. *http://www.ucd.ie/teaching/good/cou3.htm*

University of Glasgow (2004). Student Centred Learning. *http://www.gla.ac.uk/Otherdepts/TLS/Project/Reports*

## Multiple intelligences

Have you ever thought about why your students react in different ways to the activities you do in the class? Or even why different groups react differently to the same activity? Why do some students really enjoy working in groups whilst others are much more productive working alone? Why do some learners draw pictures in their vocabulary books while others seem to need to just hear a word to be able to use it themselves?

> Types of intelligence
> Finding your strengths
> In the classroom
> Linking learners to activity types
> Conclusion

### *Types of intelligence*

American psychologist, Howard Gardner developed a theory of Multiple Intelligences (1983) which can go some way towards explaining different learner styles. According to Gardner there are eight different types of intelligences.

The eight intelligences are:

> **Linguistic** - The word player
> **Logical** / **Mathematical** - The questioner
> **Visual** / **Spatial** - The visualiser
> **Musical** - The music lover
> **Bodily** / **Kinaesthetic** - The mover
> **Interpersonal** - The socialiser
> **Intrapersonal** - The loner
> **Naturalistic** - The nature lover (added by Gardner at a later date)

### *Finding your strengths*

Everyone has some of each of all the intelligences, but in different people one (or more) is more pronounced. There are questionnaires that help you to work out which of the intelligences is the most prominent one.

> If you are interested to find out your own there are several websites and you or your students can do the test online. In my opinion, one of the best ones is: *http://www.bgfl.org/bgfl/custom/resources_ftp/client_ftp/ks3/ict/multipl...*

The test takes five minutes to complete and then provides you with a pie chart to show how your intelligence types are distributed.

### *In the classroom*

Now you may be wondering what all this has got to do with your classes, well, although not impossible, it would be quite a real undertaking to give all your students a test to see which of the intelligences is most prominent, and then tailor-make each of your classes to suit every individual student!

> If you want to go some way towards achieving this and it is a viable option for you there are some examples of tests in Jane Revell and Susan Norman's books 'In your hands' and 'Handing Over' (Saffire press).
> If time, or other factors make it impossible to do individual tests for your students, you could just try to make sure that you vary the tasks and use a range of activities so that you touch upon all the types of intelligences now and again.
> By observing your students and making notes on how they react to different activities you may well discover, for example, that you have a class with a majority of visual learners so you may try to use more flash cards or improve your board work.

### Linking learners to activity types

Below is a table of learner types and some suggested activities for each type. It is adapted from Jeremy Harmer's book *The Practice of English Language Teaching* but was originally taken from 'How to use Gardner's intelligences in a class program' by M Loon for the University of Canberra.

| Learner type | Is good at | Learns best by | Activities |
|---|---|---|---|
| Linguistic | Reading, writing and stories | Saying, hearing and seeing words | Memory games<br>Trivia quizzes<br>Stories |
| Logical / mathematical | Solving puzzles, exploring patterns, reasoning and logic | Asking questions, categorising and working with patterns | Puzzles<br>Problem solving |
| Visual / Spatial | Drawing, building, arts and crafts | Visualising, using the mind's eye | Flashcards<br>Colours<br>Pictures<br>Drawing<br>Project work |
| Musical | Singing, listening to music and playing instruments | Using rhythm, with music on | Using songs<br>Chants<br>Drilling |
| Bodily / Kinaesthetic | Moving around, touching things and body language | Moving, touching and doing | TPR activities<br>Action songs<br>Running dictations<br>Miming<br>Realia |
| Interpersonal | Mixing with others, leading groups, understanding others and mediating | Co-operating, working in groups and sharing | Mingle activities<br>Group work<br>Debates<br>Discussions |

| | | | |
|---|---|---|---|
| Intrapersonal | Working alone and pursuing own interests | Working alone | Working individually on personalised projects |
| Naturalistic | Nature | Working outside and observing nature | Environmental projects |

### Conclusion

Although you can't please all the students all the time, it's just good to bear in mind that there are many different ways of learning.

> If you try an activity with one group and it falls flat, it may well be worth trying it again as it may work really well with another set of students.
> If you can identify the loner of the class or the one who is always up and out of his seat, try and put activities into your lesson plan that you think will suit them from time to time.
> Finding out my own intelligence type has helped me to better understand how I learn. I now sit in my Catalan class and as we get told to copy lists of random vocabulary off the board I think to myself, 'This won't work for me – I don't learn like this. I need to see some pictures of these things, I'm a visual learner!

*http://www.bgfl.org/bgfl/custom/resources_ftp/client_ftp/ks3/ict/multiple...*
This site gives a clear introduction to MI theory from the Birmingham Grid For Learning group.
Jo Budden, British Council, Barcelona
*www.teachingenglish.org.uk*

## • Non-verbal communication

Non-verbal communication (body language, paralinguistics) has been a focus of attention for some time in areas such as the refinement of presentation skills, developing social skills, and even as a realistic alternative to the lie-detector test. Relatively little attention, however, has been given in language teaching to non-verbal communication as a complement to spoken language, though recent trends in neuro linguistic programming regarding mirroring and parallel body language have filtered into current research and practice.

> Components of non-verbal communication
> Teaching non-verbal communication
> A non-verbal communication lesson
> Conclusions

### Components of non-verbal communication

Since it is said that as little as ten percent of communication takes place verbally, and that facial expressions, gestures and posture form part of our culture and language, it seems reasonable that we should at least raise learners' awareness of non-verbal communication in order to improve their use of natural language, increase confidence and fluency and help to avoid inter-cultural misunderstandings.

On the grounds that; 'It's not what you say, it's the way that you say it', there is much to be said for teaching non-verbal communication either parallel to, or integrated with, a language and skills based syllabus, in the same way that phonology is often treated.

Non-verbal communication is a system consisting of a range of features often used together to aid expression. The combination of these features is often a subconscious choice made by native speakers or even sub-groups/sub-cultures within a language group. The main components of the system are:

> **Kinesics (body language)** Body motions such as shrugs, foot tapping, drumming fingers, eye movements such as winking, facial expressions, and gestures
> **Proxemics (proximity)** Use of space to signal privacy or attraction
> **Haptics** Touch
> **Oculesics** Eye contact
> **Chronemics** Use of time, waiting, pausing
> **Olfactics** Smell
> **Vocalics** Tone of voice, timbre, volume, speed
> **Sound symbols** Grunting, mmm, er, ah, uh-huh, mumbling
> **Silence** Pausing, waiting, secrecy
> **Posture** Position of the body, stance
> **Adornment** Clothing, jewellery, hairstyle
> **Locomotion** Walking, running, staggering, limping

Of the above, body language (particularly facial expressions and gestures), eye contact, proximity and posture are probably those which learners most need to be aware of in terms of conveying meaning, avoiding misunderstandings and fitting in with the target culture.

In terms of skills development, non-verbal clues should not be underestimated when developing both the listening and speaking skills. Like grammatical structures, non-verbal communication has form, function and meaning, all of which may vary from language to language.

### Teaching non-verbal communication

Relatively few techniques have been suggested for teaching non-verbal communication, but some suggestions are:

Learners discuss the meaning of gestures and expressions (either demonstrated by the teacher, from pictures, or from existing published materials). This is particularly effective with multilingual classes

> Learners mime adjectives of both physical and emotional feelings
> Learners watch a video clip without sound, discuss body language, relationships, emotions and feelings, then write the dialogue

- Learners act out a dialogue using gesture and expression only
- Learners make up a dialogue based on mime
- Learners, in pairs, take turns in listening to each other for 30 seconds, using only non-verbal responses.

**A non-verbal communication lesson**

Below I've described a sixty-minute lesson which was delivered by a trainee teacher on a recent course at the Izmir University of Economics in Turkey. The lesson was planned by the trainee, with advice and some materials provided by the course tutor. Her aims were to raise learners awareness of non-verbal communication, to present a variety of non-verbal cues and to give the learners the opportunity to practise and produce some of these cues, as well as to develop and integrate all four skills. The class comprised adult students at good intermediate level.

The lesson consisted of six stages:

- A running dictation using a short text about non-verbal communication, the instructions for which were given without speaking by gesture and mime.
- A brief brainstorming activity to elicit and teach key terms.
- Focus on gestures through cartoon pictures of different hand or facial gestures. Students were asked to discuss the meanings in their own culture, were shown a variety of other meanings in other cultures, and were invited to contribute other examples.
- Practice using a scripted dialogue. Pairs of students rehearsed parts, then acted out the dialogue using expressions, gestures and posture.
- Students built dialogues based on silent viewing of a short video clip.
- Students combined verbal and non-verbal communication in the context of a short extract from a play.

## Conclusions

On reflection, this may have been an overambitious lesson, attempting to take students from an introduction to a concept with which they were unfamiliar to a full-blown production stage.

Although the learners found the first three stages of the lesson both interesting and entertaining, they found the practice activities progressively more difficult, though this may have been due to the selection of materials. However, such immersion in the topic may be the only way to fully expose intermediate students to a totally unfamiliar area.

There are a number of lessons to be learnt from the experience:

- Non-verbal communication needs to be taught in small chunks in appropriate situations where the situational or thematic context lends itself to the language.
- Time needs to be devoted to confidence-building, creativity and other drama-based activities which help learners to produce natural language and to use expressions and gestures to reinforce meaning.

- Non-verbal communication, like phonology, should be taught from beginner level. Crash courses in natural language production are unlikely to work. An awareness-raising approach is appropriate.
- Gesture and expression, in particular, add an extra dimension to language, and certainly add to the cultural component that verbal communication carries. An awareness of non-verbal cues also helps to avoid some of the misunderstandings which are the inevitable but annoying consequence of cultural interpretation of meaning.

#### Further reading

Darn S., *Aspects of Non-verbal Communication,* The Internet TESL Journal, Vol. XI, No. 2

Darn S, Ledbury R. White I, *The Importance of Eye Contact in the Classroom* The Internet TESL Journal, Vol. X, No. 8

Feldman R. S.& Rime (Eds.) *Fundamentals of Non-verbal Behavior* CUP

Givens D.B. *The Non-verbal Dictionary of Gestures, Signs and Body Language* ***Cues*** *http://members.aol.com/nonverbal2/diction1.htm*

Field J. *Skills and Strategies: Towards a new Methodology for Listening* ELT Journal Vol. 52/2

Nolasco R. & Arthur L. *Conversation* (Activity 37) OUP (Good source of cartoons for gestures)

Dilek Eryilmaz and Steve Darn, Izmir University of Economics, Turkey

## Creativity in the language classroom

Before we set out and look at some theories and practice for introducing creativity into the language classroom, let's see why it is worth making all this effort.

- What is creativity?
- Why is creativity important?
- Am I ever creative?
- Are my students creative in my lessons?
- Conclusion

#### *What is creativity?*

Do you think you are creative? Do you think your students are creative? All of them? Some of them? Alas, only very few of them? Do you think you can call yourself lucky if you have one or two creative students in a lifetime? Do you think the younger the students are the more creative they are? Or do you think the opposite is true and that you learn to be creative over the years? How do you know that someone is creative? What do you actually do when you are thinking creatively?

Do you think your colleagues would answer these questions the same way as you do? In my experience, people hold very different views of creativity. Some think they aren't creative at all and it is only the privileged and artistically talented, who can be considered creative. Others think that to cook a good dinner is already a clear sign of creativity.

In the coming articles, I do not aim to answer the questions above. What I aim to do is to look at three different theoretical descriptions of creative thinking and explore what language teachers may learn from them. I hope that after reading the articles, you will be able to ask many more and much more challenging questions about creativity and its use in the classroom than I did in the first paragraph.

### Why is creativity important?

Before we set out and look at some theories and practice for introducing creativity into the language classroom, let's see why it is worth making all this effort. **Why is creativity important in language classrooms?**

> **Language use is a creative act:** we transform thoughts into language that can be heard or seen. We are capable of producing sentences and even long texts that we have never heard or seen before. By giving learners creative exercises, we get them to practise an important sub-skill of using a language: thinking creatively.
> **Compensation strategies** (methods used for making up for lack of language in a communicative situation e.g. miming, drawing, paraphrasing used for getting meaning across) use creative and often imaginative ways of expression. Our learners will need these until they master the language.
> In my experience, **some people cannot learn at all if they are not allowed to be creative**. They do not understand the point in doing a language activity for its own sake, for only practising the language without a real content, purpose, outcome or even a product.
> My experience also taught me that **most people become more motivated, inspired or challenged** if they can create something of value, if they feel that in some ways what they do and how they do it reflect who they are.
> **Creativity improves self-esteem** as learners can look at their own solutions to problems and their own products and see what they are able to achieve.
> **Creative work in the language classroom can lead to genuine communication and co-operation**. Learners use the language to do the creative task, so they use it as a tool, in its original function. This prepares learners for using the language instrumentally outside the classroom.
> **Creative tasks enrich classroom work**, and they make it more varied and more enjoyable by tapping into individual talents, ideas and thoughts - both the learners' and the teacher's.
> **Creative thinking is an important skill in real life**. It is part of our survival strategies and it is a force behind personal growth and the development of culture and society.

Having read this list of why creativity is important in the classroom, you may have been wondering about either or both of these two questions:

> *Am I ever creative?*
> ***Do I ever get my students to do anything creative in my lessons?***

I'm almost a hundred per cent sure that the answer is 'yes' to both of these questions. Let me show you why.

### Am I ever creative?

Have you ever found that you wanted to do something but you did not have the right tool / material to do it, and then you found some way of using another object / material and managed somehow? E.g. You opened a bottle or a tin without a bottle or tin opener or substituted an ingredient in a recipe with another ingredient. Have you every changed an activity in your course book or a resource book to match the needs of a particular group you teach? YES? There you go, you are creative!

### Are my students creative in my lessons?

Do you ever get your students to speak about, write about, draw about or mime what they think? Do your students say things in the foreign language they never heard or read? Do you ever get them to think about rules, problems and how things and language work instead of just telling them? Do you sometimes give them tasks where there is no one possible answer and the answers will vary from one learner to another? YES? There you go, your students have opportunities to think creatively in your classes already!

### Conclusion

If you wish to be more aware of how creativity works in general and in your classroom so that you can make more informed decisions about using it and how to use it in your classes, join me for the upcoming three articles.

> I will use a definition of creativity that lists the four main features of it and I will look into the question of how we can bring these four features to the language classroom.
> I will boil the four features down to a shorter definition that – I believe - can grasp the essence of creativity and then I will show through some examples how this essential element of creativity can be added to language learning activities.
> I will use a theory of creative thinking roles and describe the classroom environment that can foster this kind of thinking.

### *Further reading*

National Curriculum in Action: *Why is creativity so important?*
*http://www.ncaction.org.uk/creativity/whyis.htm*
Written by Judit Fehér, Pilgrims, UK (*http://www.teachingenglish.org.uk/articles/methodology*)

## Low Self-Esteem

by Saul McLeod, published 2012

Self-esteem should be viewed as a continuum, and can be high, medium or low, and is often quantified as a number in empirical research.

When considering self-esteem it is important to note that both high and low levels can be emotionally and socially harmful for the individual. Indeed it is thought an optimum level of self-esteem lies in the middle of the continuum. Individuals operating within this range are thought to be more socially dominant withinrelationships.

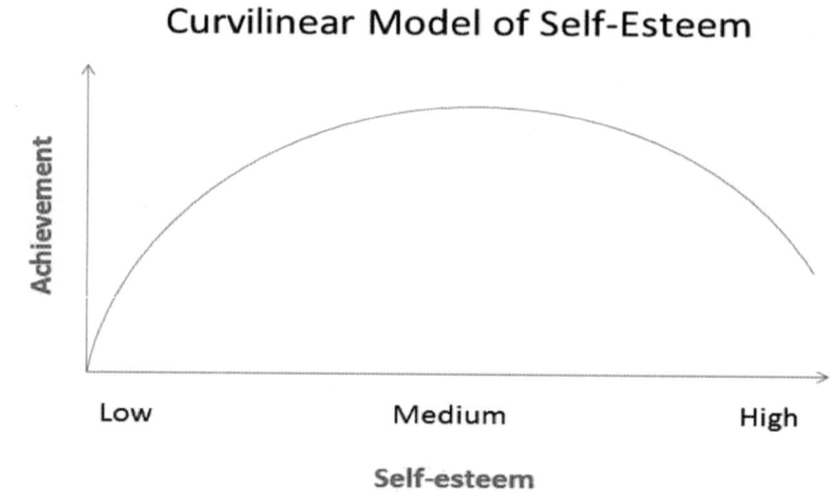


### *Empirical Research*

Research has shown key differences between individuals with high and **low self-esteem**. For example, people with high self-esteem focus on growth and improvement, whereas people with low self-esteem focus on not making mistakes in life.

Low self-esteem has been shown to be correlated with a number of negative outcomes, such as depression (Silverstone and Salsali, 2003).

Rosenberg and Owen (2001) offer the following description of low self-esteem people based on empirical research. People with low self-esteem are more troubled by failure and tend to exaggerate events as being negative. For example, they often interpret non critical comments as critical. They are more likely to experience social anxiety and low levels of interpersonal confidence. This in turn makes social interaction with others difficult as they feel awkward, shy, conspicuous, and unable to adequately express themselves when interacting with others (p. 409). Furthermore, low self-esteem individuals tend to be pessimistic towards people and groups within society.

Research has also shown that low self-esteem has to linked to an increased risk of teenage pregnancy.

Guindon (1996) asked school counsellors to list five characteristics that best describe students with low self-esteem. Over 1000 words were used and the most common are listed below:

1. Withdrawn/shy/quiet
2. Insecure
3. Underachieving
4. Negative (attitude)
5. Unhappy
6. Socially inept
7. Angry/hostile
8. Unmotivated
9. Depressed
10. Dependent/follower
11. Poor self-image
12. Non-risk-taker
13. Lacks elf-confidence
14. Poor communication
15. Acts out

#### *Low Self-Esteem in Children*

It should be noted that on average self-esteem during childhood is found to be relatively high. However, there are individual differences and some children are unfortunate to experience feelings of low self-esteem.

Low self-esteem in children tends to be related to physical punishment and withholding of love and affection by parents. Carl Rogers would describe this as conditional positive regard, whereby individuals only receive positive attention from significant others (such as parents) when they act in a certain way. This reinforces to the child that they are only a person of value when they act a certain way (e.g. achieving A grades on a test).

Children with low self-esteem rely on coping strategies that are counterproductive such as bullying, quitting, cheating, avoiding etc. Although all children will display some of these behaviors at times, low self-esteem is strongly indicated when these behaviors appear with regularity.

Socially children with low self-esteem can be withdrawn or shy, and find it difficult to have fun. Although they may have a wide circle of friends they are more likely to yield to group pressure and more vulnerable to being bullied. At school they avoid trying new things (for fear of failure) and will give up easily.

### *Low Self-Esteem in Teenagers*

Self-esteem continues to decline during adolescence (particularly for girls). Researchers have explained this decline to body image and other problems associated with puberty.

Although boys and girls report similar levels of self-esteem during childhood, a gender gap emerges by adolescence, in that adolescent boys have higher self-esteem than adolescent girls (Robins et al., 2002).

Girls with low self-esteem appear to be more vulnerable to perceptions of the ideal body image perpetuated in western media (through methods such as airbrushing models on magazine covers).

**References and Further Reading**

Abraham, T. (1988). Toward a Self-Evaluation Maintenance Model of Social Behavior. In L. Berkowitz (Ed), *Advances in Experimental Social Psychology* (pp. 181–227). Academic Press.

Coopersmith, S. (1967). *The Antecedents of Self-esteem.* Freeman.

Harter, Susan. 1993. Causes and Consequences of Low Self-esteem in Children and Adolescents. In Baumeister, R.F. (Ed.) *Self-Esteem: The Puzzle of Low Self-regard* (pp. 87-116).

Mruk, C. (1995). *Self-Esteem: Research, Theory, and Practice.* Springer.

Robins, R.W., Trzesniewski, K.H., Tracy, J.L., Gosling, S.D., & Potter, J. (2002). Global self-esteem across the lifespan. *Psychology and Aging*, 17, 423-434.

Rosenberg, M. (1976). *Beyond Self-Esteem: The Neglected Issues in Self-concept Research.* Paper presented at the annual meetings of the ASA.

Rosenberg, M. (1979). *Conceiving the Self.* Basic Books.

Rosenberg, M., & Owens, T.J. (2001). Low self-esteem people: A collective portrait. In T.J. Owens. S. Stryker, & N. Goodmanm (Eds.), *Extending self-esteem theory and research* (pp. 400-436). New York: Cambridge University Press.

Viktor, G. (1982). The Self-Concept. *Annual Review of Sociology*, 8:1–33.

Viktor, G., & Schwalbe, M.L. (1983). Beyond the Looking-glass Self: Social Structure and Efficacy-Based Self-Esteem. *Social Psychology Quarterly*, 46:77–88.

**How to cite this article:**

McLeod, S. A. (2012). *Low Self Esteem.* Retrieved from *http://www.simplypsychology.org/self-esteem.html*

## Bowlby's Attachment Theory

by Saul McLeod, published 2007

John Bowlby (1907 - 1990) was a psychoanalyst (like Freud) and believed that mental health and behavioral problems could be attributed to early childhood.

**Bowlby's evolutionary theory of attachment** suggests that children come into the world biologically pre-programmed to form attachments with others, because this will help them to survive.

Bowlby was very much **influenced by ethological theory** in general, but especially by Lorenz's (1935) study of imprinting. Lornez showed that attachment was innate (in young ducklings) and therefore has a survival value.

Bowlby believed that **attachment behaviors are instinctive** and will be activated by any conditions that seem to threaten the achievement of proximity, such as separation, insecurity and fear.

Bowlby (1969, 1988) also postulated that the fear of strangers represents an important survival mechanism, built in by nature. Babies are born with the tendency to display certain innate behaviors (called social releasers) which help ensure proximity and contact with the mother or mother figure (e.g. crying, smiling, crawling, etc.) – these are species-specific behaviors.

During the evolution of the human species, it would have been the babies who stayed close to their mothers who would have survived to have children of their own and **Bowlby hypothesized that both infants and mothers have evolved a biological need to stay in contact with each other**.

These attachment behaviors initially function like fixed action patterns and all share the same function. The infant produces innate 'social releaser' behaviors such as crying and smiling that stimulate caregiving from adults. The determinant of attachment is not food but care and responsiveness. Bowlby suggested that a child would initially form only one attachment and that the attachment figure acted as a secure base for exploring the world. The attachment relationship acts as a prototype for all future social relationships so disrupting it can have severe consequences.

### *Main Points of Bowlby's Attachment Theory*

**1. A child has an innate (i.e. inborn) need to attach to one main attachment figure (i.e. monotropy)**.

Although Bowlby did not rule out the possibility of other attachment figures for a child, he did believe that there should be a primary bond which was much more important than any other (usually the mother).

Bowlby believes that this attachment is different in kind (qualitatively different) from any subsequent attachments. Bowlby argues that the relationship with the mother is somehow different altogether from other relationships.

Essentially, Bowlby suggested that the nature of **monotropy** (attachment conceptualized as being a vital and close bond with just one attachment figure) meant that a failure to initiate, or a breakdown of, the maternal attachment would lead to serious negative consequences, possibly including affectionless psychopathy. Bowlby's theory of monotropy led to the formulation of his **maternal deprivation hypothesis**.

The child behaves in ways that elicits contact or proximity to the caregiver. When a child experiences heightened arousal, he/she signals their caregiver. Crying, smiling, and, locomotion, are examples of these signaling behaviors. Instinctively, caregivers respond to their children's behavior creating a reciprocal pattern of interaction.

2. **A child should receive the continuous care of this single most important attachment figure for approximately the first two years of life.**

Bowlby (1951) claimed that mothering is almost useless if delayed until after two and a half to three years and, for most children, if delayed till after 12 months, i.e. there is a critical period.

**If the attachment figure is broken or disrupted during the critical two year period the child will suffer irreversible long-term consequences of this maternal deprivation**. This risks continues until the age of 5.

Bowlby used the term maternal deprivation to refer to the separation or loss of the mother as well as failure to develop an attachment.

The underlying assumption of **Bowlby's Maternal Deprivation Hypothesis** is that continual disruption of the attachment between infant and primary caregiver (i.e. mother) could result in long term cognitive, social, and emotional difficulties for that infant. The implications of this are vast – if this is true, should the primary caregiver leave their child in day care, whilst they continue to work?

3. The **long term consequences of maternal deprivation** might include the following:

- *delinquency,*
- *reduced intelligence,*
- *increased aggression,*
- *depression,*
- *affectionless psychopathy*

**Affectionless psychopathy** is an inability show affection or concern for others. Such of individuals act on impulse with little regard for the consequences of their actions. For example, showing no guilt for antisocial behavior.

4. The child's attachment relationship with their primary caregiver leads to the development of an **internal working model**.

This internal working model is a cognitive framework comprising mental representations for understanding the world, self and others. A person's interaction with others is guided by memories and expectations from their internal model which influence and help evaluate their contact with others (Bretherton, & Munholland, 1999). Around the age of three these seems to become part of a child's personality and thus affects their understanding of the world and future interactions with others (Schore, 2000). According to Bowlby (1969) the primary caregiver acts as a prototype for future relationships via the internal working model.

There are three main features of the internal working model: (1) a model of others a being trustworthy, (2) a model of the self as valuable, and (3) a model of the self as effective when interacting with others.

It is this mental representation that guides future social and emotional behavior as the child's internal working model guides the responsiveness to others in general.

### *44 Thieves Study (Bowlby, 1944)*

**John Bowlby** believed that the relationship between the infant and its mother during the first five years of life was most crucial to socialization. He believed that disruption of this primary relationship could lead to a higher incidence of juvenile delinquency, emotional difficulties and antisocial behavior. To support his hypothesis, he studied 44 adolescent juvenile delinquents in a child guidance clinic.

**Aim**: To investigate the effects of maternal deprivation on people in order to see whether delinquents have suffered deprivation. According to the Maternal Deprivation Hypothesis, breaking the maternal bond with the child during the early stages of its life is likely to have serious effects on its intellectual, social and emotional development.

**Procedure**: Bowlby interviewed 44 adolescents who were referred to a child protection program in London because of stealing- i.e. they were thieves. Bowlby selected another group of 44 children to act as 'controls'. N.b. controls: individuals referred to clinic because of emotional problems, but not yet committed any crimes. He interviewed the parents from both groups to state whether their children had experienced separation during the critical period and for how long.

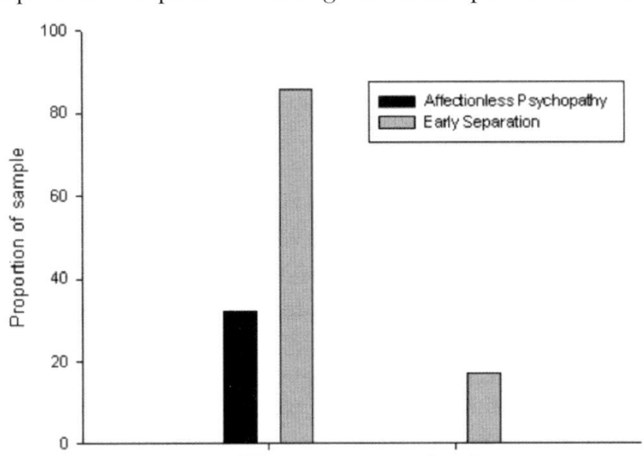

**Findings**: More than half of the juvenile thieves had been separated from their mothers for longer than six months during their first five years. In the control group only two had had such a separation. He also found several of the young thieves (32%) showed 'affectionless psychopathy' (they were not able to care about or feel affection for others). None of the control group were affectionless psychopaths.

In a later paper, he reported that 60 children who had spent time apart from their mothers in a tuberculosis sanatorium before the age of 4 showed lower achievement in school.

**Conclusion**: Affectionless psychopaths show little concern for others and are unable to form relationships. Bowlby concluded that the reason for the anti-social behavior and emotional problems in the first group was due to **maternal deprivation**.

**Evaluation**: The supporting evidence that Bowlby (1944) provided was in the form of clinical interviews of, and **retrospective data** on, those who had and had not been separated from their primary caregiver.

This meant that Bowlby was asking the participants to look back and recall separations. These memories may not be accurate. Bowlby designed and conducted the experiment himself. This may have lead to **experimenter bias**. Particularly as he was responsible for making the diagnosis of affectionless psychopathy.

### *Evaluation of Bowlby's Attachment Theory*

Bowlby's (1946, 1956) ideas had a great influence on the way researchers thought about attachment and much of the discussion of his theory has focused on his belief in **monotropy**.

Although Bowlby may not dispute that young children form multiple attachments, he still contends that the attachment to the mother is unique in that it is the first to appear and remains the strongest of all. However, on both of these counts, the evidence seems to suggest otherwise.

> **Schaffer & Emerson (1964)** noted that specific attachments started at about 8 months and, very shortly thereafter, the infants became attached to other people. By 18 months very few (13%) were attached to only one person; some had five or more attachments.
> **Rutter (1978)** points out that several indicators of attachment (such as protest or distress when attached person leaves) has been shown for a variety of attachment figures – fathers, siblings, peers and even inanimate objects.

Critics such as **Rutter** have also accused Bowlby of not distinguishing between deprivation and privation – the complete lack of an attachment bond, rather than its loss. Rutter stresses that the quality of the attachment bond is the most important factor, rather than just deprivation in the critical period.

Bowlby used the term maternal deprivation to refer to the separation or loss of the mother as well as failure to develop an attachment. Are the effects of maternal deprivation as dire as Bowlby suggested?

**Michael Rutter (1972)** wrote a book called **Maternal Deprivation Re-assessed**. In the book, he suggested that Bowlby may have oversimplified the concept of maternal deprivation. Bowlby used the term 'maternal deprivation' to refer to separation from an attached figure, loss of an attached figure and failure to develop an attachment to any figure. These each have different effects, argued Rutter. In particular Rutter distinguished between privation and deprivation.

**Michael Rutter (1981)** argued that if a child fails to develop an attachment this is privation, whereas deprivation refers to the loss of or damage to an attachment.

From his survey of research on privation, **Rutter** proposed that it is likely to lead initially to clinging, dependent behavior, attention-seeking and indiscriminate friendliness, then as the child matures, an inability to keep rules, form lasting relationships, or feel guilt. He also found evidence of anti-social behavior, affectionless psychopathy, and disorders of language, intellectual development and physical growth.

**Rutter** argues that these problems are not due solely to the lack of attachment to a mother figure, as Bowlby claimed, but to factors such as the lack of intellectual stimulation and social experiences which attachments normally provide. In addition, such **problems can be overcome** later in the child's development, with the right kind of care.

Many of the 44 thieves in Bowlby's study had been moved around a lot during childhood, and had probably never formed an attachment. This suggested that they were suffering from privation, rather than deprivation, which Rutter suggested was far more deleterious to the children. This led to a very important study on the long term effects of privation, carried out by **Hodges and Tizard (1989)**.

Another criticism of 44 Thieves Study as that it concluded that affectionless psychopathy was caused by maternal deprivation. This is correlational data and as such only shows a relationship between these two variables. Indeed, other **external variables**, such as diet, parental income, education etc. may have affected the behavior of the 44 thieves, and not, as concluded, the disruption of the attachment bond.

Bowlby's Maternal Deprivation is however, **supported Harlow's research with monkeys**. He showed that monkeys reared in isolation from their mother suffered emotional and social problems in older age. The monkey's never formed an attachment (privation) and as such grew up to be aggressive and had problems interacting with other monkeys.

**Konrad Lorenz** (1935) supports Bowlby's maternal deprivation hypothesis as the attachment process of **imprinting** is an innate process.

There are **implications arising from Bowlby's work**. As he believed the mother to be the most central care giver and that this care should be given on a continuous basis an obvious implication is that mothers should not go out to work. There have been many attacks on this claim:

- Mothers are the exclusive carers in only a very small percentage of human societies; often there are a number of people involved in the care of children, such as relations and friends (**Weisner & Gallimore, 1977**).
- **Van Ijzendoorn & Tavecchio (1987)** argue that a stable network of adults can provide adequate care and that this care may even have advantages over a system where a mother has to meet all a child's needs.
- There is evidence that children develop better with a mother who is happy in her work, than a mother who is frustrated by staying at home (**Schaffer, 1990**).

**References**

Bowlby, J. (1951). *Maternal care and mental health.* World Health Organization Monograph.

Bowlby, J. (1953). *Child Care and the Growth of Love.* London: Penguin Books.

Bowlby, J. (1969). *Attachment. Attachment and Loss*: Vol. 1. Loss. New York: Basic Books.

Bowlby, J. (1980). *Loss: Sadness & Depression. Attachment and Loss* (vol. 3); (International psycho-analytical library no.109). London: Hogarth Press.

Lorenz, K. (1935). Der Kumpan in der Umwelt des Vogels. Der Artgenosse als auslösendes Moment sozialer Verhaltensweisen. *Journal für Ornithologie* 83, 137–215, 289–413.

Rutter, M. (1979). *Maternal deprivation,* 1972-1978: New findings, new concepts, new approaches. 283-305.

Schaffer, H.R. & Emerson, P. E. (1964). 'The Development of Social Attachments in Infancy'. *Monographs of the Society for Research in Child Development,* 29 (3), serial number 94.

**How to cite this article:**

McLeod, S. A. (2007). *John Bowlby | Maternal Deprivation Theory.* Retrieved from *http://www.simplypsychology.org/bowlby.html*

## Oral Language in Perspective

Walter Loban, a favorite professor of ours and a pioneer in researching oral language development of students from kindergarten through 12$^{th}$ grade, used to say:

We listen a book a day,
talk a book a week,
read a book a month,
and write a book a year.
(cited in Buckley, 1992)

With this saying, Loban highlighted the pervasiveness of oral language in our lives; it is so pervasive, in fact, that we easily take it for granted – until plagued with a case of laryngitis. Reading and writing also play vitally important roles in our lives, but oral language interactions account for the bulk of our day-to-day communications, remaining the primary mode of discourse throughout the world.

For students learning English as a second language in school, oral language development plays a key role as well. When students are working or playing together, their conversations are based on concrete, here-and-now topics of current interest. As a result, opportunity abounds for them to negotiate meaning through requests for clarification, reference to objects at hand, and other faceto- face communication strategies. At the same time, the language used becomes comprehensible and usable as input for second language acquisition. To optimize classroom oral language learning opportunities, we need to make time each day for students to talk to each other while working in a variety of situations, including paired reading, group research projects, group work at learning centers, brainstorming a writing topic, sharing news with the entire class, and just visiting quietly while carrying out tasks. Although classroom oral language opportunities such as these may seem obvious to you, research indicates that teachers do from 65 percent to 95 percent of the talking in most classrooms (Lowery, 1980).

Language development should be vocal and visible in classrooms where talk is valued as a learning tool.

Task-directed talk, including teacher talk during instruction, is useful in and of itself for second language acquisition if sheltering techniques are used. Talk is also important for helping students clarify concepts and arrive at their own understandings. As academic content increases in complexity, the use of small- and large-group discussion plays a vital role in promoting students' conceptual understanding and learning. Consistent with the value we place on oral language interactions, we incorporate opportunities throughout this book for students to develop their own thinking through talking and responding as they read, write, and learn in English, because it is the integrated use of oral and written language for functional and meaningful purposes that best promotes the full development of second language proficiency.

### *Integration of Listening, Speaking, Reading, and Writing*

What does it mean to integrate listening, speaking, reading, and writing? In natural, day-to-day experience, oral and written language uses are not kept separate and isolated from one another. Instead, they often occur together, integrated in specific communication events. For example, when you are reading the Sunday newspaper, you may comment on an article to your roommate or spouse, engendering a discussion about it. Such discussion may lead you to reread parts of the article to clarify questions that emerged in the discussion. Similarly, when the phone bill arrives, you might have an extended discussion of its written contents to decide who owes what, or whether one or more members of the household needs to stop making so many long-distance calls. If your parents were immigrants and spoke little English when you were a child, you may have had the experience of translating for them and helping them fill out forms at the doctor's office. In each of these real-life situations, oral and written language uses intermingle as people go about the business and pleasures of life, and the intermingling of oral and written language occurs in literate societies across ethnic and social class boundaries (Heath, 1983; Vásquez, 1991).

Listening, speaking, reading, and writing also occur naturally together in learning events in school at all grade levels, even though traditionally they were taught separately. In primary grades, for example, the teacher may read a picture book aloud, taking time along the way to let children orally predict what will happen next or to discuss the characters or plot. Older students may perform a play from a written script, engaging in lengthy discussion over the fine points of interpretation, with the final result being a dramatic oral performance of the play. When students write stories, they read what they write, ask others to read and comment on their writing, and perhaps read their writing aloud to celebrate its completion. In all these situations, a written text has been the subject of oral discussion and interpretation, demonstrating how oral and written language become naturally interwoven during a particular communication event. In school, you enrich each school day when you give children opportunities to interweave oral and written language for functional,meaningful learning purposes.

### *Relationships Among Listening, Speaking, Reading, and Writing*

Another way to look at the integration of the four language processes is to consider how they interrelate during language development. In first language acquisition, we know that all children, barring severe abnormalities, become grammatically competent speakers of the mother tongue by about age 5. Subsequent language development relates primarily to vocabulary acquisition and expansion of the functions for which language is used. Competence in reading and writing, on the other hand, is a much later development and one not universally achieved. Thus, oral language development occurs earlier and more fully than written language development in first language acquisition.

Various patterns emerge among students who are learning English as a second language in school. For young English learners with little literacy in the home language, basic oral language competence is likely to emerge earlier than competence in reading and writing (Fradd & McGee, 1994). For older students who know how to read in their first language, however, the pattern may be different.

Some of these students may develop competence in written English earlier than oral English. In either case, a good deal of time is spent simultaneously developing both oral and written language abilities. We also know that English language learners do not need to be fully proficient in oral English before they start to read and write (Hudelson, 1984). Furthermore, second language knowledge can be developed from written and oral input, provided that the text is comprehensible to the language learner (Elley & Mangubhai, 1983). The relationships among listening, speaking, reading, and writing during development, then, are complex relationships of mutual support. Practice in any one process contributes to the overall reservoir of second language knowledge, which is then available for other acts of listening, speaking, reading, or writing. For this reason, it is important to provide abundant exposure to functional, meaningful uses of both oral and written language for all learners.

We have spent some time discussing the integration of listening, speaking, reading, and writing to emphasize the importance of creating learning opportunities that involve using all four interrelated language processes. We have described two general reasons for this recommendation. First, in the course of day-to-day living, people move back and forth from oral to written modes during communication because both serve essential functions. The same holds true for the kinds of communication that promote learning in the classroom. Thus, the integration of listening, speaking, reading, and writing is functionally appropriate.

Second, practical use of each language process provides both specific development of that process and overall language development in English. As teachers, we want to develop each student's abilities to the fullest as listeners and speakers, readers, and writers.

# Altri volumi della Collana Concorso a Cattedra

CC 1/3 **Competenze Informatiche** per la Preselezione e l'**esame orale**
F. Esposito
ISBN 9788865842294

CC 1/4 **Lingua Inglese** per la Preselezione e l'**esame orale**
F. Fraioli, R. Rovito
ISBN 9788865842317

CC 1/5 **Lingua Francese** per la Preselezione e l'**esame orale**
A. Danese
ISBN 9788865842324

CC 1/7 **Guida al Bando** ed alla preparazione al concorso
M. Bonora
ISBN 9788865842447

CC 1/8 **Didattica Generale**
*Conoscenze disciplinari e capacità di mediazione: le competenze del docente nella nuova scuola*
M. Piccinno
ISBN 9788865842416

CC 1/9 Le **Indicazioni Nazionali per il Curricolo 2012**
per Infanzia e Primo ciclo di istruzione
G. Campana
ISBN 9788865842393

CC 1/10 **Progettazione didattica**
*Competenze e abilità del docente*
A. Marciano
ISBN 9788865842270

CC 1/11 **La valutazione nella scuola**
*Aspetti, modelli, esperienze*
A. Schiedi
ISBN 9788865842539

CC 1/12 Superare la prova scritta: *guida alla stesura di testi ed elaborati*
D. Storti, O. Rescigno, F. de Robertis
ISBN 9788865842614

CC 2/1 Il concorso a cattedra nella scuola dell'infanzia: Manuale
*Avvertenze Generali e programma d'esame per le prove scritte ed orali del concorso*
G. Mariani (a cura di)
ISBN 9788865842201

CC 3/1 Il concorso a cattedra nella scuola primaria: Manuale
*Avvertenze Generali e programma d'esame per le prove scritte ed orali del concorso*
R. Pagano, G. Mariani (a cura di)
ISBN 9788865842225

CC 3/2 La prova di inglese nella scuola primaria
C.Z. Gavazzi
ISBN 9788865842638

CC 4/1 Il concorso a cattedra nella scuola secondaria: Manuale
*Avvertenze Generali per le prove scritte ed orali del concorso*
R. Pagano, G. Mariani (a cura di)
ISBN 9788865842249

CC 5/1 Il concorso a cattedra – volume unico per scuole dell'infanzia e primaria: Manuale
*Avvertenze Generali e programma d'esame per le prove scritte ed orali del concorso*
R. Pagano, G. Mariani (a cura di)
ISBN 9788865842355

CC 5/2 La prova orale del Concorso
*Gestione e motivazione della classe nella scuola dell'infanzia e nella scuola primaria*
A.M. Schiano
ISBN 9788865842461